高等学校新经济系列教材

合肥工业大学图书出版专项基金资助项目

数字经济理论

李 静 等编著

合肥工業大學出版社

前　言

早在20世纪90年代中期，入选全球最具影响力的50位思想家的美国经济学家唐·塔普斯科特就出版了一本名为《数字经济》的著作，引起广泛关注。随着曼纽尔·卡斯特的《信息时代三部曲：经济、社会与文化》、尼古拉·尼葛洛庞帝的《数字化生存》等著作的出版和传播，数字经济理念在发达国家逐步流行。按照G20杭州峰会对数字经济的定义，数字经济是指“以使用数字化的知识和信息作为关键生产要素、以现代信息网络作为重要载体、以信息通信技术的有效使用作为效率提升和经济结构优化的重要推动力的一系列经济活动”。数字经济通过数据流的识别—选择—过滤—存储—使用，引导、实现资源的快速优化配置与再生，实现经济高质量发展。随着世界经济结构经历深刻调整，许多国家都在寻找新的经济增长点，以期在未来发展中继续保持竞争优势，数字经济就是人类社会发展的一个新的历史阶段。数字经济的发展将有效驱动劳动力、资本、土地、技术、管理等要素网络化共享、集约化整合、协作化开发和高效化利用，同时，促进新一代信息技术与经济社会各领域深度融合，孕育了新技术、新产业、新业态、新模式，成为驱动生产方式变革的新动力。发展数字经济将进一步减少信息流动障碍，提升经济运行效率和全要素生产率，提高供需匹配效率，有效助推供给侧结构性改革。

中国经历了40年的高速增长，开始进入一个增速放缓、结构升级和动力转换的新阶段。这一阶段最大的风险是“中等收入陷阱”，为了避免落入陷阱，就必须找准并利用好高质量发展的新动能——数字经济。以数字化、网络化、智能化为特征的信息革命催生了数字经济，也为经济发展提供了新动能。数字经济不仅有助于解放旧的生产力，更重要的是能够创造新的生产力。硅谷精神教父凯文·凯利说过，“今天才是第一天，真正的变化还没有到来，真正伟大的产品还没有出现”。抓住这一战略机遇，发展数字经济是中国必然的战略选择，也是引领中国实施一系列国家创新战略的重要力量。

目前，国内还没有一本系统阐述数字经济学，特别是数字经济理论的教材。为满足教学内容发展日新月异的要求，我们将围绕数字经济理论这一核心问题，从数字经济引论、数字经济发展与支持政策、数字经济与产业发展、数字经济的理论基础、数字资源的定价、数字经济的统计核算与测度、数字经济与社会治理以及数字经济与全球化治理等层面，详细阐述数字经济理论的具体表现，并在作者多年从事教学与研究的基础上，经较长时间准备，编著了这本教材。本书可作为经济学与管理学各专业低年级研究生和高年级本科生的教材，亦可作为政府管理者的参考书。本教材具有以下特色：

（1）吸收了近年来国内外学者对数字经济理论研究的成果，特别是注意吸收我国数字经济专家与学者结合我国实际的科研成果，以及从事数字经济实践的企业家所取得的经验性认识，可开阔读者视野，了解本学科领域的前沿动态。

（2）为适应本科生和研究生的教学需要，教材内容安排上采用模块化结构，每一章内容都是关于数字经济的重要知识点及延伸。适应面广，可根据具体需要灵活选取，不影响系统性。

（3）首次尝试从理论上解析了数字经济的相关经济学的基础，为未来数字经济学的发展提供理论支撑。探讨了数字经济资源定价与数字经济的统计核算中存在的诸多理论问题，从数字资源与传统资源的差别及定价问题到数字经济的统计核算的难点等方面初步解决了数字经济发展的诸多悖论，为逐步深入研究数字经济学起到铺垫作用。

（4）全书体例规范，结构合理，逻辑性、科学性、实用性强。为加强读者对数字经济理解上的直观化，在全书中插入了大量图表、案例，并在案例中演示了具体应用，为读者解决了理论与实践相结合的诸多问题。此外，每章末还附有更加灵活、开放且能够启发读者进行多角度探讨的开放性思考题。

本书由合肥工业大学李静教授和刘晨跃老师、安徽建筑大学的马井静老师以及黄山学院的吴文谨老师编著。其中李静教授撰写了第1章、第6章，共计8.58万字；刘晨跃老师撰写第7章、第8章，共计8.06万字；马井静老师撰写第2章、第3章，共计9.56万字；吴文谨老师撰写第4章、第5章，共计5.62万字。参加全书编写及资料收集工作的还有常媛媛、陆玲玲、王姝兰、张传慧等人。

本书的出版获得了合肥工业大学图书出版专项基金的资助，合肥工业大学出版社多次提出建设性意见，责任编辑认真校审，在此深表谢意。

由于本书水平有限，加之对数字经济理论的系统性认识在国内尚属首例，因此书中的不足和错误在所难免，如内容结构尚需进一步完善、一些术语需要规范化、部分案例尚待优化等，敬希批评指正。数字经济发展方兴未艾，数字经济理论亟待跟进，本教材“抛砖引玉”，期许引起国内新一轮数字经济学的研究热潮！

《数字经济理论》编著者

2020年4月

目　录

第 1 章　数字经济引论

1.1　数字经济的产生与发展

信息技术革命开启了数字经济新篇章。伴随信息技术的不断革命，数字经济的产生和发展可以分为三个阶段（图 1-1）：第一阶段是从 1946 年开始的“孕育阶段”，以电子计算机、半导体产业、TCP/IP 协议出现为标志；第二阶段是从 20 世纪 90 年代至 21 世纪初的“成长阶段”，这一阶段主要是通过网络通信基础设施的建立形成了数字经济产业的支撑体系；第三阶段是 21 世纪以来的“黄金阶段”，在这一阶段中，云计算、人工智能第三次浪潮、大数据接连出现，全球数字经济与实体经济深度融合，数字经济的交易和应用不断拓展。

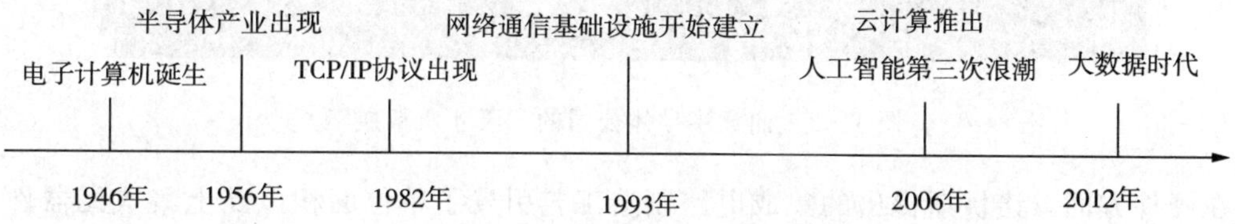

图 1-1　数字经济发展三阶段

1.1.1　数字经济的孕育阶段

1. 电子计算机的出现，掀开人类迈向数字时代的大幕

追根溯源，信息的历史和人类社会一样久远，并伴随着科学技术的发展而不断演变。语言、文字是最初的信息传播方式，纸张和印刷术使信息流通的数量、广度和速度大大提高。电磁波是信息技术的一场革命，电报、电话、收音机、电视机的发明，颠覆性地改变了信息传播的方式。第二次世界大战之后，电子计算机的出现，开启了信息时代的新篇章。1946 年，在美国宾夕法尼亚大学诞生了世界上第一台通用电子计算机“ENIAC”，总重量 30 吨，使用了 18000 只电子管、6000 个开关、7000 只电阻、10000 只电容、50 万条线，耗电量 140 千瓦·时，可进行 5000 次加法/秒运算，美国国防部用它来进行弹道计算。这台计算机的问世，标志着电脑时代的开始，掀开了人类迈向数字时代的大幕。

2. 半导体产业逐渐兴起，面向能力和成本的技术创新发展成为信息技术的主线，数字经济开始萌发

20 世纪 60 年代，半导体产业逐渐兴起，为数字经济提供了新的物理载体，“数字经济”由此萌芽。1956 年，晶体管的发明者之一、诺贝尔奖得主威廉·肖克利回到家乡加利福尼亚州，在山景城创立了肖克利半导体实验室，他集中了多名优秀青年人才共同研发能替代晶体管的新型元器件（现在的肖克利二极管）。由于肖克利和同事在经营理念与管理方法等方面存在分歧，1957 年，8 名肖克利实验室的技术骨干跳槽，共同建立了仙童半

导体公司，这8名员工包括“摩尔定律”的提出者戈登·摩尔、发明集成电路工业制造技术的罗伯特·诺依斯等人，史称“天才八叛逆”（图1-2）。“仙童是创新的蒲公英，一经风吹，创业的种子就随风四散。”——苹果公司前总裁史蒂夫·乔布斯。

图1-2　仙童半导体公司的“天才八叛逆”

在硬件方面，诺伊斯提出的集成电路制造工艺引发了单位面积电路上集成元器件规模的指数增长。提供大规模集成电路的应用，1972年第一台小型机开始出现，所用的处理器包括2300个晶体管，可以在1秒内执行60000个指令。随后，苹果、康懋达和Radio Shack陆续推出了针对非专业人员的商用小型计算机，后世通用的硬件＋软件＋驱动的个人电脑基本配置也在这一时期得以确立。1976年，乔布斯也发明了苹果第一台个人计算机（PC），并随即引起PC行业的激烈竞争，鼠标和手提计算机在短短几年内陆续进入家庭、办公室和学校，PC机涌入了美国社会的每个角落（图1-3）。

另外，基础型数字经济的一大分支“软件和信息技术服务业”数字软件企业的兴起逐渐成为社会经济的重要成分，微软公司在20世纪70年代末成立，并利用PC机迅速发展的机遇推出了MS-DOS操作系统，1984年销售额超过1亿美元。Adobe公司在1982年成立，并在1985年为苹果打印机提供技术支持。Commodore公司于1985年率先推出世界第一种多媒体处理软件Amiga，从此人类可以用计算机数字化处理视频、音频信息。

同一时期，我国实行改革开放政策，开始在半导体和计算机等现代技术领域奋起直追。硬件产业方面：1974年清华大学采用集成电路成果研制出我国第一台小型机DJS-130，运算能力每秒100万次；1983年，国防科技大学开发了我国第一台每秒运算速度上亿次的巨型机银河-Ⅰ号型；1985年，第四机械工业部电子技术应用研究所成功研制与IBM的PC机兼容的长城0520微机。软件产业方面：1984年，中国软件技术公司成立，开始以国有企业身份运营软件服务；1986年，电子工业部向国务院提交《关于建立和发展我国软件产业的报告》，这是我国第一个软件产业发展规划的指导性报告；1988年，金山和用友软件公司成立，分别在个人和企业方面提供软件服务，并相继成长为亚太地区的

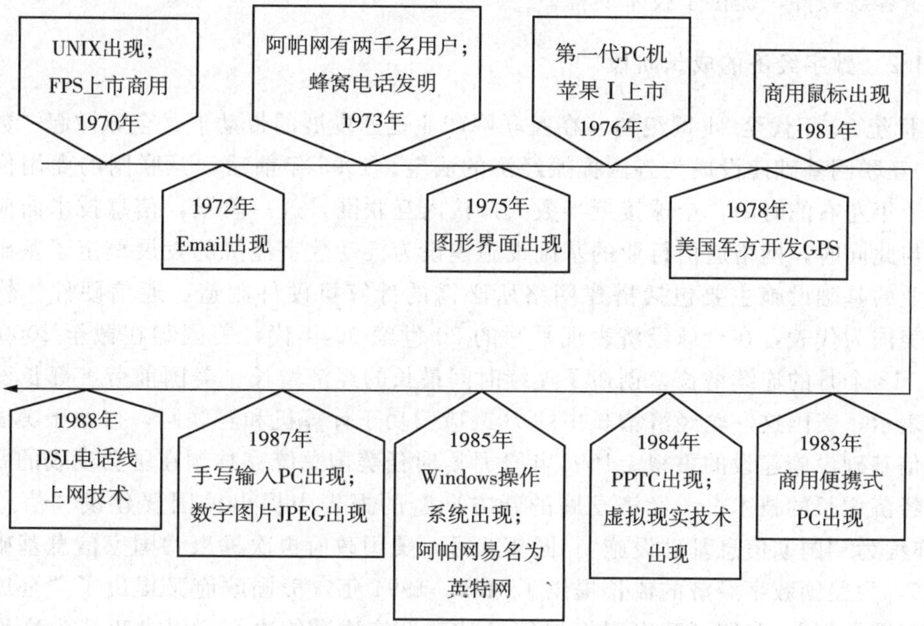

图 1－3　20 世纪七八十年代计算机、通信与互联网等现代信息产业时间线

软件业巨头；1989 年，海峡两岸共同提出的《多八位汉字编码字符集》成为 ISO 的国际标准草案。

在这半个世纪，面向能力和成本的技术创新发展是信息技术发展的主线，揭示能力和成本规律的“摩尔定律”（由英特尔创始人之一戈登·摩尔提出，他指出当价格不变时，集成电路上可容纳的元器件的数目，每隔 18～24 个月便会增加一倍，性能也将提升一倍）和“香农定律”（香农定律包括三大定理：可变长无失真信源编码定理、有噪信道编码定理、保真度准则下的信源编码定理，可以说是信息论的基础），分别主导计算机和通信技术的发展。PC 的广泛使用以及面向单机的应用，成为这次数字化浪潮的主要标志。

3. TCP/IP 协议出现，让数字内容在互联网上出现及传播成为可能

Internet 网络的前身 ARPANET 网络当时使用的并不是传输控制协议/网际协议（Transmission Control Protocol/Internet Protocol，TCP/IP），而是一种叫网络控制协议（Network Control Protocol，NCP）的网络协议，但随着网络的发展和用户对网络的需求不断提高，设计者们发现，NCP 协议存在着很多的缺点以致于不能充分支持 ARPANET 网络，特别是 NCP 仅能用于同构环境中（所谓同构环境是网络上的所有计算机都运行相同的操作系统），设计者就认为“同构”这一限制不应被加到一个分布广泛的网络上。1980 年，用于“异构”网络环境中的 TCP/IP 协议研制成功，也就是说，TCP/IP 协议可以在各种硬件和操作系统上实现互操作。1982 年，美国国防通信局和 ARPA 共同为 ARPANET 制定传输控制协议（TCP）和网际协议（IP），即 TCP/IP 协议。此协议是 Internet 网络最基本的协议，实现了不同网络之间的跨网通信，让数字内容在互联网上出现及传播成为可能。计算机、互联网和 TCP/IP 协议的出现和使用为数字经济的产生和发

展创造了客观条件，提供了技术支撑。

1.1.2 数字经济的成长阶段

20世纪90年代至21世纪初，在互联网产业迅速发展的带动下，全球掀起“数字经济浪潮”，互联网基础建设成为各国提振经济的法宝。1995年前后，互联网的商用价值开始显现。十年左右的时间，全球接近半数人口接入互联网，这一阶段，信息技术向应用主导变迁。与此同时，网络通信行业的基础设施建设为推动数字经济的发展奠定了基础。网络通信行业的基础设施主要包括搭建网络所必需的计算机硬件制造、通信硬件、软件和服务。以美国为代表，在全球经济表现平平的20世纪90年代，美国却在截至2000年底时实现了118个月的连续增长，创造了连续时间最长的经济增长。美国前劳工部长罗伯特·赖克曾表示，美国这一轮经济增长中的70%应归功于计算机和互联网，得益于美国政府对网络通信基础设施建设的重视。1993年2月，时任美国总统克林顿在国会发表的题为《促进美国经济增长的技术——经济发展的新方向》的报告中提出美国要建设“信息高速公路”，亦称为“国家信息基础设施”。同年9月，美国政府再次提出“国家信息基础设施行动计划”，为美国数字经济的成长提供了保障。1994年，美国政府又提出了“全球信息基础设施行动计划”，表明了政府对发展信息基础设施建设的决心。何枭吟认为这项计划带来的直接效果是国内各个阶层通过计算机、网络来突破时间、空间的障碍，获取及筛选可以满足不同用户的信息资源，包括数据、图文、语言、视频。各种网络的建成为数字经济的形成提供了物质基础。

数字经济中提出的“信息产业和通信产业在互联网中的融合是传统产业变革的强大驱动力”契合传统经济对新型经济增长的迫切要求，故数字经济在世界范围内开始兴起。1997年日本通产省开始使用“数字经济”一词，认为以电子商务为基础的数字经济将高速发展，并在随后成立高度信息化社会推进总部电子商务促进分会，旨在通过业已开发的计算机网络，迅速推广电子商务交易和结算。加拿大在1995—2005年耗资7.5亿加元建立加拿大信息高速公路，宣称要“连接每一位加拿大人”。欧盟1999年提出“E-Europe”计划，并在21世纪初建立欧洲网络与信息安全机构，协调欧盟成员国致力于打击网络犯罪，为数字经济保驾护航。2000年英国政府出台多项政策，旨在促进电子商务发展的有关议案，并设立数字经济特使来统筹数字经济战略整体实施。2000年德国出台“德国在线2005”计划，以期在2005年实现所有政务的网上办公；2002年提出“全体上网”的10点赶超计划，要求学校和图书馆实现互联网共联，各地劳动局甚至还要举办“互联网驾驶证”培训班，实现网络扫盲。

我国在这一时期也进行了大量的数字经济建设，在1997年出台了《国家信息化“九五”规划和2010年远景目标》，并培育一批以BAT、网易和新浪等为代表的平台型企业，壮大了互联网相关领域的新兴产业集群。即时通信、在线旅游、电子商务、社交应用、网络文学、在线游戏、网络视频、网络支付等服务型数字经济迎来了第一批发展浪潮。20世纪90年代至21世纪初的全球数字经济浪潮主要集中在电子商务，其核心是消费互联网。实际上，随着互联网建设在全球范围内的普及和加速，经济学者已经发现数字经济的内涵在逐步深化。

1.1.3　数字经济的黄金阶段

目前，随着云计算、大数据、物联网、人工智能技术的逐步成熟与应用，以数据的深度挖掘和融合应用为主要特征的智慧化，将成为未来数字化的主要特征。新一代信息技术在经济社会的领域逐渐渗透，未来经济发展的技术延展性不断增强，商业、产业、企业活动的边界不断拓展。根植于新技术群落的全新经济系统——数字经济跃上历史舞台，数字工作者、数字消费者、数字商业、数字政府和数字社会这些新的名词也日益被人们所熟悉，毫无疑问，世界正在进入一个全新的数字时代。

数字经济作为促进经济发展、增强国家竞争力和提高社会福利的重要手段，成为世界各国的共识。数字经济占 GDP 的比重日益提升，2016 年，美国、韩国等国家的数字经济比重已经上升到一半以上。各国政府纷纷提出促进经济增长的政策，来应对数字经济的挑战。美国政府出台了《数字经济议程》《数据科学战略计划》《美国国家网络战略》等政策。法国政府通过提出《数字法国 2020》《数字化路线图》《法国人工智能发展战略》等来促进经济增长。日本政府将数字经济视为振兴日本经济的关键性动能。《日本制造业白皮书》中提出要利用数字化工具强化和提升现场"制造力"，通过利用机器人、物联网、人工智能等技术实现自动化，培养自动驾驶、机器人等战略性领域产业，并明确互联工业是未来产业发展趋势，即通过灵活运用物联网、大数据等数字化工具连接人、设备、系统、技术，实现数字化与自动化融合，创造新的附加价值。日本政府在《集成创新战略》中提出发展人机交互基础技术，实现与人类的高度合作，同时提出要建立智能食物链系统，结合大数据、生物技术开展数据驱动型的育种工作。南非政府认为把握数字经济的历史机遇尤为重要。南非科技部在 2018 年 9 月出台了《科学技术与创新》白皮书草案，旨在使南非能够有效参加日益增长的自动化和数字化新世界秩序，确保科技创新在建设一个更加繁荣和包容的社会中发挥更大的作用，并利用科技创新加速包容性经济增长，使经济更具竞争力，改善人们的日常生活。

我国也十分重视数字经济对经济社会的促进作用。从 2015 年起，政府先后出台了《中国制造 2025》《促进大数据发展行动纲要》《国家信息化发展战略纲要》《"互联网＋"人工智能三年行动实施方案》等一系列文件，为数字经济的发展提供了政策、技术等方面的保障。2016 年在杭州 G20 峰会上通过的《二十国集团数字经济发展与合作倡议》，是全球首个由多国领导人共同签署的数字经济文件。2017 年 10 月，习近平总书记在十九大报告中明确了加快建设创新型国家、建设数字中国的发展方向。"十三五"期间，数字经济首次在《政府工作报告》中出现，开启了数字经济发展新篇章。目前，中国数字经济取得了世界瞩目的成绩，在某些领域，比如移动支付、共享出行、电子商务等，中国已经引领世界数字经济的发展，数字经济在中国正逐渐成为一种日常生活方式。未来，数字经济必将成为贯彻新发展理念、建设现代化经济体系的重要着力点。

数字经济　中国经济发展新动能

随着各国对数字经济的关注度不断提升、依赖数字经济所得到的 GDP 不断增加、相关战略与政策的不断出台和完善、数字技术的不断涌现，数字经济开始进入黄金状态。

1.2 数字经济的定义与特征

1.2.1 数字经济定义

数字经济是继农业经济、工业经济之后的第三经济社会发展形态，随着互联网技术的不断发展，数字经济的内涵不断丰富，涉及面更加广泛，对其准确定义存在一定难度。不同时期、不同国家、不同学者对数字经济理解各有不同，迄今为止，学术界和业界依然没有统一的定义。

1. 数字经济概念的提出与发展

数字经济这一术语最早可以追溯到1994年在报纸 *The San Diego Union Tribune* 中出现的"This new technology also provides digital signatures to authenticate transactions and messages, and allows for digital money, with all the plications that has for an electronic digital economy"。随后，1996年美国学者唐·塔普斯科特的专著《数字经济：网络智能时代的机遇与风险》中描述了计算机和互联网对商业行为的影响，提出数字经济时代是一切信息数字化和以数字为基础的时代。随后尼古拉·尼葛洛庞帝在1996年出版的《数字化生存》中将数字经济描述为"利用比特而非原子"的经济。数字经济一经出现便引起重视，世界各国纷纷对数字经济概念进行定义。

美国早期对于数字经济的定义主要将数字经济定义为电子商务和信息技术产业加总。美国商务部先后出版了《浮现中的数字经济》（第一部、第二部），《新兴的数字经济》以及《数字经济》系列研究报告，报告中主要将数字经济定义为电子商务和使电子商务成为可能的信息技术产业。1999年10月，美国统计局在此基础上进一步提出了数字经济的定义和具体内容（表1-1），包括基础建设、电子化企业、电子商务、计算机网络。之后，美国人口普查局更加规范数字经济的定义，认为数字经济主要包括三个方面：第一，作为支撑的基础设施，包括硬件、软件、通信、网络等；第二，电子业务流程，主要指商务活动如何进行以及运用计算机技术执行各种业务；第三，电子商务贸易，即在线销售货物和服务等。近几年，美国政府重点关注数字经济的测量。2016年11月，美国经济分析局咨询委员会颁布《测量数字经济》，除测量电子商务外，同时测量新的数字服务，如共享经济支持下的免费互联网服务等。

表1-1 美国统计局对数字经济的定义

数字经济组成部分	定义	范畴
电子化企业的基础设施	电子化企业流程和电子商务交易运作基础	硬件、软件、通信网络、支持服务及人力资本
电子化企业	企业或组织通过计算机网络所进行的任何工作流程	生产、顾客及内部管理方面的企业流程

（续表）

数字经济组成部分	定　义	范　畴
电子商务	通过计算机网络进行的货品或服务交易	在特定电子化企业流程（如销售）中发生的教育
计算机网络	由可经计算机操控的电子设备所组成的网络	包括所使用的硬件、软件及使用者发出的操控命令

打造“数字国家”是英国的发展目标之一，2019 年 4 月，英国经济与商业研究中心最新研究结果表明，数字经济已经成为英国最大的经济部门，成为英国经济增长的重要驱动力。英国计算机学会认为数字经济是一种基于数字技术的经济，基于但不限于互联网的交易。牛津数字经济集团则将数字经济定义为以一种基于支持性基础设施、电子化管理和电子商务的生产性或贸易性活动。英国研究委员会在 2010 年 4 月发布的《数字经济法》中，将数字经济定义为通过人、过程和技术发展复杂关系而创造社会经济效益的经济形态，同时将电视广播、移动通信、视频游戏等列入数字经济的范畴。此后，英国经济社会研究所在 2012 年发布的《大数据衡量英国数字经济》中，将数字经济定义为各类数字化投入带来的全部经济产出，其中数字化投入主要包含数字技术、数字设备以及数字化中间品和服务。

作为传统的经济和信息技术强国，澳大利亚政府将发展数字经济提升为国家战略，着力打造数字强国。在《澳大利亚的数字经济：未来方向》报告中，澳大利亚政府对数字经济的定义为由互联网、移动通信和传感器等信息技术和通信技术形成的全球经济行为与社会行为网络。

2016 年 9 月在杭州召开的 G20 峰会上公布的《G20 数字经济发展与合作倡议》对数字经济定义进行了阐述：数字经济是指以使用数字化的知识和信息作为关键生产要素、以现代信息网络作为重要载体、以信息通信技术的有效使用作为效率提升和经济结构优化的重要推动力的一系列经济活动。

综上所述，本书认为数字经济是基于数字技术，数字化社会生产、经营、消费等经济活动的全新经济系统。

2. 数字产业化和产业数字化

数字经济包括两大部分（图 1 - 4）：一是数字产业化，主要对应的产业为信息制造业、信息通信业、软件服务业等信息产业，还包括基于互联网平台的信息技术服务业新业态、新模式；二是产业数字化，主要体现传统产业部门应用信息技术带来产量和生产效率的提升，构成数字经济的重要组成部分，具体包括数字化投入对工业、农业、服务业的贡献。其中，“数字产业化”是手段，“产业数字化”是目的。

3. 数字经济与农业经济、工业经济

数字经济是继农业经济、工业经济之后的更高级经济阶段。数字经济是以数字化的知识和信息为关键生产要素，以数字技术创新为核心驱动力，以现代化信息网络为重要载体，通过数字技术与实体经济深度融合，不断提高传统产业数字化水平的新型经济形态，颠覆了农业经济和工业经济的一些固有经济理论。数字经济之新，主要体现在核心生产要

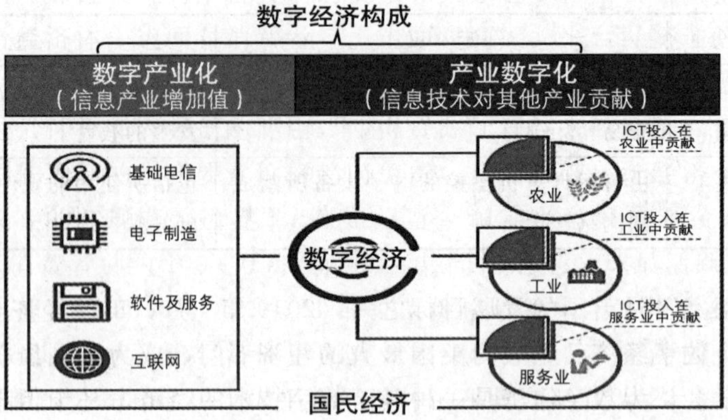

图 1－4　数字经济的构成

素、生产工具、基础设施、通用技术、生产模式和产业特点等方面（表 1－2）。

表 1－2　数字经济与农业经济、工业经济的区别

主要体现 \ 经济发展阶段	农业经济	工业经济	数字经济
核心生产要素	土地、劳动力	资本、能源	数据
生产工具	手动工具	机械工具	智能工具
基础设施	—	交通、电网	网络系统
通用技术	—	蒸汽机、电力	数字技术
生产模式	小农经济	标准化、规模化	多样化、定制化
产业特点	劳动密集型	资本密集型	知识密集型

1.2.2　数字经济基本特征

1. 数字经济的发展定律

数字经济发展有四大定律支撑：梅特卡夫法则、摩尔定律、贝尔定律及达维多定律。这四大定律支撑数字经济快速发展，成为国家经济增长的新动力。

1）梅特卡夫法则

梅特卡夫法则是由以太网的发明者、3Com 公司创始人、计算机网络先驱罗伯特·梅特卡夫在 1973 年提出的，主要是指网络价值以节点数的平方速度增长，即以指数函数形式快速增值，所以网络上联网的计算机越多，每台电脑的价值就越大，“增值”以指数关系不断变大。梅特卡夫法则本质就是经济学中的网络外部性。

梅特卡夫法则认为网络价值在于节点之间的相互连接。假设一个网络中有 N 名用户，网络中存在的可连接数则是 $N\times(N-1)$，即网络价值 $V=K\times(N^2-N)$，其中 K 为价值系数。例如，网络对于每个用户的价值是 1 元，如果用户规模增加 10 倍，网络价值则变为 100 元；如果用户规模增长 100 倍，网络总价值为 10000 元，用户规模增长 10 倍，网络价值增长 100 倍，体现规模经济。

2）摩尔定律

摩尔定律是由全球最大 CPU 生产商因特网公司创始人之一的戈登·摩尔在 1965 年提出的，它既不是物理学定律，也不是经济学定律，却与物理、技术、创新和经济紧密相连。摩尔定律是指：当价格不变时，集成电路上可容纳的元器件的数目，每隔 18～24 个月增加一倍，处理速度和处理能力提升一倍，则成本会降低一半。换言之，每 1 美元所能买到的电脑性能，将每隔 18～24 个月翻一倍以上，后来衍生的摩尔定律主要指互联网主机数和网民数量增长速度大约每半年翻一番。这一定律不仅揭示了信息技术进步的速度，还反映了网络成本降低的可能，是数字经济普及的重要条件。摩尔定律推动芯片和处理器行业的不断发展，推动信息网络的发展和普及，使互联网的带宽更宽、传输速度更快、内容形式更多样，促进了电子商务、网上交易的发展，有力地推动了数字经济的发展。

3）贝尔定律

贝尔定律是由 DEC 技术灵魂、小型机之父戈登·贝尔于 1972 年提出，主要是预测小型机使用的微处理器的技术发展。贝尔定律的主要内容：如果保持计算机能力不变，每 18 个月微处理器的价格和体积减小一半。贝尔定律与摩尔定律相互补充，摩尔定律认为处理器的速度每 18 个月翻一半，贝尔定律表明保持计算能力不变，微处理器的价格和体积每 18 个月减小一半，两个定律表明同等价位的微处理器的速度会越变越快，而同等速度的微处理器则会越来越便宜。贝尔定律的另一种版本则指出系统架构（CPU＋OS）决定运算平台，运算平台决定应用软件生态，每隔 10～20 年，就会诞生一类新型计算形态，随之形成应用模式、商业模式，甚至编程平台、网络接口的全新产业，从而为厂商带来新的商业机会，给用户带来全新体验。

4）达维多定律

达维多定律是由英特尔公司副总裁威廉·H. 达维多于 1992 年提出的，达维多认为任何企业在所属产业中必须第一个淘汰自己的产品，一家企业如果要在市场上占据主导地位，就必须第一个开发出新一代产品，今日市场的第一代产品能够自动获得 50%的市场份额。

达维多定律推动企业技术创新，积极主动淘汰自身的旧产品，投入大量资金进行研发投入，开发新一代产品，迫使企业科学技术快速更新。

2. 数字经济的基本特征

数字经济受到四大定律的支配，决定了数字经济具有以下的特征：

1）生产要素数据化

数字经济是继农业经济、工业经济之后的新的社会经济发展形态。相较于农业经济时代的核心生产要素是土地，工业经济时代核心生产要素是技术和资本，而数字经济的核心生产要素则是数据，数据纳入生产函数公式（图 1－5）。全球化发展正处在新的历史转折点，从以国际贸易驱动为特征的“1.0”版，到以国际金融驱动为特征的“2.0”版，全球化正步入以数据要素为主要驱动力的“3.0”版，数据成为经济发展新的关键生产要素。20 世纪中叶，计算机的发明标志着数字化技术的起步，随后数字技术发展为当今的云计算、大数据、互联网、物联网、人工智能等现代化技术，甚至 5G 时代已经来临，数字技术得到全面爆发式发展革新，网络处理和储存数据性能提升上万倍。网络平台储存海量数据，数据成为数字经济时代发展经济必不可少的生产要素。

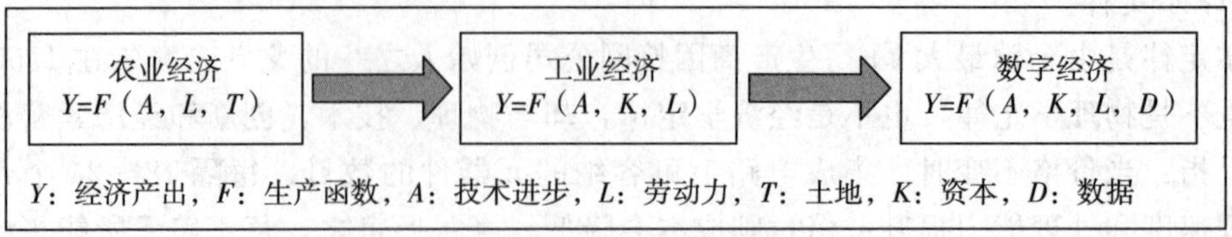

图 1－5　生产函数演变图

随着信息化建设的逐步完善，移动互联网得到快速发展。从电脑时代到智能手机时代，数据的产生和储存方式发生翻转式的变化。PC 时代数据需要依靠专用设备才能生成和储存，而智能手机的出现和普及、云计算技术逐渐成熟，使得用户能够随时随地产生和储存各式各样的数据，每个用户都成为重要数据的生产者。

2）产业组织平台化

数字经济时代的典型特征是平台经济体的崛起。数字经济时代产业组织结构明显区别于工业经济，工业经济主要实现产业链、供应链等链式体系，上游、下游企业生产组织分工明确（图 1－6），而数字经济主要呈现多层次、多维度的网状平台写作模式，支持大规模的协同合作经营方式（图 1－7）。

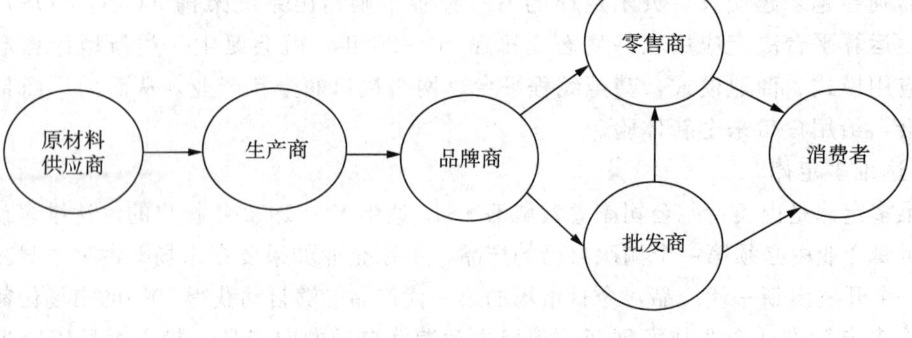

图 1－6　工业经济产业链式体系

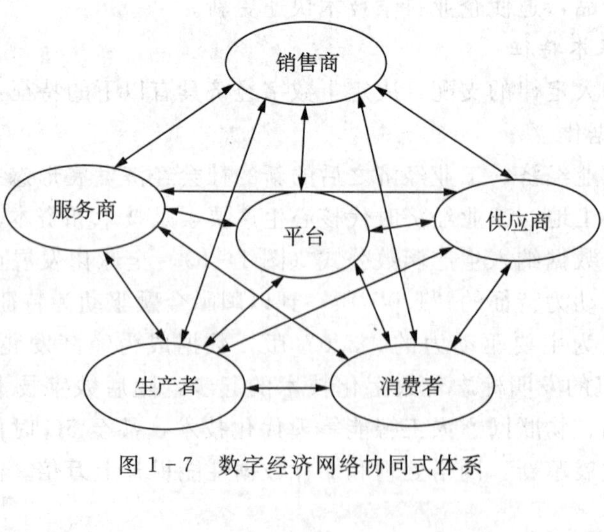

图 1－7　数字经济网络协同式体系

互联网技术推动社会化协作，平台模式是这种协作的主要体现和形态，互联网企业或平台型企业的快速成长可以看作是数字经济大发展的一个重要标志。平台模式下，大规模的协作方式极大地提升了生产工作和资源配置的效率。平台建设初期，固定资产、营销传播等资金投入巨大，但是一旦平台吸引到庞大用户后，平台平均成本逐渐下降，每增加一个使用者，边际成本递减甚至几乎接近于零。根据梅特卡夫定律，平台价值与用户数量的平方成正比，因此平台经济体一旦推行成功，平台价值不可估量。使用 2016 年 12 月 23 日股票价格计算，全球十大平台经济体分别为苹果、谷歌、微软、亚马逊、脸书、阿里巴巴、腾讯、Priceline、百度、网飞，市场总价值超十大传统跨国公司，即伯克希尔·哈撒韦、埃克森美孚、强生、摩根大通、通用电气、富国银行、美国电话电报公司、宝洁、雀巢、沃尔玛，十大传统跨国公司平均年龄为 129 岁，而平台经济体平均年龄仅 22 岁，可见平台经济体发展迅速。我国当下最具影响力的平台经济体主要是阿里巴巴、腾讯和百度（三者简称 BAT），目前在电商、社交、搜索领域很难有企业赶超 BAT，主要原因是先发企业占据信息、汇聚流量，后发企业很难再分一杯羹。平台经济要想杀出一匹黑马，重点在技术创新方面，企业掌握颠覆性技术才能站立不倒。近年来，云计算、物联网、人工智能等技术的发展为企业发展带来新的商机。在物联网领域，工业设备、汽车、医疗、家电等行业巨头都在以机器互联为突破口构建自己的平台；在人工智能领域，微软、百度、科大讯飞等都在加快布局人工智能的平台化应用。

3）产业发展融合化

数字经济不是独立于传统产业存在的，而是与传统产业产生碰撞实现融合。党的十九大报告指出："加快建设制造强国，加快发展先进制造业，推动互联网、大数据、人工智能和实体经济深度融合。"数字经济与实体经济融合能够赋能传统产业，助力产业转型升级，实现传统产业的数字化、智能化。互联网、物联网、云计算、人工智能等信息技术逐渐渗透到社会经济各领域、各产业之中，数字经济与三大产业融合速度加快，与文化、医疗、养老、教育等产业融合的趋势明显，三大产业相互融合，现代农业机械化、工业制造领域服务化以及服务业向各个领域的渗透，使得产业之间的界限变得模糊。

4）数字技术智能化

人工智能产业是数字经济时代经济增长的重要动能，随着人工智能算法的优化成熟，经济进入智能化时代。数字经济走过了以"数字化"驱动为代表的 1.0 时代、以"数据化"驱动的 2.0 时代，即将迈向以"智能化"驱动的 3.0 时代（史修松，2017）。2017 年是人工智能应用元年，谷歌研发的"阿法狗"（AlphaGo）3∶0 战胜"围棋天才"柯洁，索菲亚（Sophia）仿真机器人被授予沙特公民身份，人工智能研究在各领域实现突破。新一代人工智能正在全球范围内蓬勃兴起，为经济社会发展注入了新动能，深刻地改变人们的生产和生活方式。智能化为经济赋能，推动传统产业转型升级。目前产业智能化方向主要集中在自动驾驶、医疗辅助、语音识别等弱人工智能方面，传统产业实现"蝶变"。人工智能不断应用于制造业、金融、医疗、教育等行业，改变人类生产生活方式。基于大数据和人工智能，"智能+"将推动经济高质量发展，从而推动整个人类文明和社会进步。

5）信息技术共享化

信息技术和数据资源是数字经济的信息生产要素，其共享化是数字经济的重要特征。随着新一代信息技术的快速发展，互联网技术的不断推广、社交网络平台日渐成熟，数字经济成为共享经济的“助推器”，逐步实现万物互联互通。马化腾在第四届世界互联网大会上指出：在未来新科技、人人互通互联的人联网时代，以技术为根本，全面共享人力、物力、时间与技能，打造成为科技与技能同进步，共享与生活共发展的新时代。数字经济时代，搭建共享平台，实现了信息技术、数据资源的共享性，为需求者提供了成本几乎为零的资源获取渠道，从而吸引更多的需求者和共享者，弱化了生产生活资料的“所有权”而强调“使用权”，逐步创造出新的供给和需求，促使共享经济快速兴起。共享经济渗透生活的各个领域，从实体交通出行、餐饮住宿、物流快递、知识技能、生活服务、金融借贷、医疗保健、科研实验到无形的在线创意设计、营销策划，共享经济几乎渗透各行各业。

数据或技术的共享会吸引更多的用户或组织，如广告商、程序开发人员都到平台上来，带来的直接效果就是平台上的用户越来越多，吸引力就越来越大，用户与产品的相互作用越来越明显，所以会有更多的用户和有价值的产品不断出现，正如Kelly（1956）提出的“级数比加法重要”的法则一样，共享形成自我增强的虚拟循环，提升了成员同时增加了价值，反过来又吸引更多的成员，形成螺旋形优势。共享带来的间接效果是由于平台的高使用率会对类似平台或产品的原始用户带来收益，同时原始用户通过技术把一部分额外效益无偿转移给其他生产者或消费者。例如，被广泛采用的操作系统会吸引应用程序开发人员生产新的应用兼容程序的操作系统来保障用户的利益，同时自身也获得额外收益。

线上线下零售融合新案例，京东到家与步步高达成深度合作

1.3 数字经济的分类

数字经济可以进行哪些分类呢？国际上并没有一个统一的口径。国内不同研究学者分别提出了自己的观点。《贵州省数字经济发展规划（2017—2020年）》中首次指出“四型经济”，认为可以从数字经济主体部分和融合部分进行细分，将数字经济分为资源型、技术型、融合型、服务型。数字经济主体部分分为两个类型：一是资源型数字经济，主要包括数据采集、数据存储、数据分析挖掘、数据可视化、数据交换交易等领域产业，这部分大致对应大数据核心业态部分；二是技术型数字经济，主要是数字经济硬件产品研发制造、软件开发和技术服务。数字经济融合部分也分为两个类型：一是融合型数字经济，即数字技术与第一、第二产业的融合创新应用，这部分在生产过程中的融合特征较明显；二是服务型数字经济，即数字技术与服务业的融合应用和创新业态。易高峰（2018）在《数字经济与创新管理实务》中也简单地将数字经济分成五个类型，分别是基础型数字经济、融合型数字经济、效率型数字经济、新生型数字经济和福利型数字经济。他认为，信息通信技术在传统产业的普及，促进全要素生产率提高，带来的产出增长份额，构成了效率型数字经济；信息通信技术的发展不断催生出新技术、新产品、新业态，

百度人工智能之路

称为新生型数字经济；信息通信技术普及所带来的消费者剩余和社会福利等正的外部效应，构成了福利型数字经济。易高锋的分类方法和中国信息化百人会数字经济报告中提出的数字经济分类方法相同。

而根据中国信息通信研究院的分类，数字经济包括数字产业化和产业数字化：一是数字产业化，也成为数字经济基础部分，即信息产业，具体业态包括电子信息制造业、信息通信业、软件服务业等；二是产业数字化，即国民经济各行各业由于数字经济应用而带来的产出增加和效应提升，也称为数字经济融合部分。

通过收集总结，本书按照信息通信技术与其他领域的结合情况，把数字经济划分成五部分，分别是基础型数字经济、资源型数字经济、技术型数字经济、融合型数字经济和服务型数字经济。从五者之间的关系来说，基础型数字经济和资源型数字经济主要指物理基础设施和数据资源利用，是数字技术实现的物理载体和信息载体，是数字经济的基础；技术型数字经济是数字经济发展和升级的主线，是数字经济发展的核心驱动力；融合型数字经济和服务型数字经济重点体现在数字技术在生产和生活领域的各类应用方面，是数字经济今后发展的重点。

1.3.1　基础型数字经济

传统的信息产业构成了基础型数字经济，它是数字经济的内核。基础型数字经济主要体现为数字基础设施的建设，包括数字产品和数字服务的生产和供给，如电子信息制造业、信息传输业和软件信息技术服务业等。电子信息制造业主要包括计算机、网络通信、数字视听、集成电路、元器件、应用电子等的制造。信息传输业指利用信息技术进行的信息传输服务，主要包括电信服务、广播电视传输服务、卫星传输服务和互联网相关服务。软件与信息技术服务业包括软件开发、信息系统集成服务、信息技术咨询服务、数据处理和存储服务、集成电路设计和其他信息技术服务业。总体而言，基础型数字经济侧重于物理数字基础设施，体现了数字经济的“硬实力”。

1.3.2　资源型数字经济

资源型数字经济体现了数据资源的应用，包括潜在的数据资源和数据资源的利用。潜在数据资源是指潜在的数据规模，如移动用户数据、手机 App 的历史访问记录等，这些数据蕴含着巨大的经济价值。数据资源的利用则主要体现为数据资源的聚集和应用，数据集聚方面包括数据中心建设、数据清洗、存储与备份、数据安全保障等，数据资源应用包括数据加工、分析交易、运营等应用。资源型数字经济体现了数字经济的“软实力”。

1.3.3　技术型数字经济

技术型数字经济主要体现为数字经济的前沿技术、颠覆性技术的投入，以及围绕技术转移、转化带来的技术输出。技术型数字经济范畴覆盖数字经济产品制造、信息技术服务、网络通信服务、新兴数字技术等方面的技术布局与升级。

1.3.4　融合型数字经济

信息采集、传输、存储、处理等信息设备不断融入传统产业的生产、销售、流通、服务等各个环节，形成了新的生产组织方式，传统产业中的信息资本存量带来的产出增长份额，构成了融合型数字经济。融合型数字经济主要体现为通信技术、网络技术等与传统产业的融合带来的规模增长，其重点指与第一、第二产业的融合。与第一产业的融合体现为农业信息技术的应用，与第二产业的融合则体现在将信息技术应用在研发设计、生产制造、销售流通和售后服务等环节，从而实现生产组织方式和运营方式的优化提升。

1.3.5 服务型数字经济

服务型数字经济主要指数字经济与第三产业的融合，是针对消费者各方面的生活需要提供的高效、便捷、快速的数字服务。具体而言，服务型数字经济包括基础应用（社交、网络搜索等），商务类应用（网上购物、生活服务、旅游等），金融类应用（互联网理财、网上支付）和公共服务（教育、医疗、政务和出行）等方面。传统餐饮、娱乐、家政、旅游、健康医疗、文化科技等领域实现线上线下整合协同，同时一种新的服务方式也会出现，如智慧物流、现代金融、数字化会展服务等；与服务型数字经济相对应的是完善的互联网基础设施、庞大的互联网用户、已经在不同生活服务领域活跃应用互联网技术。

1.4 数字经济的基本共识

当前，伴随着信息通信技术创新、融合、扩散所带来的人类生产效率和交易效率的提升，以及新产品、新业态、新模式的不断涌现，人类社会的沟通方式、组织方式、生产方式、生活方式正在发生深刻的变革，数字经济作为一种新的经济形态，正成为转型升级的重要驱动力，也是全球新一轮产业竞争的制高点。阿里巴巴集团副总裁、阿里研究院院长高红冰在数字经济暨数字丝绸之路国际会议上致辞："数字经济是新一代信息技术，孕育全新商业模式和经济范式，以及对传统经济渗透和升级，数字经济在全世界范围内的发展速度令人瞩目，在不同国家和地区探索出多种发展路径和模式，我们惊喜地看到，数字经济在部分国家已经从餐前'小菜'变成'主菜'，从底层对原有经济体系进行深刻变革。"工业和信息化部原部长、中国工业经济联合会会长李毅中在2018年数字经济大会中所做的题为"发展数字经济　建设制造强国"的报告中提到，"从各领域各行业看，首先是商贸、物流、交通、金融、社会管理等服务行业取得了巨大成功，同时信息技术与工业、制造业深度融合，数字经济推动工业转型升级迈向中高端。如今信息技术已广泛渗透融合到社会生活的各个领域、各个层面"。唐·泰普斯科特（Don Tapscott）（2016）也在其《数据时代的经济学：对网络智能时代机遇和风险的再思考》中描述道："在新经济中，越来越多的附加值是通过脑力劳动而不是体力劳动创造的。如今不少农业和工业岗位都是知识型工作，在美国几乎60%的员工是知识型工作者，五分之四的新岗位是知识密集型工作。现在的工厂和传统经济工业时代中的工厂迥然不同，其差异之大犹如工业工厂和封建时代的手工作坊之别。现在的农场使用装有智能芯片的农业设备工作，码头的集装箱采用计算机控制的吊车装运，通过软件控制大型飞机运输。此外，产品本身也具有知识性。智能服装的衣领中装有芯片；智能车辆通过微处理器操纵；智能地图不但会指路，还能根据天气和道路状况自动调节轮胎压力；智能广播可存储交通信息，在需要的时候为你提供；智能房屋可以管理能源、保护个人安全、在主人到家前准备好热水澡；智能电梯出现故障时会自动上报问题；智能贺卡会唱歌给你听……这样的例子简直不胜枚举。”从中可以看到，数字经济正在不断进入各个国家、各个地区、各个领域、各个行业，不断深化影响人类社会生活的各个方面。随着数字经济对经济增长的贡献率不断提升，人们对于数字经济的研究呈几何式速度增长，对数字经济的认识也在不断深化。

随着数字经济的发展给经济社会带来了经济效益的同时也带来了社会各界对数字经济形成共识的挑战。本书尝试着从历史地位、根本特征和发展模式等方面回答数字经济的一些基本问题，找到社会认知的“最大公约数”。

1.4.1　在历史地位上的共识

在历史长河中，每一次社会经济形态的改变，一定都伴随着科学技术的发展。数字经济在成为人类社会又一经济形态的过程中，可以分为三个阶段。

第一个阶段：网络经济阶段。电子商务在商贸流通领域迅速崛起，网络购物是这一层面经济活动的主要特征。

第二个阶段：信息经济阶段。电子商务、即时通信、搜索引擎、网络娱乐、互联网金融等经济活动领域进一步扩大，信息资源价值得到有效释放，商品交易大规模扩展到服务交易，改变了服务业的形态。信息服务业比重大幅度增加，信息网络技术与三大产业融合的步伐加快。云计算、互联网、大数据深度应用是这个阶段的主要特征。

第三个阶段：共享经济阶段。信息网络和设备连接设计、制造、流通、消费和应用等经济活动的所有环节，重建人、货、场之间高效精准连接，构成全球赛博空间（指在计算机以及计算机网络里的虚拟现实）。产品和服务的使用权和所有权分离，大幅改变现有生产方式和产业组织方式，物联网、人工智能的广泛应用是这个阶段的主要特征。

数字经济的发展阶段显示了数字经济的发展模式，简单来说就是依靠现代经济技术发展社会经济，如出现了电子商务、数字支付、大数据、云计算、物联网和人工智能（图 1－8）。

（a）电子商务　（b）数字支付　（c）大数据

（d）云计算　（e）物联网　（f）人工智能

图 1－8　数字经济的经济模式

1.4.2 在根本特性上的共识

在数字经济系统中，数字技术被广泛使用，由此带来了经济活动的新特征。

提高所有人的福祉是信息通信技术作为一种通用目的的技术可以而且应该达到的目标，开放、包容、协作、共享、共赢等的共同交集是普惠性——让更多的人受益，确保人人都能从数字经济的发展和带来的机遇中受益，确保人人都可以共享数字经济发展成果，将数字经济建设成为人类共同的家园。普惠性即“让更多的人受益”，这一理念与信息社会世界高峰会 WSIS 所提倡的“以人为本、具有包容性和面向发展”的信息社会一脉相承。数字经济应当能够让每个人享受更多的健康、自由和幸福。

1. “大数据＋大健康”：医疗普惠

近几年，随着“互联网＋”模式在各个领域的深入发展，可以说互联网医疗已经逐渐走进现实并改变着人们的生活。李克强总理在 2018 年 4 月 12 日主持召开国务院常务会议时，确定了发展“互联网＋医疗健康”的措施。可以说，“互联网＋医疗健康”作为大数据技术重要的应用场景和落脚点，也是能够更好缓解人民看病就医的难题、提升人民健康水平的重要措施。有效利用大数据技术，真正“让数据多跑路、群众少跑腿”，实现“大数据＋大健康”下的医疗普惠。推动健康医疗层面实现公平普惠，通过对健康医疗大数据进行分析，可以得到非常多有价值有意义的信息，对百姓而言，一是可以通过数据鉴定相当一部分不合理用药的情况，给问诊者更好的建议；二是提供问诊数据，提供个性化服务，推荐合适的家庭医生；三是结合身体情况，进行个性化方案设计，真正做到服务的个性化和精准化，实现传统环境下难以完成的事情。此外，医疗大数据的挖掘，有助于缓解医疗信息不对称带来的问题，可以解决“三长一短”的问题。

2. “科技＋金融”：金融普惠

数字经济具有外部经济性。每个用户从使用某产品中得到的效用与用户的总数量有关，用户人数越多，每个用户得到的效用就越高。2018 年 4 月 28 日，由中国人民大学国家发展与战略研究院（简称“人大国发院”）、国家金融与发展实验室金融科技研究中心、金融科技 50 人论坛（CFT50）、中诚信征信有限公司共同主办，由中国社科院产业金融研究基地、中国人民大学国际货币研究所作为学术支持的“2018 第二届中国信用科技与普惠金融论坛”在中国人民大学国学馆报告厅举行。作为首批 25 家国家高端智库建设试点单位，人大国发院和国家金融与发展实验室首次联袂推出“信用科技与普惠金融”的研究与讨论。论坛坚守“国家战略、全球视野、决策咨询、舆论引导”的信条，着眼于科技创新与普惠发展，服务国家发展战略，建设美好社会。论坛由国家金融与发展实验室副主任、CFT50 首席经济学家杨涛主持，社科院学部委员、国家金融与发展实验室理事长李扬，中国人民大学副校长、国家发展与战略研究院执行院长刘元春等分别就“科技助力普惠金融的发展与安全”进行了演讲。李扬表示，发展普惠金融，一定要注意几个问题：一是普惠金融是可负担的成本，不是扶贫；二是一定有真实金融需求；三是有尊严地提供，而不是施舍。李扬认为，数字经济对普惠金融有着重要的意义，普惠金融真正的康庄大道必须要靠数字经济的发展才能铺平。对于科技和金融应该如何结合，李扬指出要从三条路来入手：一是降低准入成本；二是要解决信用问题；三是解决了解用户、甄别风险和降低成本以及提供多样化服务的问题。刘元春认为，科技创新、金融化以及普惠发展等三个关键词一起形成了一系列复杂的经济现象和社会现象，并带来了一场轰轰烈烈的竞技运动。刘元春指出，在这个经济运动里，要重新认识资源配置的规律，重新认识风险定价的模式，这些都给实务界和理论界带来了一系列的挑战。“科技＋金融”里出现了一系列新发展，也演化出一系列新问题。同时一些新的交易模式会带来新的风险，并产生一些泡沫化的现象，促使我们重新认识现代金融的本质。新网银行行长赵卫星认为，目前，银行唯一的红利方向，不是政策，不是人口因素，而是科技。他指出，平常的一些小额、短期的贷款，银行往往不愿意做，因为征信数据不全、成本高、效率低等因素影响了经营上的可持续性，所以很难做到普惠。而因为技术的发展，给银行带来了底气、信心和勇气，让银行可以提供非常碎片化的普惠金融的服务。

3. “数字＋生活”：生活普惠

当前，全球正处于新一轮科技革命和产业变革突破爆发的历史交汇期，新一代信息通信技术和人类生产生活交融。数字经济对人类生活直接影响部分就是数字技术在人们生活中的应用，体现了数字经济的生活普惠。以中国为例，中国数字经济在部分领域具有赶超的独特经验，如中国数字经济企业培育了大量“心态开放、年轻”的用户，使平台经济、共享经济、移动支付等数字应用发展较快。以共享单车、共享充电宝为代表的分享经济正在全国如火如荼地发展，基于网络信用积分免押金租单车、租房等新兴方式方便了人们的生活。在杭州街头，一座座新出现的无人超市吸引了不少市民的目光——从闸机进店，扫二维码，将所需商品放入购物车，经过两道结算门就完成了支付。“不用带现金，商品拿了就走，这样的高科技很有趣，也让购物变得很方便。”

数字经济发展的中国经验既独特又具有普适意义，清华大学副校长杨斌说：“我们数字经济发展的长处、优势还是偏向于应用端，特别是由于中国过去，服务行业整体质量和水平的差距，使得我们的互联网，在助力服务、转型升级方面，发挥了非常重要的作用，也表现出了特殊的优势。接下来，其实要在网络的底层，在信息安全这些方面上，进一步发力，通过自主创新，真正成为一个网络强国。”中国信息通信研究院发布的《中国数字经济发展白皮书》表示，未来几年是我国 5G、下一代互联网、物联网、工业互联网等技术的大规模部署期，随着各类网络基础设施的建设和相关技术的应用，数字中国建设将进入高峰期，会为我国数字经济发展、产业转型升级和各行业融合发展奠定基础。

1.4.3　在发展模式上的共识

数字经济的发展模式是一种技术经济范式。易高峰（2018）认为，从科学技术发展史来看，数字技术是与蒸汽机、电力同等重要的“通用目的技术”（GPT），必然重塑整个经济和社会，数据成为最重要的生产要素，重构各行各业的商业模式和盈利方式，未来所有产业都是数字化产业，所有企业都是数字化企业。

什么叫技术经济范式？即从某种共同的经济目标出发，使用技术实现目标的思维模式。

技术本身并非一个孤立的系统。通过一些观察可以发现，技术创新在时间轴上并不是一个稳定的过程，而存在着相对密集的区域，有人把这个称为“技术集群”，如同一批技术创新浪潮的到来以后，会出现相当长时间的沉寂，而后再一次掀起技术创新浪潮。用库恩的范式理论解释，应该是当某个技术出现突破以后，人们会以此方法进行类推，从而获得了相关技术领域的突破，即使在相同领域，人们也会利用相同的范式取得独立的技术知识，从而绕过专利壁垒，打破技术封锁。技术范式在创新成果的推动下，形成了应用和传播。什么是创新的成果？当人们回顾蒸汽机的运用时，机械代替人是创新的成果。但那时候是人力短缺吗？不是，而是没有任何可以使用的要素能够达到蒸汽机所达到的能力，用无穷大的人力和畜力都不可以与一台只燃烧了几铲煤的蒸汽机相比；蒸汽机没有作息时间，因而有着无限制时间的工作能力。如果把这些加总，就可以用煤的贡献代替人或畜力；如果把这些都算在人的身上，因为毕竟需要人来开动和管理机械，那么相当于这种技术大幅度地提高了人的劳动效率。

当把技术与其产生的结果联系起来的时候，人们会发现技术都与许多经济因素相互联系，技术是解决经济问题的方法，技术不是一个完全孤立的变量，而是从属于经济的一个变量。直至20世纪20年代，人类基本上解决了生产效率的问题，另外一个问题逐渐成为技术经济范式的重点，这就是技术对效果的影响。技术如何提升人们的消费效用成为主流是从电力应用开始的，许多与电有关的新式消费在那个年代出现，电灯、电报、电话、电影、电风扇……一部分是代替人工的装备，类似于电灯这样的照明电器；另一部分是人们从来没有感受过的，如电影、电力被人们称为革命的原因并非只有动力的解放，更多的是在动力自由化以后带来了大量的人们从来没有体验过的新消费。前一种情况是大大提升了消费价值，后一种则是完全的新创造的价值。此后的范式主要沿着后一种在不断丰富，范式基本上围绕电力的应用展开。直至1990年，真正的信息革命开始了。1980年，电脑从商用转向民用，信息的处理与储存功能被技术所放大，可以算是信息革命的预演，但真正的信息革命的到来还是互联网的广泛运用。世界在互联网下，结成了一个家庭，新闻、知识、故事、观点、亲情从这个看不到的网络中快速流转，新的范式由此产生。

数字经济就是使用数字技术来达成经济目标。在数字经济这种技术经济范式下：

1. 最具创见的思想是数字经济最稀缺的资源

数字经济的根本经济规律是要素的相对稀缺性发生了变化，资本的稀缺性降低，它并不是最重要的了，最具有创见性思想的人才成为比资本更稀缺的资源，资本的支配地位要让位于最具创意的人力资本，具有数字技术基础、最具创意的人力资本才是被热钱追逐的对象。要素稀缺性的变化决定了数字经济发展的根本动力是创新。自下而上的万众创新与自上而下的国家创新体系相结合，正在构建新的创新体系。鼓励“积木式”创新与“果实类”创新相结合。“产业公地”将成为孕育创新的肥沃土壤。数字经济对传统的人才培养模式提出了新挑战。更有意思的是，数字经济可以实现超级细分工，不仅进一步提高经济效率，还会更加彰显劳动者的自主性。就业的多样性、个性化和自主性将会得到增强，工作家庭化成为可能。

2. 数字经济与传统产业融合发展

当前，不少传统企业开启了数字化转型之路。传统建筑机械企业——三一重工大力开发工业互联网平台，如今已接入超过23万台设备，实时采集近1万个运行参数，能为客户提供精准的大数据分析、预测、运营支持及商业模式创新服务。产业融合是推动数字经济发展的重要引擎，数字经济正在加速向传统产业渗透，增强融合效应，促进实体经济转型升级。特别是新技术推动了物联网的迅速发展，加速了线上线下融合，并引发数据爆发式增长。目前，海量的数据已经成为重要资源，创造价值的潜能大幅提升。在制造业领域，网络物理系统技术日益成熟，越来越多的企业构建起虚拟产线、虚拟车间、虚拟工厂等，实现产品设计、仿真、试验、工艺、制造等活动在数字空间完成；在流通领域，线上线下的融合发展丰富了市场竞争手段，重塑了零售模式，也创造了大量新业态。

1.5　数字经济与传统经济的比较

1.5.1　数字经济与传统经济的相同之处

数字经济与传统经济之间并非完全割裂开。正如工业经济和农业经济之间有着千丝万缕的联系一样，数字经济和传统经济之间也有着相同之处，可以说，数字经济是对传统经济的继承和发展。数字经济虽然是一个新的经济系统，但是数字经济的形成和发展所依赖的物质支撑无不来自传统经济。数字经济包含着传统经济的成分，只有传统经济高度发展才能促使数字经济形成和发展，数字经济要在传统经济的基础上才能发展；数字经济也将进一步促进传统经济的发展，传统经济在数字经济的影响下，通过与数字经济的融合，可以焕发新的活力。本节从遵循基本经济规律、致力共同经济目标和以人为本的经济宗旨三方面来阐述数字经济与传统经济的相同点。

1. 遵循基本经济规律

生产力决定生产关系，经济基础决定上层建筑。数字经济其实是生产力水平发展到一定阶段的产物。人类社会在经历了农业文明、工业文明之后，正在步入信息文明和数据文明阶段。数字经济正是与信息文明和数据文明阶段相适应的，代表着先进的生产力发展水平。

1）供给需求理论

在传统经济理论中，供给与需求理论被视为最基本的经济理论，运用这一理论几乎可以解释每一个经济问题。一般来说，市场价值或生产价格决定价格，价格决定供求；反过来，供求影响价格，并通过调节不同生产条件下的生产，影响市场价值的形成与决定。因而市场价值或生产价格、价格与市场供求关系形成一种辩证关系。市场供求与价格的关系，首先是市场价值或生产价格决定价格，市场价值或生产价格是价格形成与运动的内在基础和实体，是市场价格波动的中心，价格调节着市场供求关系，而市场供求关系反作用于价格，成为支配或影响市场价格形成与运动的基本因素。因此，它们相互影响、相互制约。在数字经济中，虽然供求的内涵发生了一些变化，如需求曲线是向右上方倾斜，供给曲线向左上方倾斜，但供求决定的均衡价格理论并没有过时，它同样在调节着经济的运行。

2）利润最大化

厂商从事生产或出售商品不但要求获取利润，而且要求获取最大利润，厂商利润最大化原则就是产量的边际收益等于边际成本。边际收益是最后增加一单位销售量所增加的收益，边际成本是最后增加一单位产量所增加的成本。如果最后增加一单位产量的边际收益大于边际成本，就意味着增加产量可以增加总利润，于是厂商会继续增加产量，以实现最大利润目标。如果最后增加一单位产量的边际收益小于边际成本，那就意味着增加产量不仅不能增加利润，反而会发生亏损，这时厂商为了实现最大利润目标，就不会增加产量而会减少产量。只有在边际收益等于边际成本时，厂商的总利润才能达到极大值。所以 $MR=MC$ 成为利润极大化的条件，这一利润极大化条件适用于所有类型的市场结构。在网络信息时代，企业仍然是理性的经济人，它同样以获得最大化的利润作为其生产的动机，风险投资也要得到相应的回报，"概念"的炒作不会长久。因此，追求利润、相互竞争同样是基本的经济规律。

3）规模经济

规模经济（Economy of Scale）又称"规模利益"（Scale Merit），指在一定科技水平下生产能力的扩大，使长期平均成本呈下降的趋势，即长期费用曲线呈下降趋势。规模指的是生产的批量，具体有两种情况：一种是生产设备条件不变，即生产能力不变情况下的生产批量变化；另一种是生产设备条件变化即生产能力变化时的生产批量变化。规模经济概念中的规模指的是后者，即伴随着生产能力扩大而出现的生产批量的扩大，而经济则含有节省、效益、好处的意思。按照权威性的包括拉夫经济学辞典的解释，规模经济指的是给定技术的条件下（指没有技术变化），对于某一产品（无论是单一产品还是复合产品），如果在某些产量范围内平均成本是下降或上升的话，就认为存在着规模经济（或不经济）。同边际效益一样，在某一区域里才能满足此规模经济性。具体表现为"长期平均成本曲线"向下倾斜，从这种意义上说，长期平均成本曲线便是规模曲线，长期平均成本曲线上的最低点就是"最小最佳规模"。

对于传统经济来说，合理的规模扩大可以带来规模效益；在数字经济时代，数据网的扩展所带来的就是规模的扩大，而规模的扩大一样可以带来规模效益。

2. 致力共同经济目标

根据传统经济理论，任何经济活动都是为了解决资源的稀缺性问题。

资源的稀缺性是经济学第一原则，一切经济学理论皆基于该原则，因为资源的稀缺性，所以人类的经济及一切活动需要面临选择问题。资源的稀缺性是指相对于人类无限增长的需求而言，在一定时间与空间范围内资源总是有限的，相对不足的资源与人类绝对增长的需求相比造成了资源的稀缺性。资源稀缺的原因是：一方面，一定时期内物品本身是有限的；另一方面，利用物品进行生产的技术条件是有限的，同时人的生命也是有限的。正是由于稀缺性的存在，才决定了人们在使用经济物品中不断做出选择，如决定利用有限的资源去生产什么、如何生产、为谁生产以及在稀缺的消费品中如何进行取舍和如何用来满足人们的各种需求，而且只有当物品稀缺时，才能被认为是社会财富的一部分。

在数字经济时代，资源仍是稀缺的。网络虽创造了一个虚拟的世界，但是人类却生活在现实中，吃、穿、住、行仍是人类最基本的需求，传统经济的资源稀缺性问题在数字经济中依然存在，所不同的是在数字经济时代，人们可以利用数字经济手段更为合理地配置资源。所以，那种认为"数字经济打破了传统经济学关于资源稀缺性界定假设"的观点是不正确的。因为在数字经济中所涉及的资源不仅仅是信息数据资源，还包括制造各种有形设备、产品所需的自然资源以及不可或缺的人力资源等，也就是说支撑其数字经济发展的这些资源仍表现出稀缺性的特征。

3. *以人为本的经济宗旨*

经济学是研究人类生存与发展问题的重要学科，是经济生活的理论反映。

人类的生存与发展产生了需求，同时为满足需求产生了经济活动。经济活动不仅因人开始且以人展开，经济活动是以人为主体的活动，同时人类是在经济活动中不断地发展自身、完善自身的人类的基本生产活动，这一方面发展了人的自然属性，另一方面又丰富了人的社会属性，因此人是经济活动的尺度，作为尺度它赋予经济发展与增长以人性，它将使一切经济活动以人为准则从而使经济活动真正作为人类自身的活动。由此可见，人是经济活动的起点，主体和归宿的一切经济活动都是由人发起的，一切都为了人本身使人的需要得到满足，使人得到发展，所以人和人的经济活动应该是经济学研究的起点和对象。经济学本质上应该是关于人与经济活动的科学，经济学应以人为主体，以人为中心来展开理论研究，经济学本质上是人本经济学。经济学的一个核心假设是“经纪人”假设，因为人的需要是经济活动和经济学的逻辑起点，人是经济活动和经济学研究的主体和最终归宿。经济学是关于人的学问，人应该始终作为经济学研究的中心话语而存在，经济学研究要始终坚持“以人为本”的经济宗旨。

因此，不论是传统经济还是数字经济都应该遵守以人为本的经济宗旨。传统经济中的劳动、资本、技术只有与人发生关系才有意义，数字经济时代的生产要素——数据本身不存在任何意义，只有当与人发生关系时，才变得有了意义。可以说，传统经济与数字经济都遵守以人为本的经济宗旨。

1.5.2 数字经济与传统经济的不同之处

数字经济是以数字化信息为核心的生产要素，以数字技术与实体经济的深度融合为主要内容的经济形态。数字经济与传统经济的主要区别在于微观层面的盈利模式、中观层面的组织方式、宏观层面的资源配置方式三个层面。

1. *颠覆传统盈利模式*

传统经济的企业利润主要由企业的收入和成本构成，具体表现为：利润＝收入－成本。传统企业利润受到产量、成本和价格的影响。

传统企业靠产品差价盈利，传统产品的价格形成因素主要包括土地、劳动、资本和企业家才能等方面，即传统企业的产品价格是由土地所有者的利润、劳动者的工资、资本的利润和企业家的报酬形成的。经济学理论表明，供给和需求的相互作用决定了价格。当供给和需求相等时，就决定了市场的均衡价格（图 1－9）。与传统企业不同，数字经济时代的数字产品由于本身的特性，很难用传统的微观经济学基本规律来分析，这导致传统的供给需求曲线和市场均衡分析失灵。

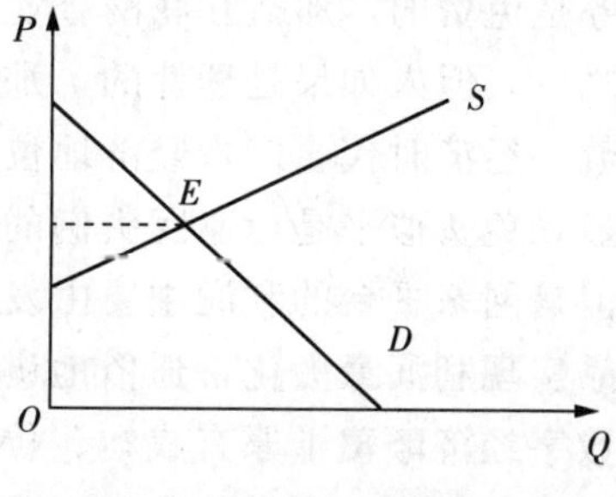

图 1－9 供给-需求曲线

成本是企业进行经济决策需要考虑的重要因素，企业的目标是追求经济利益最大化，因此传统企业重点分析成本和收益。成本主要分为总成本、平均成本和边际成本（图 1-10）。传统企业由于存在固定成本，所以平均成本一般会随着产量的增加而降低。而随着产量的增加，边际成本会先减少，后增加。主要是企业产量较小时，边际产品随着投入的增加以递增的比例增加，产量的增加速度超过成本的增加速率，从而边际成本随着产量的增加而减少；当产量超过一定量时，产量的增加速率从最大值逐渐减小到零，而成本的增加速率大于产量的增加速率，从而边际成本增大。而数字经济时代下的数字产品由于本身的可复制性、网络外部性等特征，从而改变传统产品的成本曲线。其中可复制性是指数字产品只要是网络信息，可以以低成本进行复制传播。网络外部性表现为数字产品被越多人使用，它的自身价值越大。数字产品表现为高固定成本和低边际成本的特征，边际报酬是递增的，产生巨大的规模经济。边际成本曲线从传统产品的向上攀升变为数字产品的较低趋于零的形式，从而经济学中供给曲线向下倾斜的特征在数字产品中不适用。

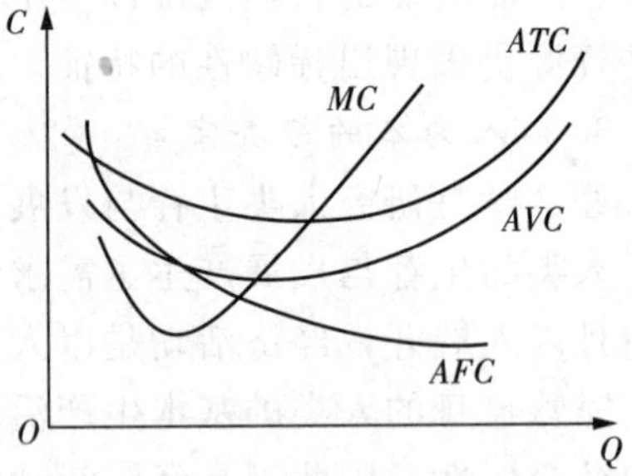

图 1-10　企业成本曲线

传统经济是高交易成本的经济，即摩擦经济。交易成本主要包括企业的搜寻成本、信息成本、议价成本、决策成本。在农业经济中，运输工具仅仅是马车或者水运，交易成本特别高，造成经济活动局限在个体之间。在工业经济中，工业革命极大地提高了生产力，并建立以公路网、铁路网、电话网为标志的运输通信网络，尽管出现了全球化的趋势，但经济活动更多的是区域型。随着数字技术的创新和广泛应用，人类凭借网络工具在很大程度上降低了交易成本，将经济活动扩展到全球，不断步入非摩擦经济时代。

数字经济时代大幅度降低交易成本。互联网实现信息共享、便捷搜索，突破原有的地域、行业、认知的限制，云计算、搜索软件的广泛应用，实现供给侧和需求侧的精准匹配，软件定义在数字空间重建生产经营全要素、全流程的过程，系统可以总结出其中的价格信息，用算法形成一套定价机制，网络平台为交易提供线上协作空间，大数据和人工智能的算法成熟，实现对决策的指导和优化。数字经济时代信息交互方式的巨大改变导致交易成本明显下降，同时网络平台提供市场竞争环境，通过对买卖双方提供的信用担保和惩罚机制规范市场交易行为。

传统企业主要通过差价形式获得利润，数字经济时代主要通过平台的“增值服务”获得利润。数字经济的利润并不单纯来自数字产品网络产品本身，因为很多企业提供的商品和服务是免费的，那么互联网企业的利润从何而来呢？理性人假设是经济学理论中重要的假设之一，但人如果是理性的，那么广告经济就不会产生。广告可以改变消费者的偏好，因此数字经济时代，广告经济地位凸显。从整个互联网行业来看，广告经济的主导地位十分明显，免费似乎是行业巨头们的共同选择，虽然用户可以免费享受互联网企业提供的产品，但是网络平台的利润主要由发布广告的企业来支付，发布广告的企业则是通过出售相关产品实现利润最大化，通俗地讲就是“羊毛出在狗身上，猪来买单”。

数字经济颠覆了原有成本、价格、数量的简单逻辑，开创了企业自身产品之外的利润来源（图 1-11）。从理论上讲，数字经济之所以能够实现这种盈利模式是其将范围经济发挥到了极致。传统的范围经济是在平行供给多种产品，通过降低总成本（平均成本）而获取更多的利润，显然，传统范围经济强调的是产品相关性，产品相关性越强，范围经济的特征就越明显。数字经济将相关性降至最低，如植入的广告，除了与提供产品必须出现在同一个媒介这一共性外，与产品本身没有任何相关性，这就极大地拓展了范围经济的应用范围，从而使其发展成为可能。而范围经济又是建立在规模经济的前提之下的，市场占有率、用户数量是网络平台获取范围经济的基础。缺乏一定的规模，无论是对于附加其上的广告还是其他可能带来的潜在收益，都不能实现。因此，数字经济之所以能够颠覆传统盈利模式，是其将规模经济和范围经济充分融合，并将范围经济发挥到极致的结果。

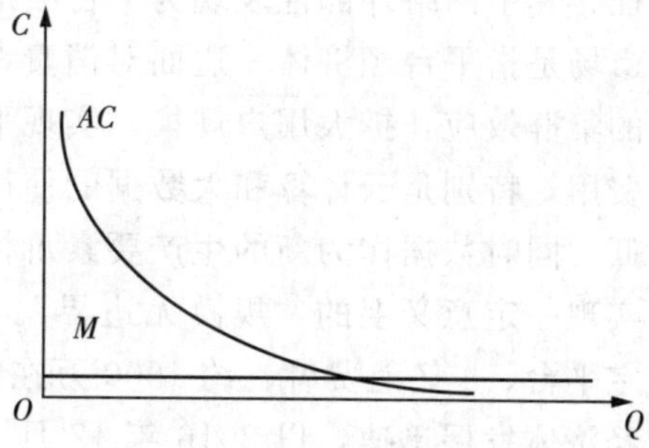

图1-11 数字产品成本曲线

2. 重塑产业组织方式

数字经济的快速发展催生出平台经济体，从而推动产业主体由企业向平台经济体转变。传统经济中，企业是产业的构成基础，也是产业的主体。企业是专门从事生产经营或服务活动的盈利性社会组织，追求经济利益是企业发展的最大目的。由于数字技术突飞猛进地发展，特别是电子商务等互联网产业的快速崛起，大机器的工业时代逐渐被信息知识社会取代。数字经济时代，最有价值的生产要素不再是土地、资本、劳动力，而是数据、信息。数字技术催生出新的产业主体——平台经济体。平台经济体是一种基于数字技术，由数据驱动、平台支撑、高度协同的经济活动单元所构成的开放、共享、普惠的在线经济生态系统。它的出现，是当前全球商业组织演化进程中最新型、最突出的形态。产业生产组织演变过程主要从工厂，到公司，最后演变成如今的平台经济体（表1-3）。

表1-3 产业生产组织的演变与区别

生产主体	工 厂	公 司	平台经济体
经济革命	第一次工业革命	第二次工业革命	信息革命
技术创新	蒸汽机	电力	大数据、云计算等
主导国家	英国	美国	美国、中国
生产模式	解放体能，规模生产	廉价能源，贸易繁荣	万物互联
起始时间	18世纪60年代	19世纪60年代后期	20世纪60年代

平台经济与企业最大的区别在于边界性。公司是有边界的，公司内部造成了聘用员工的内部、外部的系统，公司整个商业的、制造业价值链流程中有自己封闭的系统。根据科斯的交易费用理论，企业内部的管理费用会随企业的扩张以递增的方式上升，由于企业家才能的收益可能减少、生产要素的非最佳使用、资源浪费增加、生产要素的供给价格上升等四方面的原因，导致企业边界不能无限扩大。当今社会由工业经济进入数字经济，随着互联网的渗透，平台经济体得到迅猛发展。平台经济体具有网络外部性、双边或多边市场

等特征，其中网络外部性表现为平台吸纳的卖家和买家越多，平台的价值就越高；双边或多边市场是指平台经济体一边面对消费者，一边面对商家。平台经济通过双边市场效应和平台的集群效应，扩大用户规模，实现平台价值最大化。数字技术的快速发展大幅度降低交易费用，特别是云计算和大数据的使用，使得资源配置越来越精准，信息传递的成本极大降低，同时数据作为新的生产要素价格趋向免费，从而打破传统经济企业边界的静态平衡，实现一定意义上的“规模无边界”。例如，当今淘宝平台开放系统聚集上千万商家。大淘宝平台、4 亿消费者、约 1000 万在线商家，共同构成了全球最活跃的零售生态系统。平台经济体发展迅速，以 2016 年 12 月 23 日股票价格计算，十大平台经济体总市值已超过十大传统跨国公司。十大平台经济体里面有 3 家中国企业、7 家美国企业。与平均年龄 129 岁的十大传统跨国公司相比，十大平台经济体的平均年龄仅为 22 岁。其中最年长的平台经济体——苹果和微软分别为 40 岁和 41 岁，其余则基本在 21 岁以下（表 1 - 4）。

表 1 - 4　十大平台经济体 vs 十大跨国公司

十大平台经济体					十大跨国公司				
名称	国家	市值（亿美元）	成立时间（年）	主营业务	名称	国家	市值（亿美元）	成立时间（年）	主营业务
苹果	美国	6053	1976	电子产品	伯克希尔·哈撒韦	美国	4078	1956	投资、保险
谷歌	美国	5482	1998	搜索引擎	埃克森美孚	美国	3766	1882	石油天然气
微软	美国	4810	1975	电脑软件	强生	美国	3152	1886	药物、个人卫生产品
亚马逊	美国	3584	1995	网络零售	摩根大通	美国	3037	1859	商业银行
脸书	美国	3396	2004	社交网络	通用电气	美国	2823	1892	器材、航空发动机
阿里巴巴	中国	2246	1999	电商平台	富国银行	美国	2811	1852	全能商业服务
腾讯	中国	2195	1998	互联网综合服务	美国电话电报公司	美国	2525	1877	电信公司
Priceline	美国	762	1998	在线旅游	宝洁	美国	2291	1837	化学日用品
百度	中国	587	2000	人工智能、搜索引擎	雀巢	瑞士	2220	1867	食品
网飞	美国	527	1997	在线影片租赁	沃尔玛	美国	2200	1962	连锁零售

传统经济逐渐迈入数字经济，产业组织模式由金字塔制转向云端制。金字塔制是工业时代普遍的组织形式，是指公司实际控制人通过间接持股的方式形成一个金字塔式的控制链，实现对底层公司的控制金字塔制是一种多层级、多链条的公司组织结构，建立的组织模式等级森严，高层、中层、基层逐层分级管理，随着等级的上升，人员数量随之下降（图 1 - 12）。随着数字经济的融合发展，金字塔型的组织形式由于其过于依赖高层决策，

不能及时适应经济变化，无法快速、有效地与消费者互动，从而诞生新的组织形式，即云端制。云端制，是指“云计算”＋“互联网”＋“智能终端”，即“大平台”＋“小前端（个人）”，是数字经济普遍的组织方式（图 1－13）。

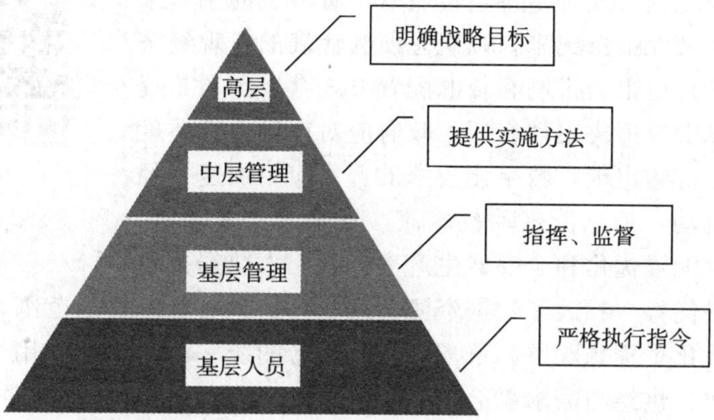

图 1－12　金字塔制组织模式

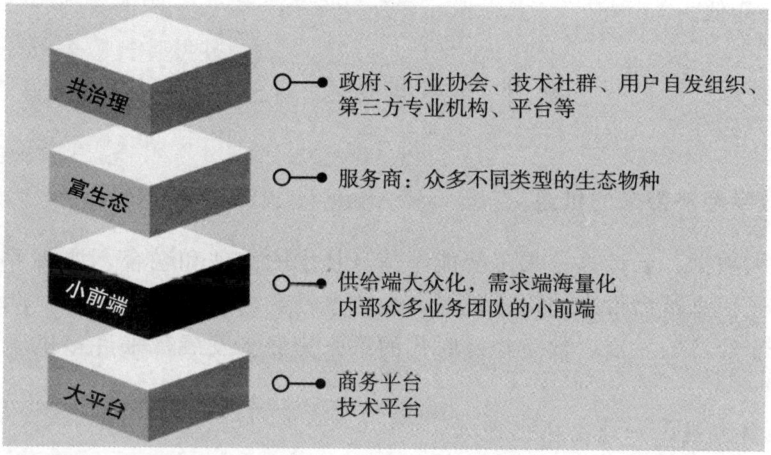

图 1－13　云端制组织模式

资料来源：阿里研究院

“全球最大的出租车公司 Uber 没有一辆出租车；全球最热门的媒体所有者 Facebook（脸书）没有一个内容制作人；全球市值最高的零售商阿里巴巴没有一件商品库存；全球最大的住宿服务提供商 Airbnb（国际租房网）没有任何房产；全国前三大酒店业 OTA（在线旅行商）没有一间客房；在中国，微信正在成为最大的阅读内容载体，而微信也不直接生产内容”。这些现象正表明数字时代具有新的组织模式，即“大平台＋小前端”。例如，“淘宝＋海量个人网店”吸引海量消费者，“苹果＋海量 App 开发者”拥有海量用户，“滴滴＋海量司机”实现海量乘客，“美团＋海量个人饭店”收纳海量消费者等。整个的商业活动在构建大空间、大市场上的很多东西都外包出去，然后个体变成一个小的前端，小前端能够以最高度的灵活性，为消费者创造最高水平的个性化价值。“平台＋个人”已经成为越来越普遍的组织方式。

3. 挑战资源配置方式

资源配置方式随着经济的发展而变化。亚当·斯密在《国富论》中认为资源配置方式是由市场机制的“看不见的手”来控制。随后资本主义大萧条到来，以凯恩斯为代表的宏观经济学家知道资本主义自由市场机制和资源配置方式存在问题，提出市场在资源配置中发挥决定性作用，政府应对市场进行适度干预。随着数字经济的出现，数字化技术的普及应用加速了经济社会信息高速流动，信息流带动技术流、资金流、人才流、物资流，促进资源配置优化和全要素生产率提升。大数据技术带来的数据和算法优势，释放了数据资源的红利，扩大资源配置的范围，提高了运行决策的预见性，从而优化了资源配置。首先，数据平台的统一调配充分利用了闲置资源，使共享成为可能；其次，供给与需求融合使个性化需求的满足成为可能，提高了消费者效用；再次，基于大数据分析，可以更加准确地模拟稳定的消费或者带有规律性的消费变化，使降低供需缺口成为可能。无论是哪种机制，资源配置效率都会被大大提高，市场生产的“盲目性”都会降低。

韩都衣舍
大平台小前端模式

1.6 数字经济带来的机遇与挑战

1.6.1 数字经济带来的机遇

近年来，大数据、云计算、人工智能等信息技术的突破和融合，加快了数字经济的发展。数字经济是信息革命带来的历史机遇，是信息社会的主要经济形态。世界各国纷纷出台举措加快数字经济的发展，数字经济时代的到来为经济发展带来许多机遇，具体体现在以下方面。

1. 驱动经济发展，加速全球化进程

数字经济对经济增长具有明显的促进作用。近年来，数字经济发展速度及规模增长显著，明显高于传统经济部门，成为经济发展的新动能（图 1－14）。全球金融危机之后，经济逐渐进入调整状态，我国也步入经济新常态。世界经济正处于动能换挡时期，相对于传统产业需求不振的低迷现状，数字经济发展势头异常强劲，而且加速向经济社会各领域、各环节渗透，成为驱动全球经济发展的重要动能。比如，金融危机时期，著名投资公司雷曼兄弟控股公司、美国通用汽车等陆续申请破产，而与之相反的是一些互联网企业异军突起。中国互联网三大巨头之一的阿里巴巴 2016 年商品交易总额便已经超越沃尔玛，由此可见数字经济体发展速度迅猛。从 G20 国家经济发展来看，数字经济已成为各国 GDP 增长的核心动力。2017 年德国数字经济占 GDP 比重高达 61.36%，英国、美国紧随其后，分别占比 60.29%、59.2%，位列 G20 国家前三。中国数字经济占 GDP 比重 32.9%，数字经济拉动 GDP 作用明显。因此，世界各国纷纷制定数字经济战略，紧抓数字经济机遇，数字经济成为金融危机时代全球经济增长的主导力量。

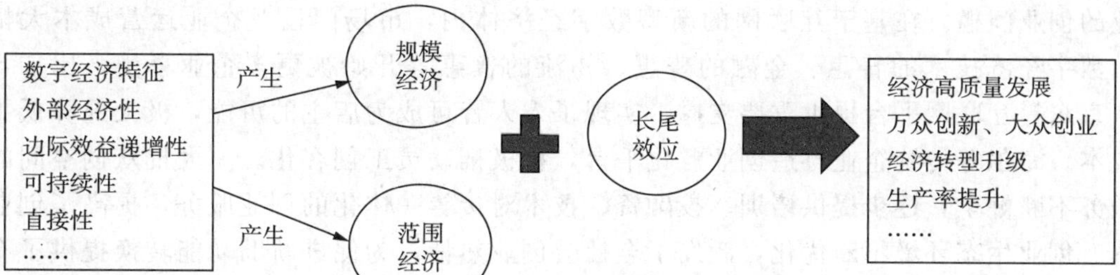

图 1－14　数字经济成为经济发展新动能

当今，数字经济正在改写和加速全球化进程。数据成为数字经济核心生产要素，拓展了全球经济格局，数字网络的发展构建了一个以“数据＋软件”的核心新世界——赛博空间（图 1－15）。赛博空间的本质就是基于软件构建一套数据自动流动的规则体系，把数据转变为信息，把信息转变为知识，把知识转变为决策，以数据流不断优化资源的配置效率，全面提升全要素生产率，培育基于数据驱动的新动能。赛博空间的出现，将商品和生产要素的跨国流动推向了新的高潮，拓展了经济贸易空间，缩短了贸易距离和贸易时间，大大降低了贸易活动成本。数字经济的成熟与发展推动企业全球化，电子商务、网络金融等新兴产业的发展推动企业逐步迈向全球化，加速了信息、商品和要素的全球流动，经济全球化进入新的发展阶段。

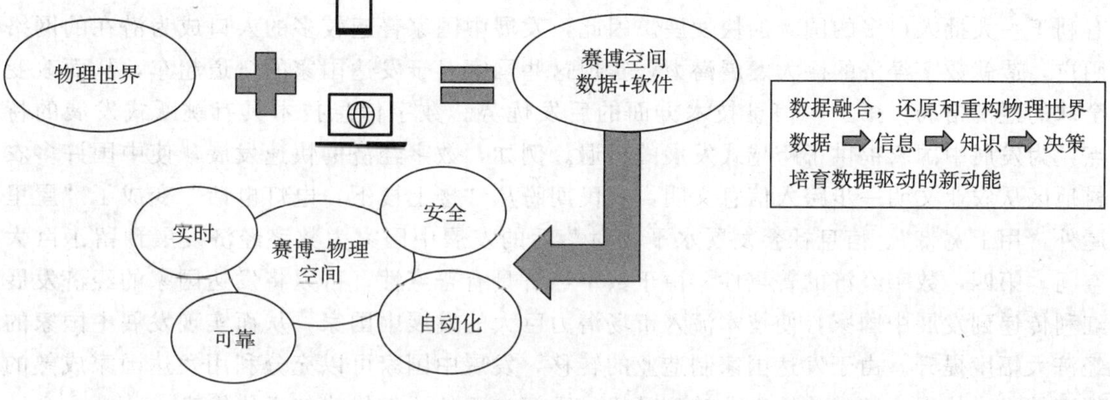

图 1－15　数字经济构建赛博空间

2. 降低创新门槛，促进创新创业

数字经济的快速发展大幅度降低企业创新与创业的门槛。第一，数字经济加快共享经济的发展，实现数字信息资源的共享化。数字经济时代，数据即资源。政府、企业等掌握大量数据的主体逐渐公开数据，共享数据信息资源。随着互联网技术的不断发展，共享经济得到大幅度的跨越，市场逐步实现设备共享、创新基础条件共享、人力资源共享等，使得越来越多的市场主体以较低的成本获得所需的技术、数据等资源，从而大幅度地降低了企业创新的门槛，催生了大量的企业在线研发新技术、新模式，实现经济高质量发展。第二，数字经济催生平台经济体的诞生。平台经济体的诞生推动大众创业的发展，降低中小企业的创业门槛。在基于互联网的新型数字经济体内，市场门槛及企业运营成本大幅降低，数字经济技术的普惠、金融的普惠、物流的普惠等开始被更多企业享受。比如，淘宝、京东等互联网平台提供重要支撑，实现了人人皆可成为店主的可能，极大地降低了创业成本。海尔等传统企业打造创业孵化平台，积极推动员工创客化。一大批众创空间的创业服务不断健全，逐步提供培训、投融资、技术对接等一体化的创业服务，提高了创业成功率。创业生态环境不断优化，激发了全社会创业热情，为促进新旧动能转换提供了有力支撑，从而推动社会的创业潮流。第三，数字经济的长尾效应。长尾效应强调的是这样一批人群创造的商业价值——单个创造价值低但是长尾的总和数量非常庞大的人群，目前大量不占优势的个体聚合起来就可以爆发巨大的能量。数字经济时代，市场需求呈现高度碎片化状态，大数据、移动互联网、物联网等信息技术为长尾效应提供了很多便利，传统经济不重视的长尾客户逐渐成为市场需求的主阵地，因此也推动了一批批中小企业的诞生，给中小企业创新创业带来新机遇。

3. 拥有后发优势，实现“换道”超车

数字经济的后发优势为发展中国家带来跨越式发展的机遇。数字经济发展后发优势具体体现在：第一，边际报酬递增的后发优势。在知识的普及和模仿阶段，鉴于时效性考虑，知识在发达国家的边际报酬下降。而发展中国家的数字经济由于发展较晚，目前正处于蓬勃发展的黄金时期，因此可以维持很高的边际报酬。发展中国家可以通过学习发达国家的技术，大大缩短经济形态转型时间，加快进入数字经济时代。第二，人口方面的后发优势。数字经济是人口经济，根据梅特卡夫法则，互联网的价值与其节点的平方成正比，有利于一大批人口多的国家加快发展。因此，发展中国家普遍较多的人口成为潜在的网络用户，造就数字经济的巨大发展潜力，实现这些国家对于发达国家的弯道超车，从而改变全球的经济格局。第三，信息技术方面的后发优势。数字信息技术具有跳跃式发展的特点，为发展中国家提供了跨越式发展的机遇。例如，数字经济的快速发展，使中国许多农村地区从农业文明一步跨入信息文明，农民期盼从“楼上楼下，电灯电话”变成了“屋里屋外，用上宽带”。信息社会发展水平相对落后的发展中国家为数字经济发展预留了巨大空间。第四，数字经济的普惠性。由于数字经济具有普惠性，可以将发达国家的经济发展红利传递到发展中国家，使技术流入市场潜力巨大的发展中国家，从而实现发展中国家的经济大幅度提升。由于发达国家制造业的转移，发展中国家可以充分利用发达国家成熟的数字技术，使得本国的传统产业转型升级，重塑自己的比较优势与竞争优势。

4. 重构商业模式，推动传统产业转型升级

数字经济时代对传统产业带来颠覆性影响，催生出新的商业模式，推动了传统产业的转型升级。平台商业模式是数字经济的主流商业模式，经济盈利方式从传统经济的“差价”转变为数字经济的“免费”，从而追求“增值服务”。通过降低交易成本、减少中间环节，从而使得平台企业满足长尾需求，达到传统经济难以实现的普惠性。数字经济促进以消费者为中心的商业模式由 B2C 向 C2B 转变，其中，B2C 商业模式是电子商务的一种模式，也是直接面向消费者销售产品和服务的商业零售模式；C2B 是消费者到企业的电子商务模式，即先有消费者提出需求，后有生产企业按需求组织生产。通常情况为消费者根据自身需求定制产品和价格，或主动参与产品设计、生产和定价，产品、价格等彰显消费者

的个性化需求，生产企业进行定制化生产。

数字经济具有高渗透性特征，能迅速与传统产业进行融合，推动产业的转型升级。数字经济的高渗透性是指迅速发展的信息技术、网络技术，具有极高的渗透性功能，使得信息服务业迅速地向第一、第二产业扩张，使三大产业之间的界限模糊，出现了第一、第二和第三产业相互融合的趋势。

5. 赋能企业发展，提升生产效率

数字经济为企业发展带来极大的机遇。第一，数字经济提升企业运营管理效率。企业数字化可以实现全员共享信息，使得信息传递得到有效保障，沟通交流渠道更加通畅。企业的用工方式趋向灵活化和多样化，同时企业管理也可以实现全员自治，大大提升企业经营的效率。第二，数字技术突破生产界限。随着互联网、大数据、人工智能等技术的快速发展，生产边界的拓展得以实现，从而扩宽企业生产可能性。技术的进步为企业带来生产效率和成本收益的提高，大大缩短生产和销售周期，从而使得企业经济效益呈现大幅度提升。第三，互联网平台实现企业全球化。随着数字经济的不断发展，互联网平台可以有效突破时间和空间的限制，促进全球化得到进一步的加深，推动全世界形成一个更加广阔的市场。在数字经济时代背景下，各个国家之间的交流合作将会更加密切，经济贸易往来将更加容易，这为企业提供了非常广阔的发展前景。

6. 创造就业机会，调整就业结构

数字经济的快速发展对就业具有积极作用。一是创造大量就业机会。数字经济在发展过程中，逐步与实体经济相融合，从而催生出新产业、新模式，增加行业用人需求量，提供大量新增的就业岗位。与此同时也激发了市场活力，积极引导了更多的就业机会，可供选择的就业形式更加灵活多样。依托网络平台，人们可以实现异地办公和兼职就业，向市场提供大量新的就业岗位和就业容量。二是提供新的就业平台。数字经济是新的经济形态，与之相关的产业目前都是蓬勃发展的新兴产业，也是就业市场急需的行业，比如互联网、电子商务、计算机软件等。淘宝、京东等电商平台拥有大规模的消费者，从而推动创业发展，产生更多的就业岗位。数字经济成为容纳就业人口的重要渠道，2018 年中国数字经济就业岗位 1.91 亿个，占就业人数的 24.6%。三是调整就业结构。随着互联网、大数据、人工智能等数字经济产业化应用，传统岗位正逐渐实现智能化、自动化，从而对劳动力要求进一步提高，劳动力逐渐向高技术水平方向发展。随着数字经济的发展，我国就业结构持续优化。三产就业人员占比，由 2000 年的 50.0∶22.5∶27.5 转变为 2017 年的 27.0∶28.1∶44.9。就业人员逐渐向第三产业倾斜，农业、工业逐步实现智能化，生产效率得以提升。服务业快速发展，拉动就业需求不断上升，就业结构得到优化升级。

1.6.2　数字经济带来的挑战

经济形态经历了农业经济、工业经济，目前正在进入数字经济时代。数字经济渗透各个方面，从国家治理到人们的衣食住行，无不与数字经济紧密相连。数字经济在发展中也出现诸多问题，为国家发展数字经济带来诸多挑战。

1. 信息环境更加复杂

随着数字经济的发展，我们所要面对的信息环境变得更加复杂。数据，已经渗透到当今每一个行业和业务职能领域，成为重要的生产因素。数字经济的发展离不开海量信息在互联网上的传播与共享，因此信息安全问题层出不穷。一是数据安全。随着大数据的进一步发展，海量数据集中，数据的安全问题成为数字经济快速发展的挑战。数据集聚开发应用的背后，数据泄密的风险突出。在数据的获取、处理、使用等过程中，如何保障安全成为数字经济发展的一大挑战。仅 2018 年全球公开的数据泄露事件就超过 6500 起，其中涉及人数超过 1 亿的就有 12 起。2017 年比特币病毒勒索事件，全球各国经济都受到很大影响，尤其是教育、医疗以及金融等机构。二是个人隐私。数字经济时代，个人隐私问题逐渐受到关注。企业为收集更多数据指导自身的生产和营销活动，大规模地、无节制地采集用户数据，个人信息暴露在网络当中，用户的隐私、财产和生命安全都受到严重影响。网站平台的超范围手机个人信息普遍存在，非法交易、泄露贩卖个人信息屡见不鲜，日常生活中的垃圾短信、推销电话、诈骗电话等为个人隐私安全埋下隐患。2018 年 3 月，Facebook 爆出泄露 5000 万用户数据丑闻；2018 年 4 月，Google 应用商店发现 3300 个 App 在非法收集儿童数据；2018 年 8 月，华住酒店约 5 亿条公民开房信息泄露。个人隐私被泄露的事件比比皆是，层出不穷，数字经济时代，个人隐私问题成为有待解决的严重问题。

2. 数字鸿沟问题严重

随着数字经济的深度发展，各个国家、地区、阶层之间由于经济、技术、制度、教育等方面的资源禀赋与基础条件方面的不同而形成的差距进一步加深，不仅共同面对着信息化发展带来的种种机遇，同时也面临着影响更为深远的数字鸿沟问题。主要体现在以下方面：一是各国数字经济发展不均衡。数字经济催生出新的经济模式——平台经济，以平台为基础的经济中，赢者通吃的可能性显而易见。数字经济先行国家占据行业标准，后来者虽说存在后发优势，但是如果不能实现突破性的技术创新，想要弯道超车存在一定难度，而且随着数字经济发展进程，国家之间的发展不均衡问题更加明显。数字经济时代，强者恒强的马太效应越发明显，越是富裕的地区和国家，越容易发展数字经济。一方面，发展中国家由于技术、基础设施等问题很难快速发展数字经济；另一方面，发达国家基于技术垄断和资本流入等优势，不断巩固自身经济地位，从而进一步拉大国家之间的数字鸿沟。G20 国家发展梯队显著，2017 年 G20 国家中美国遥遥领先，数字经济总量高达 11.5 万亿美元；南非数字经济发展最为滞后，2017 年数字经济规模仅为 577 亿美元，美国数字经济规模是南非的将近 200 倍，国家之间数字经济发展严重不均衡。二是不同行业的数字化水平差异显著。整体来看，全球数字经济发展呈现第三产业快于第二产业、第二产业快于第一产业的趋势。第三产业数字经济发展较为快速，第一、第二产业与数字经济的融合发展相对滞后。生产、生活服务领域数字化更简单、便捷，从而使得资本大量涌入第三产业领域，数字技术方便了人们的日常生活，文化、娱乐等数字内容产业迅速地发展起来。与之相反的是农业数字化相对滞后，农业不仅数字化水平处于相对较低的位置，数字化速度也相对较慢。2017 年，G20 国家农业、工业与服务业的数字经济占比与 2016 年相比分别提高 0.41、0.79 和 1.21 个百分点，行业间的数字化水平的差距进一步拉大。三是群体“数字素养”存在明显差别。“数字素养”的概念，最初由学者保罗·吉尔斯特在 1997 年提出。随着时代的发展，今日的“数字素养”可以被看作在新技术环境下，从获取、理解、整合到评价、交流的整个过程中使用数字资源，使得人们有效参与社会进程的能力。它既包括对数字资源的接受能力，也包括对数字资源的给予能力。随着互联网的普及，大部分个体接触到数字技术，但是对信息技术的掌握呈现较大的差距。而且在经济落后地区，网络化基础设施建设还未完善，至今全球仍有40亿人不能上网，未能接触到数字信息技术。“数字素养”造成的数字鸿沟不仅是基础设施的普及差异，更多的是教育水平导致运用数字技术的知识与能力出现较大区别，一些低学历群体是数字时代的“弱势群体”，主要是由于低学历群体缺乏必要的网络知识技能和更强的学习能力。

3. 法律体制建设滞后

近年来，数字经济得到快速的发展，但由于数字经济本身的新兴性和复杂性，与之相匹配的法律法规建设还不完善。整体来看，数字经济领域法律法规建设还存在滞后、空白等问题，数字经济监管仍面临传统监管思路和落后监管手段的制约。一是数据归属界定困难。数据是数字经济的重要生产要素，企业通过各种方式采集和分析用户信息，对于数据的归属问题目前存在很大争议。有人认为数据是用户的个人信息，从而应归属于个人。但也有人表明数据是企业投入资本获得并使用，从而使得数据具有价值，企业有权使用数据获得利润。而且在数据采集层容易出现不当采集、不当抓取、拒绝分享等数据垄断和数据不正当竞争问题，对于侵害用户隐私等问题目前法律体系还有待界定。目前法律较少涉及数据产权问题，数据的所有者、拥有者、使用者之间的权责问题的不清晰为数字经济发展带来很大影响。二是知识产权保护出现新挑战。伴随着数字经济的快速发展，知识产权侵权现象越来越多。数字经济时代，大量的书籍、音频等文化产业实现了数字化，从而导致数字盗版问题层出不穷，不完善的法律制度成为阻碍数字经济与文化产业融合发展的主要瓶颈。不正当竞争行为在互联网上快速扩散，商标侵权、仿冒等行为时有发生，损害竞争对手商业信誉的行为屡有显现。三是政府制度规范落后于市场发展。数字经济的快速发展，带来新技术、新模式、新业态，市场发展更加复杂，对政府法律法规的制定带来一定的困扰，传统政府治理方式与数字经济新形态之间矛盾问题越发突出。数字经济的发展显著领先于政府制度规范，数字经济发展跨领域与跨地区特点突出，现实空间线下问题与虚拟空间线上问题融合交错，而传统政府治理模式主要为分块化，行业和地区之间连接较少，难以适应数字经济的融合型发展问题。新业态如何界定，按照现行的传统法律规定，使得大量的数字经济活动处于灰色地带，数字经济新业态呈现的问题与法律滞后矛盾越发突出，政府执法者常面临无法可依的困境。

4. 冲击现有就业体系

数字经济对现有的就业体系产生巨大影响。技术变革带来生产效率的提高，在劳动需求不变的情况下，使得企业对劳动者个体需求大大降低，相关产业人群置业风险加剧。数字技术的不断商用取代了一部分传统产业的劳动力，但同时新技术、新业态、新模式带来了经济的新发展，创造出新的就业机会。数字经济行业所需的劳动力不仅仅是传统产业淘汰的，因此造成劳动市场的结构性失业。社会往往需要对劳动力投入大量的时间成本、人力成本、经济成本进行培训，从而满足数字经济行业所需的较高的数字技术知识能力，对社会产生了挑战。数字技术的快速进步进一步加剧技能不匹配的风险，带来结构性失业。人工智能的应用使得大量单一的、重复的思考模式被理性推算的工作取代，失业的劳动力很难找到新的合适的岗位，需要大量的时间和经历去学习新的数字技术。与此同时，人工智能的发展将创造很多新的岗位，如数据科学家、自动化专家和机器人监控专业人士等，较高的就业门槛导致拥有数字技术知识和能力的高数字素养的人才的急缺。数字经济对当前的就业体系产生巨大的影响。

5. 数字技术人才匮乏

对于当下市场而言，缺少相关数字技术人才是一个必须面对的挑战。任何一种经济形态，人才都是必不可少的重要竞争资源，高技术人才是企业发展的核心资源，数字技术人才不仅包括以硕士、博士为主的高端人才，还包括那些知识型、技能型、应用型的基础型人才。数字经济带来新技术、新业态、新模式，这些都需要与之相配的技术人才的支撑才能快速发展，人才的缺乏严重制约了数字经济的发展。目前全球多数企业都处于缺少人才阶段，人才市场处于供不应求的状况。对于传统产业而言，数字技术是新的领域，所拥有的劳动力需要花费大量的时间、资金去培训，从而达到企业的所需标准，在耗费大量的培训周期的同时很难满足变化莫测的市场需求，初级数字技能人才的培养也跟不上市场需求的增长。对于引进外部人才而言，由于市场的供求不平衡，数字技术型人才薪酬普遍较高，企业需要花费巨额的投入。同时，多数的数字技术人才更倾向于发展空间较大的新兴行业，追求“开放自由、相对宽松”的办公环境，从而加剧了传统产业缺少人才的困难。对于数字经济新兴产业而言，知识密集型是企业的典型特征。数字经济实现新兴技术与产业、知识、技能的交叉融合，数字化人才需求大、门槛高、专业性强、职业化水平要求高，急需全面性、专业性人才。

6. 传统经济转型困难

数字技术与实体经济加速融合应用，使得市场优胜劣汰机制发生巨大转变，企业面临竞争市场局面更加复杂，以前重视价格、质量等，现在还要重视渠道、方式、手段。数字技术冲击实体经济，引发实体企业退出、不良资产积累等问题。数字化转型的前提是大成本的投入，企业运营的高效率需要企业舍得花钱投入，而且周期长见效慢，虽然是大势所趋，但投入的资金一旦太大，中小企业就会迟疑和放缓；传统企业的数字化转型难度主要在于传统思想观念的转变不容易。传统企业向数字化转型还存在一个普遍问题，即资金短缺。引进智能生产线、研发个性化定制信息系统等费用较高，后期维护难度大，企业投资回报周期较长，在目前传统企业经营普遍困难的形势下，部分企业不愿加大资金投入来实施数字化、网络化、智能化转型。

思考题

1. 数字经济与传统经济有什么区别和联系？
2. 阐述数字经济产生的冲击和影响有哪些？
3. 简述数字经济在现时代表现的趋势如何？
4. 面对数字经济的机遇和挑战，企业如何做才能决胜数字化时代？
5. 为什么在数字经济时代会产生免费模式？

参考文献

[1] 赛迪顾问股份有限公司．2017 中国数字经济指数（DEDI）［R/OL］．(2017-

11 - 29）. https：//www. ccidgroup. com/gzdt/10463. htm.

[2] 黄晓松. 中国数字经济及其空间关联［M］. 北京：社会科学文献出版社，2018.

[3] CIE智库. 全球数字经济十大发展趋势［EB/OL］.（2018 - 08 - 30）. http：//www. 199it. com/archives/766809. html.

[4] 李长江. 关于数字经济内涵的初步探讨［J］. 电子政务，2017（9）：84 - 92.

[5] Tapscott D. The digital economy：Promise and peril in the age of networked intelligence［M］. New York：McGraw - Hill，1996.

[6] Negroponte N. Being Digital［J］. American Journal of Health - System Pharmacy，1996，53.

[7] 何枭吟. 美国数字经济研究［D］. 长春：吉林大学，2005.

[8] 荆林波. 达维多定律的魔力［J］. 中国电子商务，2001（6）：60 - 61.

[9] 中国网络空间研究院. 2017年世界互联网发展报告［M］. 北京：电子工业出版社，2018.

[10] 新华三大学. 数字化转型之路［M］. 北京：机械工业出版社，2019.

[11] 国家发展和改革委员会高技术产业司，中国信息通信研究. 中国“互联网+”行动百佳实践［M］. 北京：中共中央党校出版社，2016.

[12] 史修松. 数字经济进入智能化3.0时代［N］. 新华日报，2017 - 12 - 20.

[13] 易高峰. 创新管理数字经济与实务［M］. 北京：中国经济出版社，2018.

[14] 唐·泰普斯科特. 数据时代的经济学：对网络智能时代机遇和风险的再思考［M］. 毕崇毅，译. 北京：机械工业出版社，2016.

[15] 欧阳日辉，文丹枫，李鸣涛. 大数字时代［M］. 北京：人民邮电出版社，2018.

[16] 马化腾. 互联网经济三部曲：《数字经济》+《分离经济》+《互联网+》［M］. 北京：中信出版社，2017.

[17] 高孝平. 网络经济与传统经济比较研究［J］. 重庆邮电学院学报，2005（1）：42 - 44.

[18] 刘彤. 知识产品与传统产品定价比较分析［J］. 商场现代化，2009（8）：31.

[19] 阿里研究院. 数字经济2.0报告——告别公司，拥抱平台［R/OL］.（2017 - 1 - 7）［2019 - 11 - 9］. http：//www. aliresearch. com/cn/information/informationdetails?articleCode=21209&type=新闻.

[20] 刘志迎. 现代产业经济学教程［M］. 北京：科学出版社，2007.

[21] 杨培聆. 高管性别、金字塔结构与企业研发投资的影响研究［D］. 重庆：重庆大学，2017.

[22] 王登新，王小宁. 数字经济：全球化新经济范式的形成［J］. 有线电视技术，2018（3）：20 - 23.

[23] 中国信息化百人会课题组. 数字经济迈向从量变到质变的新阶段［M］. 北京：电子工业出版社，2018.

[24] 梁亮意. 新金融视角下的数字经济时代长尾效应研究［J］. 现代经济信息，

2018（13）：425，427.

[25] 孙德林，王晓玲．数字经济的本质与后发优势［J］．当代财经，2004（12）：22-23.

[26] 徐晨，吴大华，唐兴伦．数字经济：新经济，新治理，新发展［M］．北京：经济日报出版社，2018.

[27] 中国信息通信研究院．中国数字经济发展与就业白皮书（2019年）［R/OL］．（2019-04-19）［2019-9-28］．http：//www. xinhuanet. com/info/2019-04119/c_137989822. htm.

[28] 杨佩卿，张鸿．发展数字经济，促进改善就业［J］．新西部，2019（16）.

[29] 王灏晨，李舒沁．全球数字经济新形势与中国的机遇及挑战［J］．中国经贸导刊（理论版），2018（5）：41-43.

[30] 中国信息通信研究院．G20国家数字经济发展研究报告（2018）［R/OL］．（2018-12-19）［2019-9-28］．http：//www. caict. ac. cn/pphd/zb/ict/2019/pm/pm1/201812/t20181218_190885. htm.

[31] 何枭吟．数字经济发展趋势及我国的战略抉择［J］．现代经济探讨，2013（3）：39-43.

第 2 章　数字经济发展与支持政策

近年来，以移动互联网、大数据、云计算、人工智能、物联网等为代表的新一代信息技术迅猛发展，并加速与经济社会各领域深度融合，新产业、新业态、新模式不断涌现，加快了传统产业数字化转型升级速度，促进了全球数字经济快速发展。数字经济正日益成为驱动世界经济发展的新动能，主要国家也纷纷乘势而为，陆续出台促进数字经济发展的各项政策，并不断升级数字经济战略，使得数字经济成为后金融危机时代拉动地区经济增长的新引擎。2018 年 11 月的《世界互联网发展报告 2018》显示，2017 年全球数字经济规模达到 12.9 万亿美元。2017 年，德国、英国、美国等发达国家数字经济占 GDP 的比重高达 60%以上。根据世界经济论坛分析，数字化程度每提高 10 个百分点，人均 GDP 将增长 0.5%～0.62%，能够促使幸福指数上升约 1.3 个百分点。数字化有望推动全球经济到 2020 年累计增加 2 万亿美元，到 2025 年，全球经济总值的一半来自数字经济。因此，数字经济的发展将成为全球经济持续增长的新动力。

2.1　发达国家数字经济的发展

2.1.1　美国数字经济的发展状况

美国是互联网的发源地，从 20 世纪 90 年代起就开始推出一系列支持数字经济发展的政策，推动了数字经济的高速发展，并通过促进数字技术与传统产业的深度融合，大大提高了传统产业在设计、生产、销售和运输等各个环节的效率，推动了劳动生产效率的加速增长，进一步巩固了美国全球创新中心的地位。

美国数字经济发展一直是全球领先，中国信息通信研究院发布的《G20 国家数字经济发展研究报告》(2018) 显示，美国 2017 年数字经济总规模达到 11.50 万亿美元，位居世界第一，远远高于其他国家。

从数字经济的总规模来看，2016 年，美国数字经济规模达到 10.80 万亿美元，位列全球第一位，数字经济占 GDP 的比重为 58.3%，在 G20 国家中位列第三位，仅次于德国 (59.3%)、英国 (58.6%)；2017 年，美国数字经济规模高达 11.50 万亿美元，比 2016 年增长 6.5%，仍然位列全球首位，数字经济占 GDP 的比重为 59.28%，仅次于德国 (61.36%)、英国 (60.29%)，位居第三位。数字经济已经成为促进美国经济增长的关键动力。

从数字经济的构成来看，2016 年，美国数字经济基础部分（即数字产业化）规模位列 G20 国家第一位，达到 1.3 万亿美元，数字经济基础部分占 GDP 比重为 7.2%，在 G20 国家中位列第四。数字经济融合部分（即产业数字化）规模为 9.5 万亿美元，占 GDP 的比重为 51.1%。2017 年，美国数字经济基础部分规模为 1.39 万亿美元，仍居世界第一，基础部分占 GDP 比重为 7.15%；数字经济融合部分规模已突破 10 万亿美元，达到 10.11 万亿美元，融合部分占 GDP 比重为 52.13%。2016—2017 年，美国产业数字化占数字经济的比重均呈现扩大势头，总的来看，美国数字经济在总量持续增长的情况下，结构也在不断优化，反映了美国数字经济正逐步向 ICT 产业与传统产业深度融合发展的方向前进。

从行业渗透率来看，2017 年美国服务业、工业、农业数字经济占比约为 55%、39%、14%，分别比 2016 年提高 1.7 个百分点、3.1 个百分点、1 个百分点，说明数字经济在三次产业中的渗透率不断提高，工业数字化进程快于服务业和农业。美国数字经济发展水平较高，但行业渗透率仍呈现出第三产业高于第二产业、第二产业高于第一产业的明显特征。

2.1.2 日本数字经济的发展状况

日本数字信息产业的基础设施建设处于世界领先水平，为数字经济的腾飞奠定了良好基础，在一系列推动数字经济发展的政策支持下，日本的数字经济发展迅猛。2016 年，日本数字经济规模约 2.3 万亿美元，其中，基础部分为 3915 亿美元，占 GDP 的比重为 7.9%；融合部分为 1.9 万亿美元，占 GDP 的比重为 38.5%；数字经济总规模占 GDP 的比重达 46.4%，成为拉动日本经济增长的主导性力量。数字技术不断与传统产业深入融合，促进传统产业的转型升级。2016 年日本三次产业数字经济占比约为服务业 40%、工业 29.6%、农业 13%。2017 年，日本数字经济规模约为 2.35 万亿美元，仍位列 G20 国家第三位。数字经济构成不断优化，数字产业化总量为 3919 亿美元，产业数字化总量接近 2 万亿美元，占 GDP 的比重为 40.18%。从整体来看，日本数字经济发展比较成熟，进入稳定的增长阶段。

2.1.3 德国数字经济的发展状况

德国的数字经济发展处于国际领先水平。2016 年，德国数字经济总量约为 2.1 万亿美元，位列 G20 国家第四位；数字经济占 GDP 的比重为 59.3%，位居全球第一位。数字经济融合部分规模为 1.8 万亿美元，占 GDP 的比重为 53%。从产业发展来看，德国服务业数字经济占比最高，达 55.9%，德国工业数字化发展一直全球领先，工业数字经济占行业增加值比重高达 41.8%，农业数字经济占比为 21.3%。农业数字经济渗透率虽然低于服务业和工业，但仍然领先于许多发达国家及发展中国家。

2017 年，德国数字经济总规模约为 2.3 万亿美元，数字经济占 GDP 比重达 61.36%，在 G20 国家中位列第一，同比增长 9.5%，数字经济对于经济发展的拉动作用大幅领先于其他国家。数字经济结构方面，数字产业化规模为 2291 亿美元，产业数字化规模约为 2.07 万亿美元，产业数字化占 GDP 的比重为 55.13%，比 2016 年提高 2.13 个百分点，数字经济融合部分 GDP 占比在 G20 国家中位居第一。

由以上可以看出，德国数字经济整体发展较好，数字经济已经成为拉动经济增长的核心动力；德国服务业数字经济占比全球第一，德国工业数字化发展全球领先；产业数字化是德国数字经济增长的主要引擎；数字经济行业渗透率存在明显差异，体现出第三产业高于第二产业、第二产业高于第一产业的典型特征。

2.1.4　英国数字经济的发展状况

英国一直处于全球信息技术发展的绝对领先梯队，在英国政府的大力扶持下，英国的数字经济得到了迅猛发展，占 GDP 的比重达到六成，成为带动英国经济快速发展的关键力量。

2016 年，英国数字经济总规模为 1.54 万亿美元，占 GDP 的比重为 58.6%，数字经济已经成为拉动 GDP 增长的主导力量。其中，数字经济基础部分 GDP 占比为 7.4%，数字经济融合部分规模为 1.3 万亿美元，占 GDP 的比重为 51.3%。数字经济在三次产业中也体现出较大的差异，其中，服务业数字经济占比为 53.6%，工业数字经济占比为 33.7%，农业数字经济占比为 25.1%。2017 年，英国的数字经济规模达到 1.68 万亿美元，同比增长 9.1%；数字经济占 GDP 的比重为 60.29%，在 G20 国家位居第二，比 2016 年提高约 1.7 个百分点。其中，数字产业化占 GDP 的比重为 7.06%，比 2016 年略有下降；产业数字化占 GDP 的比重为 53.23%，占比比 2016 年提高近 2 个百分点。这说明英国数字技术与实体经济融合正日益加深，不断推动传统产业升级转型。在三次产业渗透率方面，2017 年，英国数字经济在服务业、工业、农业中的渗透率分别是 56%、35%、26%，同比都有不同程度的提高，说明英国各产业的数字化程度都在不断加深。

总体上看，英国数字经济整体发展水平较高，行业发展比较均衡，但仍然体现出第三产业高于第二产业、第二产业高于第一产业的典型特征。值得一提的是，英国的数字经济在农业中的渗透率是全球最高的，领先于德国、美国等许多发达国家。

2.1.5　其他国家数字经济的发展状况

1. 韩国数字经济的发展状况

韩国一直重视数字经济基础设施建设并以此推动数字经济发展。2017 年韩国数字经济规模为 6915 亿美元，在 G20 国家中位列第七位，比 2016 年增长近 13%，占 GDP 的比重约为 45%，产业数字化占数字经济的比重约为 74%，数字经济结构不断优化。韩国工业数字经济占行业增加值比重高达 43.14%，比 2016 年提高 1.84 个百分点，超越德国 0.04 个百分点，成为工业数字经济占行业增加值比重最高的国家。韩国的数字经济在工业中渗透率排名显著高于农业与服务业排名，属于工业数字经济优先发展的国家。

2. 法国数字经济的发展状况

法国的数字经济发展较好，虽然数字经济总量低于美国、日本、德国、英国，但仍然领先于许多发展中国家。2017 年法国的数字经济规模为 1.04 万亿美元，位列 G20 国家第六位，同比增长 8%，占 GDP 的比重约为 40%。从内部结构来看，2016—2017 年，法国产业数字化占数字经济的比重接近 85%，可以看出数字经济融合部分是驱动法国数字经济增长的核心动力。从数字经济三次产业渗透率来看，也凸显出第三产业高于第二产业、第二产业高于第一产业的典型特征。法国数字经济在服务业的发展水平高于农业与工业的发展水平，属于服务业数字经济优先发展的国家。

3. 俄罗斯数字经济的发展状况

俄罗斯的数字经济发展总体水平不高，数字经济的发展相对于俄罗斯的整体经济实力而言，还存在一定的滞后与不足。

从数字经济规模及占 GDP 的比重来看，2016 年俄罗斯数字经济规模为 2205 亿美元，在 G20 国家中位列第 13 位；2017 年俄罗斯数字经济规模约 2750 亿美元，数字经济占 GDP 的比重不足 20%。虽然从总规模及数字经济占 GDP 的比重来看，远远低于美、德、英等发达国家与中国，但 2016—2017 年，俄罗斯数字经济增速则高达 24.95%，超过 G20 发展中国家数字经济 16.83%的平均增速，发展势头极为强劲，增速位列 G20 国家第一位。

从数字资源的分布来看，俄罗斯数字经济内部的数字资源分配并不均匀，数字鸿沟问题明显。在数字基础设施方面，俄罗斯地域广阔，东部、西部以及北极地区在手机终端数量、互联网普及、网速、电子政务使用等方面，均存在较大差异。

综合来看，尽管目前俄罗斯数字经济发展水平与数字经济发达国家存在一定差距，但俄罗斯数字经济的关键产业——ICT 产业拥有相对较为雄厚的科研能力，数字基础设施的建设将带动巨大的市场需求，加上俄罗斯政府将数字经济纳入国家发展战略，明确了数字经济未来的发展方向，大力扶持数字产业，这为俄罗斯发展数字经济创造了前所未有的机遇。总体来看，俄罗斯的数字经济拥有较为广阔的发展空间和前景。

2.2 中国及典型区域数字经济发展

2.2.1 中国数字经济发展概况

近十几年来，在国家日益重视并采取多项政策支持数字经济发展的背景下，我国数字经济持续高速增长，中国信息通信研究院发布的数据显示，我国数字经济总规模从 2005 年的 2.6 万亿元增长到 2018 年的 31.3 万亿元，数字经济占 GDP 的比重也从 2005 年的 14.3%上升到 2018 年的 34.8%，占比提高了 20 多个百分点，数字经济基础不断夯实，数字技术与传统产业融合不断深化，数字经济已成为带动我国国民经济发展的关键力量，在推动经济高质量发展中的战略地位和引擎作用不断凸显。同时，蓬勃发展的数字经济，使得中国在 2016 年、2017 年，分别以 3.40 万亿美元、4.02 万亿美元的数字经济总规模，位列 G20 国家第二位，成为仅次于美国的第二大数字经济体。

1. 数字经济规模不断扩大，数字经济占 GDP 的比重不断增加

我国数字经济蓬勃发展，据测算，2014 年我国数字经济规模为 16.1 万亿元，经过四年的发展，到 2018 年规模已经达到 31.3 万亿元，增长了近 1 倍，平均年增长率在 20%左右，明显高于同期 GDP 的增速；数字经济占 GDP 的比重也从 2014 年的 26.1%上升到 2018 年的 34.8%，四年上升了 8.7 个百分点，数字经济对我国经济增长的驱动作用日益凸显，如图 2-1 所示。

2. 数字经济结构不断优化

中国信息通信研究院发布的数据显示，近几年来我国数字产业化及产业数字化部分都

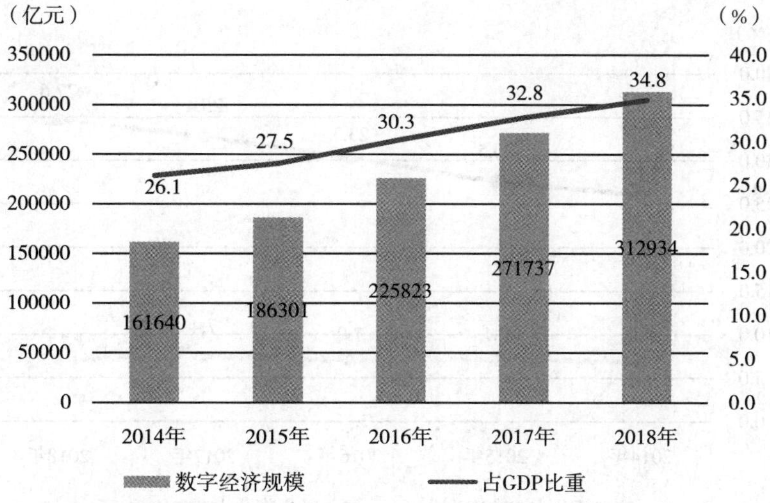

图 2-1　2014—2018 年我国数字经济规模及占 GDP 比重

稳步增长，数字产业化规模从 2014 年的 4.2 万亿元增长到 2018 年的 6.4 万亿元，产业数字化规模也从 2014 年的 12 万亿元增长到 2018 年的 24.9 万亿元，如图 2-2 所示。伴随数字技术向传统产业融合渗透不断深化，数字产业化占数字经济的比重呈现逐步减少、产业数字化占数字经济比重呈相应上升的发展态势，资料显示，我国数字产业化部分占数字经济的比重从 2014 年的 26.1%下降到 2018 年的 20.5%，而产业数字化部分则从 2014 年的 73.9%上升到 2018 年的 79.5%。数字产业化部分占 GDP 的比重基本上维持在 7%左右，而产业数字化部分占 GDP 的比重则从 2014 年的 19.3%上升到 2018 年的 27.6%，如图 2-2、图2-3所示。

由此可以看出，我国数字经济增长迅速；我国信息通信产业部分增速平稳，奠定了我国数字经济发展的坚实基础；数字经济融合部分加速增长，说明数字经济与我国传统产业的融合正在加深，对传统产业产出增长和效率提升的拉动作用不断增强。产业数字化成为数字经济增长主引擎，数字经济内部结构不断优化。

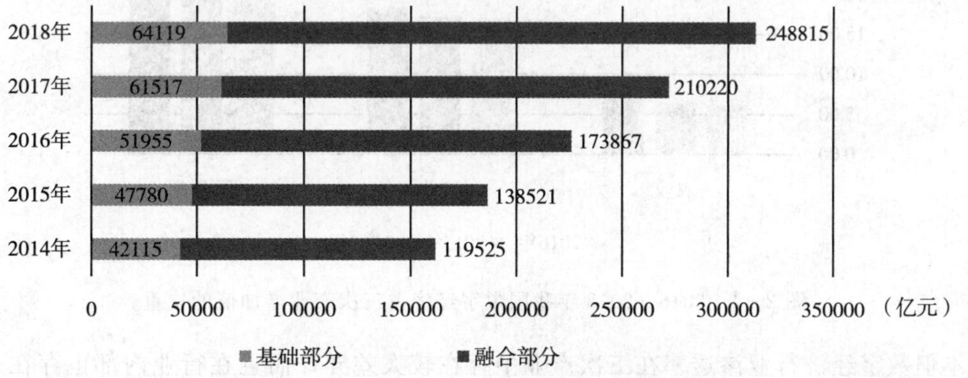

图 2-2　2014—2018 年我国数字经济结构

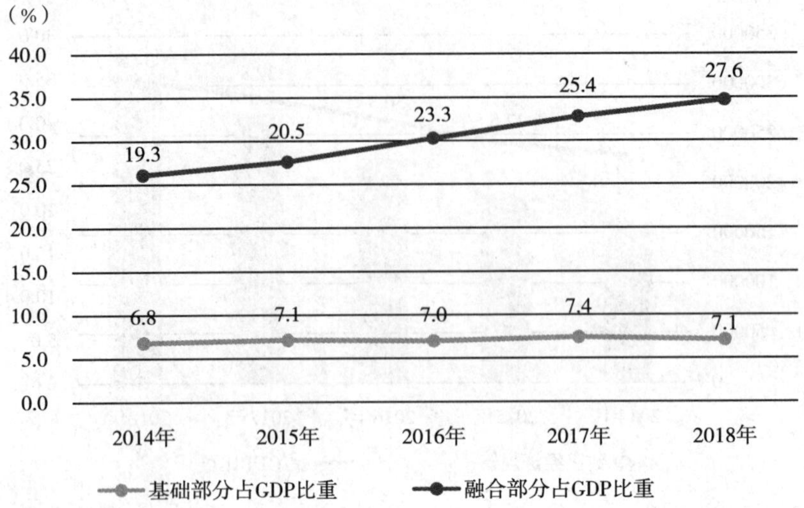

图 2-3　2014—2018 年我国数字经济基础部分与融合部分占 GDP 比重

3. 数字经济行业渗透率存在差异

我国数字经济行业渗透率体现出第三产业高于第二产业、第二产业高于第一产业的明显特征。根据中国信息通信研究院测算，2018 年，我国数字经济占农业、工业与服务业增加值的比重分别为 7.3%、18.3%、35.9%，我国数字经济在三次产业中加快发展的同时，在三次产业中的发展呈现出较大差异，呈现出第三产业高于第二产业、第二产业高于第一产业的典型特征（图 2-4）。

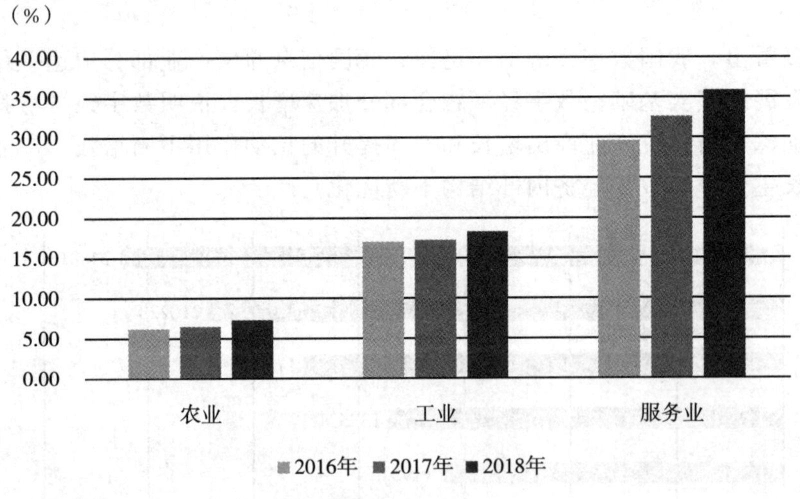

图 2-4　2016—2018 年我国数字经济占三次产业增加值的比重

不但数字经济行业渗透率在三次产业中存在较大差异，而且在行业内部也存在一定的差异。

从工业内部来看，2018 年工业各细分行业数字经济发展水平差异较大，约 12%的行业数字经济所占比重超过 20%，约 28%的行业数字经济所占比重介于 10%与 20%之间，超过 60%的行业数字经济所占比重不足 10%。同时也体现出资本密集型行业数字化转型快于劳动密集型行业、重工业行业数字化转型快于轻工业行业的特征。

从服务业内部来看，2018 年保险、广播电视电影和影视录音制作细分行业数字经济发展较好，所占比重分别达到 56.4%和 55.5%，约 30%的行业数字经济所占比重介于 30%～40%，另有约 61%的行业数字经济所占比重介于 10%～30%，建筑装饰和其他建筑服务、餐饮业数字经济比重最低，仅分别为 9.3%和 6.4%。从服务业内部数字经济占比看，生产性服务业数字化率高于生活性服务业，现代服务业数字化转型快于传统服务业，以金融、房地产、科技等为代表的现代服务业数字化水平明显高于以住宿、餐饮、居民服务等为代表的传统服务业的数字化水平。2017 年现代服务业数字经济占行业增加值比重平均值高达 30.6%，显著高于传统服务业 20.1%的平均数字化水平。

从农业内部来看，2016—2018 年数字经济所占比重由高到低依次为林、渔、农、畜，其中 2018 年所占比重最高的林产品行业数字经济比重仍不足 13%，远低于服务业和工业平均水平，最低的畜牧产品数字经济所占比重不足 5%，低于绝大多数服务业和工业行业，表明农业数字化转型滞后。农业数字化水平低于工业与服务业的主要原因是农业生产技术装备投入不足，集合了计算机技术、微电子技术、通信技术、光电技术等多项信息技术的农业生产装备造价较高，而我国农业仍然以小规模农户生产为主要生产方式，难以支撑现代信息技术装备的使用。同时，这种生产模式也制约了信息技术在农业生产操作和管理上的使用。

4. *数字经济区域发展不均衡*

我国数字经济蓬勃发展的同时也凸显出区域发展不均衡的特征。

2016 年，广东、江苏、浙江数字经济规模均突破 2 万亿元，三省数字经济总量占全国数字经济总量的三分之一，而云南、新疆、宁夏等十省数字经济总量均在 3500 亿元以下，十省总量仅相当于我国数字经济总量的 12%。2017 年，广东、江苏的数字经济规模突破 3 万亿元，其中广东以 36648 亿元的数字经济总量，位列全国第一，江苏、山东分别以 31395 亿元、25473 亿元的总量位列第二、第三位，领先于其他省份。2018 年，我国有 11 个省市数字经济规模突破万亿元大关，其中广东以超过 4 万亿元的数字经济规模位居全国首位；江苏位列第二，规模超过 3 万亿元；山东、浙江紧随其后，数字经济规模超过 2 万亿元；上海、北京、福建、湖北、四川、河南、河北数字经济规模均超过 1 万亿元。其余省市数字经济规模与 2017 年相比，均有不同程度提升，大部分省市数字经济规模均介于 1000 亿～10000 亿元，宁夏、青海数字经济规模介于 600 亿～900 亿元，平均只相当于广东的五十分之一左右。

总的来看，近几年来我国数字经济发展存在较大的区域差异，这种差异主要源于地区经济发展水平的差异，一般情况下，经济发展水平越高，数字经济发展就会越好。我国地区数字经济可以分为三个梯队：东部沿海发达地区、中部内陆发展地区和西部边远落后地区。广东、江苏、山东及浙江的数字经济发展较好，而新疆、宁夏、青海等西部地区的数字经济发展水平较低。

2.2.2 中国典型区域数字经济发展状况

1. 浙江数字经济发展状况

近年来，在全球数字经济蓬勃发展以及我国大力推进数字经济发展的大背景下，浙江依托独特的产业、人文及民营经济优势，不断加快数字经济发展步伐，使得数字经济发展水平位居全国前列。2017年，浙江数字经济总量为19577亿元，全国排名第四，占GDP的比重为37.8%；2018年，浙江数字经济规模约2.5万亿元，位列全国第四，占GDP的比重超过40%。

浙江的数字经济发展在全国始终处于领先地位，不管是信息基础设施水平、工业智能化水平，还是智慧城市建设都走在全国前列，涌现出众多新业态，培育出一批数字经济领航企业，为其他地区数字经济发展提供了宝贵经验，并引领全国数字经济发展。目前，浙江已提出努力建成全国数字产业化发展引领区、全国产业数字化转型示范区、全国数字经济体制机制创新先导区以及具有全球影响力的数字经济创新中心、新型贸易中心和新兴金融中心的目标。

浙江数字经济发展以杭州最为典型。从21世纪初提出“天堂硅谷”战略，大力发展信息软件、网络设备、电子商务、文化创意等新兴产业，到2014年在全国率先实施信息经济“一号工程”，杭州一直在探索创新驱动发展的转型道路。在研究者看来，杭州数字经济发展的亮点和优势在于，新兴产业与传统产业并非厚此薄彼、此消彼长，而是数字产业化与产业数字化并进齐飞、良性互动。杭州不光有电子商务、云计算、数字安防等有全球影响力的高新产业集群，阿里巴巴、网易、海康威视等龙头企业，站上了新经济、新产业、新技术、新模式的发展高地；还有嫁接了数字经济的传统产业，从“机器换人”到“工厂物联网”“ET工业大脑”，从数字化车间到智能工厂，智能制造之路越走越宽。

在杭州，数字经济的发展、数字技术的推广应用，撬动了民生难点、痛点的破解，优化公共治理、公共服务，实现技术为民、技术惠民。一个看不见的“城市数据大脑”，带来看得见的“治堵”成效，折射出“智慧城市”惠及民生的巨大能量。现在，杭州超过95%的超市便利店、80%以上的餐饮门店，以及98%的出租车、5000多辆公交车，都支持移动支付。杭州的移动支付普及率、服务覆盖率全国领先，“无现金城市”“移动支付之城”“电子商务之都”名副其实。“智慧医疗”已覆盖在杭州的各级医疗机构203家，市县两级平台互联，健康档案可以共享调阅，近年来，近7000万人次在杭州市属医院看病时间平均缩短两小时以上。以浙江省“最多跑一次”改革为契机，杭州把涉及59个部门的368.32亿条数据整合共享，打破“信息孤岛”，打造“移动办事之城”。如今，市民“刷脸”就能查纳税、“滴”一下身份证就能自动填好办事表单、一台一体机就能办好营业执照，都已不是新鲜事。凭身份证可以“一证通”办理的事项，已有近300项；可以24小时办理的“杭州办事”手机App，成了“不下班的办事大厅”。

目前，杭州正发力打造全国数字经济第一城，全面推进数字产业化、产业数字化、城市数字化“三化融合”，数字经济发展取得重大成就。2019年2月28日，杭州估值10亿美元以上的企业达30家，与数字经济相关的占96.7%。

杭州的云栖小镇是一个特别的地方——云在的地方。在设计者与规划者看来，小镇的核心就是那些与云计算相关的企业。截止到 2019 年 9 月 10 日，云栖小镇累计引进企业 1275 家，其中涉云企业 950 家，入驻员工 1.2 万余人，集聚了全国近 70%的云计算、大数据专业人才。

2. 贵州数字经济发展状况

在 2012 年的云计算浪潮中，贵州凭借高海拔、低气温、低能耗成本等优势脱颖而出，成为与内蒙古并列的数据中心集群地。三大运营商投资 150 亿元在贵州建设数据中心基地。2013 年，贵阳开始借鉴中关村的发展经验，发展大数据产业。如今，大数据产业被贵州视为经济“弯道超车”的重要砝码。2016 年 2 月，第一个国家级大数据综合试验区在贵州建立。根据贵州省规划，到 2020 年，贵州大数据产值规模达到 2000 亿元，相关产业产值达到 4500 亿元。

贵州省政府出台的一系列支持与促进数字经济发展的政策，为贵州数字经济的快速发展提供了良好的政策环境。数据显示，2018 年贵州数字虽然总体上看规模还比较小，但增速接近 25%，数字经济增加值占 GDP 比重已达 20%以上。自 2015 年以来，贵州数字经济增速已经连续四年位居全国第一，特别是 2017 年，数字经济增速为 37.2%，领先于第二位的江西省（31.2%）6 个百分点，发展势头极为强劲。

目前，贵州数字经济主体产业发展势头良好，电子信息制造业、软件和信息技术服务业、通信服务业等均保持高速增长，产业规模持续扩大。数字经济集聚态势初步形成，贵安新区数字经济省级示范区已聚集 17 家重点企业，贵阳数字经济示范城市已形成 16 个特色鲜明的集聚区（基地、中心），遵义数字端产品制造集聚区已形成“一核”“四园”“多点”协同错位发展的智能终端产品制造集聚产业布局，贵阳—遵义—贵安新区数字经济核心引领带已基本形成。贵州以政务服务、精准扶贫、医疗健康、智能交通、社会信用等为突破口，以各云上贵州系统平台和部门云、市州云建设为支撑，利用大数据洞察民生需求，改善民生服务，着力推动数字经济与民生服务深度融合，开发出一大批民生应用系统。

总的来看，近几年来，贵州数字经济产业规模持续扩大，对地方经济发展的拉动作用不断增强。但受制于地区经济发展条件和水平的制约，贵州数字经济的总规模还比较小，对 GDP 的拉动作用也低于国内其他许多省份。目前来看，存在的主要问题有以下六方面：一是数字经济规模“小、散、弱”的问题比较突出；二是信息基础设施建设水平仍无法满足发展需求；三是应用范围不广、应用程度不深、应用动力不足成为贵州大数据与实体经济融合发展的难题；四是“数字鸿沟”成为贵州数字经济发展的“绊脚石”；五是人才短缺成为贵州数字经济发展的“拦路虎”；六是数据资源开放共享管理机制有待进一步完善。

2.3　主要国家数字经济发展战略

目前，以新一代信息通信技术蓬勃发展为代表的技术创新，正深刻地影响着全球经济发展并日益改变世界竞争格局，发展数字经济已经成为国际趋势。世界主要国家都顺势而为，制定与实施促进数字经济发展的战略与政策（表 2－1），推动经济的数字化转型，从而为世界经济的持续增长提供了新的动能。

表 2-1　主要国家的数字经济政策

国家/地区	时　间	战略及政策
美国	1999 年	新兴的数字经济
	2010 年 3 月	国家宽带计划
	2011 年 2 月	联邦云计算战略
	2012 年 3 月	大数据研究和发展计划
	2014 年 5 月	美国开放数据行动计划
	2015 年 11 月	数字经济议程
	2016 年 10 月	国家人工智能研究与发展策略规划
	2016 年 12 月	加强网络安全——促进数字经济的安全与发展
	2017 年 3 月	国家宽带研究议程
	2018 年 3 月	美国机器智能国家战略报告
	2018 年 6 月	数据科学战略计划
	2018 年 9 月	美国国家网络战略
	2018 年 10 月	美国先进制造业领导力战略
欧盟	2010 年 5 月	欧洲数字议程
	2015 年 5 月	数字单一市场战略
	2016 年 4 月	产业数字化规划
	2018 年 4 月	欧盟人工智能战略
	2018 年 5 月	通用数据保护条例
	2018 年 6 月	地平线欧洲
	2018 年 12 月	促进人工智能在欧洲发展和应用的协调行动计划
英国	2009 年 6 月	数字英国
	2013 年 6 月	英国信息经济战略 2013
	2015 年 2 月	英国 2015—2018 年数字经济战略
	2017 年 3 月	英国数字战略
	2018 年 1 月	数字宪章
	2018 年 4 月	产业战略：人工智能领域行动
	2018 年 6 月	国家计量战略实施计划
日本	2001 年	e-Japan 战略
	2004 年	u-Japan 战略
	2009 年	i-Japan 战略
	2013 年	ICT 成长战略
	2014 年	智能日本 ICT 战略
	2015 年 1 月	机器人新战略

（续表）

国家/地区	时　间	战略及政策
日本	2016 年	第五期（2016—2020 年度）科学技术基本计划
	2018 年 6 月	集成创新战略
	2018 年 6 月	综合创新战略
	2018 年 7 月	第 2 期战略性创新推进计划（SIP）
德国	2010 年	数字德国 2015
	2014 年 8 月	数字议程（2014—2017 年）
	2016 年 3 月	数字化战略 2025
	2018 年 7 月	联邦政府人工智能战略要点
	2018 年 9 月	高技术战略 2025
	2018 年 11 月	人工智能德国制造
法国	2008 年 10 月	2012 数字法国计划
	2011 年 12 月	数字法国 2020
	2013 年 2 月	数字化路线图
	2018 年 3 月	法国人工智能发展战略
	2018 年 7 月	5G 发展路线图
	2018 年 9 月	利用数字技术促进工业转型的方案
韩国	2010 年 7 月	IT 融合发展战略
	2013 年 6 月	政府 3.0 计划
	2014 年 6 月	实现创造经济，制造业创新 3.0 战略
	2018 年 2 月	第四期科学技术基本计划 2018—2022 年
	2018 年 4 月	创新增长引擎
	2018 年 7 月	人工智能研发战略
俄罗斯	2013 年 11 月	俄罗斯联邦 2014—2020 年信息技术产业发展战略及 2025 年前景展望
	2014 年 4 月	国家技术倡议
	2016 年 12 月	俄罗斯联邦科学技术战略
	2017 年 5 月	2017—2030 年俄罗斯联邦信息社会发展战略
	2017 年 7 月	俄罗斯联邦数字经济规划
	2018 年 5 月	《2024 年前俄联邦发展国家目标和战略任务》

2.3.1　美国数字经济发展战略

作为互联网发源地的美国，一直重视信息通信技术产业的发展，从 20 世纪 90 年代起就开始推动数字经济发展，以 1993 年 9 月克林顿政府推出的“国家信息基础设施”工程计划（NII，俗称“信息高速公路”战略）和1998年美国商务部发布《浮现中的数字经济》的研究报告为标志，开启了美国数字经济发展新时代，促进了美国数字经济蓬勃发展，也奠定了美国在全球数字经济领头羊的地位。

随后，美国商务部发布《新兴的数字经济》（1999年）、《数字经济》系列报告，持续关注数字经济的发展及影响；美国自2011年起又先后发布《联邦云计算战略》（2011年）、《大数据研究和发展计划》（2012年）、《数字经济议程》（2015年）、《国家人工智能研究与发展策略规划》（2016年）、《加强网络安全——促进数字经济的安全与发展》（2016年）、《国家宽带研究议程》（2017年）等。

2018年美国继续升级数字经济战略，同年3月美国国际战略研究所发布《美国机器智能国家战略报告》，提出六大国家机器智能策略，旨在通过对产品研究与开发的长期资金支持，促进机器智能技术安全发展，并通过加强创新基地巩固美国领先地位。2018年9月，白宫发布《美国国家网络战略》，在“促进美国繁荣”的支柱下，提出要培育充满活力与弹性的数字经济。2018年10月，美国政府又发布《美国先进制造业领导力战略》，在抓住“智能制造系统的未来”战略目标下，提出包括智能与数字制造、先进工业机器人、人工智能基础设施等在内的三个具体优先事项。

不断完善与升级的数字经济战略，大大促进了美国的信息基础设施建设，数字鸿沟不断缩小，网络信息安全得到进一步加强，推动了美国数字经济的迅猛发展，2016—2017年美国的数字经济规模分别达到了10.8万亿美元、11.50万亿美元，数字经济规模以及数字经济综合实力始终保持全球领先，成为美国经济增长的新动能。

目前，美国的数字经济战略主要聚焦前沿技术重点领域，把握制造业产业链高附加值环节，利用数字技术推动制造业革命、激发传统工业的新活力等方面。

2.3.2 欧盟数字经济发展战略

1. 欧盟数字经济发展历程

欧盟一直重视数字经济发展，并实施了相应的数字经济战略。欧盟的数字经济政策可以追溯到20世纪90年代，分为以下几个阶段：第一阶段，1993年，《成长、竞争力与就业白皮书》首次提出欧洲信息社会具体意见，并重点加快网络基础建设。第二阶段，2000年，“里斯本战略”发布，欧盟委员会提出要在2010年前成为“以知识为基础的、世界上最有活力和竞争力的经济体”，并以电子政务、电子医疗和卫生、电子教育与培训、网络零售四大主要应用为支柱。第三阶段，以2005年《i2010——欧洲信息社会：促进经济增长和就业》为起始标志。这一战略在“里斯本议程”的基础上有所更新，并开启了新的历程。第四阶段，以2010年的“欧洲数字议程”和2015年的“数字单一市场”战略为标志，并在2016年4月发布欧洲产业数字化规划，积极推动产业数字化转型。

2. 欧盟数字经济战略目前布局的重点

目前，欧盟数字化战略布局的重点是从数字单一市场、数据保护、人工智能等领域推动数字经济发展。

在单一数字市场建设方面，为促进数字经济更好更快地发展，欧盟采取协调一致的战略，共同推动建立数字化单一市场。为了打破成员国间的数字市场壁垒，2015年欧盟委员会启动《数字化单一市场战略》，通过采取一系列措施消除法律和监管障碍，增进成员国间的合作与交流，将 28 个成员国市场打造成为一个统一的数字市场，共同推进欧盟对数字经济的发展。2016 年公布“欧洲工业数字化战略”计划，投入 500 亿欧元，以支持工业数字化并提出明确的行动路线。

在提升数据保护力度方面，2018 年 5 月，欧盟正式实施的《通用数据保护条例》建立了完备的个人数据保护制度。2018 年发布的《建立一个共同的欧盟数据空间》，提出了建立欧盟共同数据空间的多项举措。

在人工智能战略方面，欧盟不断升级人工智能战略，2018 年 4 月，发布《欧盟人工智能战略》，该战略部署了欧盟人工智能领域的技术研发、道德规范制定及投资规划。2018 年，又通过了《人工智能通讯》《人工智能合作宣言》，旨在增强公共和私营部门对人工智能的吸收，为人工智能带来的社会经济变化做好准备；同时希望增进成员国之间的合作，不断提升欧洲人工智能的研发能力，共同发展和推动人工智能的应用。2018 年 12 月，欧盟发布《促进人工智能在欧洲发展和应用的协调行动计划》，该计划旨在最大程度发挥欧盟和各成员国人工智能相关投资的作用，促进欧盟内部人工智能研发和应用的协调与合作，从而确保欧盟作为一个整体参与全球竞争。

在一系列数字经济政策的支持下，欧盟的数字经济取得了长足的发展，促进了欧盟及各成员国数字产业及传统产业的数字化转型，提升了欧盟经济的创新能力与竞争力。但欧盟各成员国在数字经济发展方面仍然不均衡，一些欧盟成员国数字化程度已跻身世界前列，如德国，但有些成员国的发展相对滞后，这些国家已经比欧盟平均水平落后，并且增长乏力，与欧盟其他国家的差距越来越大。因此，欧盟未来的数字经济战略不但会延续之前的政策精神，而且也会着力缩小成员国之间的数字鸿沟，促进欧盟成员国的协调发展，提升欧盟整体的数字竞争力。

2.3.3　英国数字经济发展战略

近十年来，英国出台了许多促进数字经济发展的政策，其中最重要的是《数字英国》（2009 年）、《信息经济战略 2013》（2013 年）、《英国数字经济战略（2015—2018）》（2015 年）、《英国数字战略》（2017 年）等。

1.《数字英国》

为应对 2008 年全球金融危机导致的英国经济衰退以及适应国际经济形势新变化，2009 年英国政府发布《数字英国》计划，数字化第一次以国家顶层设计的形式出现。该计划从国家战略的高度，对英国社会、经济、文化等方面的数字化进程设立了明确的目标，定下了一系列有关资金投入、基础设施建设、相关机构设立等方面的措施，旨在将英国打造成为世界数字之都。

2.《信息经济战略 2013》

英国政府在 2013 年发布了《信息经济战略 2013》。该战略旨在建设一个蓬勃发展的信息经济，并设立了四大目标：建立一个强大的创新型信息经济部门，并推向全世界；促进英国企业，特别是中小企业积极使用信息技术；保证公民从数字时代受益；从人才储备与基础设施方面保证信息产业的发展。该战略通过分析当时英国数字经济发展情况及未来将要面对的机遇挑战，制定了发展目标及行动纲要，明确了英国信息经济的发展方向。

3.《英国2015—2018年数字经济战略》

英国技术战略委员会“创新英国”于2015年发布《英国2015—2018年数字经济战略》（以下简称《数字经济战略》），倡导通过数字化创新来驱动经济社会发展，为把英国建设成为未来的数字强国做出战略部署。

《数字经济战略》不仅延续了《数字英国》《信息经济战略2013》等数字战略的核心精神，而且该战略还提出了一些新内容，例如，确保数字经济发展的可持续性、关注日渐增大的数字鸿沟及物联网和大数据等新技术带来的新机遇等，同时规定了严格的时间界限，从而使得目标更加具体，具有更强的可操作性。

4.《英国数字战略》

英国2017年发布最新的《英国数字战略》，对将来英国在脱欧后打造世界领先的数字经济和全面推进数字转型做出全面而周密的部署。《英国数字战略》主要涵盖以下七个方面的内容：连接战略——致力于打造世界级的数字基础设施，将宽带接入变成一项公民权利，加快推进网络全覆盖、全光纤和5G建设；数字技能与包容性战略——大力推进全民数字素养和数字技能培训，为每个人提供所需的数字技能，为数字经济发展培育数字技能人才，探索建立培育数字技能的更好模式，意味着将对既有的科技教育模式进行大刀阔斧的改革；数字经济战略——投入资金和政策，支持创新和数字创业，跟随技术发展探索、调整技术友好型的监管制度，促进数字经济增长和创新发展；数字转型战略——英国政府将通过多种形式帮助、支持每一个英国企业实现数字转型，提高生产效率；网络空间战略——增强网络安全能力，投资和鼓励网络安全行业及人才培养输出，关注儿童网络安全；数字政府战略——深入推进政府数字转型，打造平台型政府，更好地为民众提供公共服务和政务；数据战略——多种举措释放数据在英国经济中的潜力，同时加强数据保护和数据开放共享。

英国于2018年继续升级数字经济发展战略，2018年1月发布《数字宪章》。《数字宪章》制定了网络空间的规范和准则，确保网络环境安全，为英国的数字经济的发展壮大提供条件。2018年4月发布的《产业战略：人工智能领域行动》，承诺将采取切实行动加强人工智能基础设施建设，推进人工智能的发展，打造最佳的创业环境及世界最具创新性经济体。2018年6月发布的《国家计量战略实施计划》，是对2017年发布的《国家计量战略》的行动响应，提出五大目标及具体措施，为英国利用其世界领先的国家计量系统构建实施框架。

可以看出，近年来英国的数字经济战略主要在于大力推动数字经济创新发展，打造数字化强国。

2.3.4 日本数字经济发展战略

日本政府很早就高度重视数字经济的发展，出台了一系列促进数字经济发展的战略与政策，从而大大促进了日本数字经济的繁荣，2016年与2017年数字经济总量都位居世界第三，仅次于美国与中国。日本从2001年以来，先后出台《e-Japan战略》（2001年）、《u-Japan战略》（2004年）、《i-Japan战略》（2009年）、《ICT成长战略》（2013年）、

《智能日本 ICT 战略》（2014 年）、第五期（2016—2020 年度）科学技术基本计划（2016 年）、《集成创新战略》和《综合创新战略》（2018 年）等，从智能制造、数字化人才培养等领域推动数字经济发展。

1. 重视科技创新

日本政府从 2013 年开始每年制定《科学技术创新综合战略》，提出从“智能化、系统化、全球化”的角度推动科技创新。《战略 2014》提出重点聚焦信息通信、纳米和环保三大跨领域技术；《战略 2015》重点阐述了科研资金改革、借助物联网和大数据库培育新产业等。2016 年，日本政府通过第五期（2016—2020 年度）科学技术基本计划，该计划首次提出“超智能社会”的概念。2018 年又先后出台《集成创新战略》《综合创新战略》《第 2 期战略性创新推进计划》（SIP）。其中，《集成创新战略》系统总结了《第五期科学技术基本计划》的经验与不足，提出了包括创新基础建设、科技创新创造等主要领域在内的诸多举措；《综合创新战略》则将重点关注了包括人工智能在内的五大领域；SIP 旨在促进科技的研究和开发，实现技术创新，建设超智能社会。

2. 重视发展高端制造业，推动智能制造

制造业的发展与创新一直受到日本政府的高度关注。日本政府也不断出台促进制造业升级转型的数字经济政策，如《战略 2015》强调要加强对制造业信息化、大数据等领域的研究和资助，积极推动信息通信、智能制造的发展。2016 年正式发布日本智能制造参考框架 IVCRA（Industrial Value Chain Reference Architecture），IVCRA 是日本智能制造独立的顶层框架，它建立了智能工厂互联互通的基本模式。在 2018 年 6 月发布的《日本制造业白皮书》中，明确将互联工业作为制造业发展的战略目标。

3. 积极培育数字化人才

日本政府一贯高度重视人力资本建设，早在 2001 年出台的《e - Japan 战略》中就提出要加强信息化知识的普及教育，多渠道培养高级专业人才。在 2009 年出台的《i - Japan 战略》中进一步强调要重视教育和人力资源培育，加大对教育机构信息教育和数字技术设施的投入，加快远程教育发展，提高学生的学习欲望和专业能力以及利用信息的能力。近年来出台的《ICT 成长战略》《智能日本 ICT 战略》和《综合创新战略》（2018 年）都提及要通过诸多措施加强数字化人才培育。

2.3.5 德国数字经济发展战略

德国的数字经济发展处于国际领先水平，2017 年，德国数字经济总规模约为 2.3 万亿美元，数字经济占 GDP 比重达 61.36%，成为拉动德国经济持续增长的核心力量。德国数字经济发展取得的巨大成就得益于德国政府的大力支持。自 2010 年以来，德国发布了多项支持数字经济发展的战略与政策，如《数字德国 2015》（2010 年）、《数字议程 2014—2017》（2014 年）、《数字化战略 2025》（2016 年）、《联邦政府人工智能战略要点》（2018 年）及《高技术战略 2025》（2018 年）等，并不断升级高技术战略，积极践行“工业 4.0”，推动中小企业数字化转型。具体体现在：

1. 弥补数字鸿沟，推动数字化转型

为弥补数字鸿沟，德国政府于 2010 年以来先后出台《数字德国 2015》《数字议程

2014—2017》及《数字化战略 2025》等支持数据经济发展的战略，特别是《数字化战略（2025）》，明确提出了德国经济数字化转型十大行动步骤，为德国全面推动数字化转型指明了方向。

2. 积极推动中小企业数字化转型

德国政府 2014 年出台的《数字议程 2014—2017》就提出为中小企业建立最佳实践展示中心，为中小企业数字化发展提供技术方面的支持。在 2016 年发布的《数字化战略 2025》中，把促进中小企业数字化转型列为德国经济数字化转型的十大行动步骤之一，并采用各种举措，积极推动中小企业数字化转型。

3. 积极践行“工业 4.0”，不断升级高技术战略

德国政府于 2013 年 4 月正式提出“工业 4.0”战略，该战略旨在打造以信息物理系统为特征、以智能工厂为具体体现的智能化时代，全面提高德国工业的竞争力。近年来，德国政府不断升级高技术战略，在 2018 年出台了《高技术战略 2025》。该战略明确了德国未来七年研究和创新政策的跨部门目标和举措，旨在进一步推动德国科学技术发展，为德国未来高技术的发展提供重要指导。在政府的大力支持下，德国数字技术与工业融合不断深入，2017 年德国工业数字经济占行业增加值达到 41%，处于世界领先地位。

2.3.6 其他国家数字经济发展战略

1. 法国数字经济战略

法国自 2008 年 10 月以来，相继发布了《2012 数字法国计划》（2008 年）、《数字法国 2020》（2011 年）、《数字化路线图》（2013 年）等多项数字经济政策，支持数字经济发展。2018 年 3 月，法国政府发布《法国人工智能发展战略》，旨在推动法国人工智能技术发展并成为人工智能强国，迎接人工智能发展新时代。2018 年 7 月，发布《5G 发展路线图》，提出四大行动举措，旨在通过加快 5G 技术发展并推广商用，扩大法国在国际 5G 技术与标准的话语权与国际影响力，为法国各领域带来新的增长点，促进法国数字化经济蓬勃发展。2018 年 9 月，法国政府发布《利用数字技术促进工业转型的方案》，该方案有利于促进法国工业向“未来工业”加快转型，同时通过为中小企业建立数字化平台并提供配套服务等方式，共同推动中小企业的转型。

2. 韩国数字经济战略

韩国自 2010 年以来，相继发布多项政策以支持数字经济发展，如 2010 年 7 月《IT 融合发展战略》、2013 年 6 月《政府 3.0 计划》、2014 年 6 月《实现创造经济，制造业创新 3.0 战略》等。

韩国数字
基础设施发展经验

2018 年 2 月，韩国政府发布《第四期科学技术基本计划 2018—2022》，该计划以“科技改变国民生活”为宗旨，对今后五年科技发展做出战略规划，将人工智能、3D 打印等列为重点科技项目，将大数据、下一代通信、智能机器人等领域作为政府大力发展的创新增长引擎技术方向，推动经济发展，引领第四次工业革命。2018 年 4 月发布的《创新增长引擎》五年计划，提出了四大创新增长引擎领域以及 12 个技术

方向，将利用这些领域的发展，为第四次产业革命做好准备。韩国第四次工业革命委员会于 2018 年 7 月发布《人工智能研发战略》，旨在通过确保政府投资，增强韩国人工智能的研发能力，并实现人工智能高级人才的储备。

3. 俄罗斯数字经济战略

自 2008 年金融危机以来，俄罗斯国内生产总值在全球的排名始终在第十名左右。经济资源化和产业结构不合理，是俄罗斯经济难以取得突破性进展的两个重要原因。在世界主要国家数字经济日益成为拉动经济持续增长的新引擎的背景下，俄罗斯也顺势而为，不断出台鼓励高新技术和数字经济发展的国家政策，主要体现在技术发展、产业发展、社会信息化和经济数字化发展三个方面。

1）技术发展方面的政策

2014 年 1 月，俄罗斯政府正式批准《2030 年前俄罗斯联邦科技发展预测》，明确将信息通信等七项技术列为战略性创新技术。2014 年 12 月，普京总统提出了“国家技术倡议”，该倡议实施的目标，是在 20 年内（2015—2035 年）保障俄罗斯经济迈向数字化、现代化，以及成为全球技术领先国家。2016 年 12 月，俄罗斯出台《俄罗斯联邦科学技术战略》，目标是要用 10～15 年的时间，通过实施数字生产技术转换、提高人力资源使用效率、发展生态和清洁技术等措施实现科技进步，提高国产产品和服务的创新水平。

2）产业发展方面的政策

2013 年 11 月，俄罗斯政府出台《2014—2020 年信息技术产业发展战略和 2025 年前景展望》，加速信息技术在关键经济领域的应用，以提高劳动生产率，改善整体投资环境，降低经济对原材料出口的依赖性。2016 年 4 月出台的《2013—2025 年俄罗斯电子和无线电子工业发展规划（草案）》，旨在提升电子和无线电子产品的竞争力，构建具有高竞争力的电子和无线电子产品的生产和技术基础；主要目标是到 2025 年前，俄罗斯国产电子和无线电子产品在国内市场中的比例扩大至 60%。

3）社会信息化和经济数字化发展政策

2017 年 5 月，俄罗斯颁布《2017—2030 年俄罗斯联邦信息社会发展战略》，主要目标是为俄罗斯构建知识社会创造条件，打造可获得高质量和高可靠性信息的空间，发展信息通信基础设施，培育和应用信息通信技术，并确保其在国际上的竞争力，确保国家在数字经济领域的利益。2017 年 7 月，俄罗斯政府颁布了《俄罗斯联邦数字经济规划》（以下简称《规划》）。该《规划》设定了包括创建俄罗斯数字经济生态系统在内的三个层次的发展目标，旨在通过利用现代数字技术、提高信息化水平和数字素养、改善公共服务普及性以及国内外信息安全环境，来提高商品和服务的可获得性和质量，为俄罗斯发展知识社会、提高公民福利和生活水平创造条件。

2018 年 5 月发布的《2024 年前俄联邦发展国家目标和战略任务》总统令，提出了包括数字经济在内的 12 个优先发展领域，将“加速俄联邦技术发展，提高技术创新机构数量，使其占全国科研机构总数 50%”确立为九大国家发展目标之一，在科学领域，文件提出 2024 年前包括智能制造、机器人系统等科技优先发展领域进入全球五强的目标。

俄罗斯政府对发展数字经济的大力支持，为俄罗斯未来的数字经济发展提供了广阔的空间。2016—2017 年，俄罗斯数字经济增速高达 24.95%，位列 G20 国家第一位，显示了极为强劲的发展势头。

2.4 中国及典型地区数字经济发展政策

2.4.1 中国数字经济政策

近十年来，数字经济在全球快速发展并正在成为驱动全球经济发展日益重要的新动能。与此同时，中国的数字经济蓬勃发展，正广泛地与传统产业深度融合，成为引领中国经济增长的新引擎，数字经济的发展也受到中国政府的高度重视。党和国家领导人在许多重要场合都做出重要指示，要把握好数字经济带来的机遇，推动数字经济创新合作，做大做强数字经济。

党的十八大以来，党中央、国务院高度重视数字经济发展，出台了《中国制造 2025》《国务院关于积极推进“互联网＋”行动的指导意见》《国家信息化发展战略纲要》《促进大数据发展行动纲要》《新一代人工智能发展规划》《国务院关于进一步扩大和升级信息消费持续释放内需潜力的指导意见》等系列重大战略和政策措施。在一系列促进数字经济发展的政策支持下，我国数字经济取得了蓬勃发展，2016 年、2017 年数字经济规模分别达到 3.4 万亿美元、4.02 万亿美元，仅次于美国（10.8 万亿美元、11.50 万亿美元），在 G20 国家中排名第二位，远超日本、德国、英国、法国等发达国家，为中国经济腾飞提供了新的动能。2018 年我国数字经济总量达到 31.3 万亿元，占 GDP 比重超过三分之一，达到 34.8%，占比同比提升近 2 个百分点。数字经济发展对 GDP 增长的贡献率达到 67.9%，超越部分发达国家水平，成为驱动我国国民经济发展的核心关键力量。

1. 中国政府高度重视数字经济发展

中国政府一直高度重视发展数字经济，党和国家领导人在国内外许多重要场合都做出促进数字经济发展的重要指示。

在 2016 年 10 月中共中央政治局第三十六次集体学习时，习近平总书记指出要加快传统产业数字化、智能化，做大做强数字经济，拓展经济发展新空间。

2017 年 3 月 5 日，国务院总理李克强在做政府工作报告时表示，将促进数字经济加快成长，让企业广泛受益、群众普遍受惠，这是数字经济首次被写入政府工作报告。

党的十九大提出要推动互联网、大数据、人工智能与实体经济深度融合，建设网络强国、数字中国、智慧社会，发展数字经济、共享经济，培育新增长点、形成新动能。在 2017 年 12 月中央政治局第二次集体学习时，习近平总书记强调，要发挥数据的基础资源作用和创新引擎作用，要构建以数据为关键要素的数字经济，加快发展数字经济，推动数字经济融合发展。

2018 年 4 月，在全国网络安全和信息化工作会议上，习近平总书记做出重要指示，要发展数字经济，加快推动数字产业化和产业数字化，提高全要素生产率，释放数字对经济发展的放大、叠加、倍增作用。

2018 年 8 月，习近平主席向首届中国国际智能产业博览会致贺信指出，“以互联网、大数据、人工智能为代表的新一代信息技术日新月异，促进数字经济和实体经济融合发展，加快新旧发展动能接续转换，打造新产业新业态，是各国面临的共同任务。中国高度重视创新驱动发展，坚定贯彻新发展理念，加快推进数字产业化、产业数字化，努力推动高质量发展、创造高品质生活”。

2018 年 11 月，习近平主席在 G20 阿根廷峰会上再次强调，要鼓励创新，促进数字经济和实体经济深度融合。

2019 年，《政府工作报告》明确指出，深化大数据、人工智能等研发应用，培育新一代信息技术、高端装备等新兴产业集群，壮大数字经济。发展数字经济，对贯彻落实党中央、国务院决策部署，深化供给侧结构性改革，推动新旧动能接续转换，实现高质量发展，意义重大，机遇难得。

2. 不断出台支持数字经济发展的政策，全方位推动数字经济发展

党的十八大以来，党中央、国务院陆续出台了一系列支持数字经济发展的政策，如《国务院关于积极推进“互联网＋”行动的指导意见》《促进大数据发展行动纲要》《国家信息化发展战略纲要》《“十三五”国家信息化规划》《新一代人工智能发展规划》等系列重大战略和政策措施，从战略层面支持推动数字经济发展（表 2－2）。党的十九大报告明确提出我国未来数字经济发展的战略方向是“推动互联网、大数据、人工智能和实体经济深度融合”，其核心思路是大力发展产业大数据与产业互联网，加强人工智能在实体经济中的渗透，促进融合发展。国家发展和改革委员会、工业和信息化部、科学技术部等部委也纷纷出台促进数字经济发展的相关政策措施，进一步贯彻实施国家相关数字经济的战略部署。

表 2－2　我国数字经济发展战略

时　间	文　件
2015 年 7 月	《国务院关于积极推进“互联网＋”行动的指导意见》
2015 年 9 月	《促进大数据发展行动纲要》
2016 年 7 月	《国家信息化发展战略纲要》
2016 年 12 月	《“十三五”国家信息化规划》
2017 年 7 月	《新一代人工智能发展规划》
2019 年 5 月	《数字乡村发展战略纲要》

1）《国务院关于积极推进“互联网＋”行动的指导意见》

2015 年 7 月，国务院发布了《国务院关于积极推进“互联网＋”行动的指导意见》，不仅提出了“互联网＋”到 2025 年的行动目标，而且提出了包括“互联网＋”、人工智能在内的十一项重点行动，为推动互联网与其他行业的深度融合指出了明确方向。

2）《促进大数据发展行动纲要》

2015 年国务院发布的《促进大数据发展行动纲要》（以下简称《行动纲要》），确定了推动大数据发展和应用在未来 5～10 年逐步实现的目标，提出通过发展工业大数据、新兴产业大数据、农业农村大数据、万众创新大数据，推进基础研究和核心技术攻关，形成大数据产品体系，完善大数据产业链途径推动产业创新发展，培育新兴业态，助力经济转

型。该《行动纲要》旨在通过促进大数据发展，加快建设数据强国，释放技术红利、制度红利和创新红利，提升政府治理能力，推动经济转型升级。

3)《国家信息化发展战略纲要》

2016 年发布的《国家信息化发展战略纲要》在分析我国信息化发展基本形势的基础上，提出了到 2020 年、2025 年信息化发展的战略目标，是规范和指导未来十年国家信息化发展的纲领性文件，是国家战略体系的重要组成部分，是信息化领域规划、政策制定的重要依据。

4)《“十三五”国家信息化规划》

2016 年国务院发布了《“十三五”国家信息化规划》（以下简称《规划》），该《规划》旨在贯彻落实《“十三五”规划纲要》和《国家信息化发展战略纲要》，是“十三五”国家规划体系的重要组成部分，是指导“十三五”期间各地区、各部门信息化工作的行动指南。该《规划》提出了具体的信息化发展目标：到 2020 年，“数字中国”建设取得显著成效，信息化发展水平大幅跃升，信息化能力跻身国际前列，具有国际竞争力、安全可控的信息产业生态体系基本建立。信息技术和经济社会发展深度融合，数字鸿沟明显缩小，数字红利充分释放。信息化全面支撑党和国家事业发展，促进经济社会均衡、包容和可持续发展，为国家治理体系和治理能力现代化提供坚实支撑。

5)《新一代人工智能发展规划》

2017 年国务院发布的《新一代人工智能发展规划》是我国在人工智能领域进行的第一个系统部署的文件，提出了面向 2030 年我国新一代人工智能发展的总体思路、战略目标、主要任务和保障措施，部署构筑我国人工智能发展的先发优势，加快建设创新型国家和世界科技强国，特别是提出了到 2030 年我国人工智能发展的“三步走”的目标，为未来十年我国的人工智能的发展指出了明确的方向。

6)《数字乡村发展战略纲要》

2019 年 5 月中共中央办公厅、国务院办公厅发布了《数字乡村发展战略纲要》（以下简称《纲要》），该《纲要》认为数字乡村是伴随网络化、信息化和数字化在农业农村经济社会发展中的应用，以及农民现代信息技能的提高而内生的农业农村现代化发展和转型进程，既是乡村振兴的战略方向，也是建设数字中国的重要内容。《纲要》提出了我国数字乡村分阶段建设目标和重点建设任务，为未来我国乡村的数字经济建设指明了方向。

当前，我国不断强化数字经济战略布局，着力提高数字技术创新能力，加速推进数字产业化与产业数字化，促进互联网、大数据、人工智能与实体经济深度融合，充分发挥大市场优势，释放数字经济发展新动能。

2.4.2 中国典型地区数字经济发展政策

1. *浙江数字经济发展政策*

数字经济是浙江经济发展的鲜明特点，也是浙江在长三角区域一体化进程中的一大优势。浙江省提出把数字经济作为“一号工程”来抓，出台多项举措推动智能制造、工业互联网、“两化”融合等发展，深入推进经济社会各领域数字经济发展。

2014 年 5 月，浙江省人民政府出台《关于加快发展信息经济的指导意见》，在全国率先提出加快以互联网为核心的数字经济。浙江审时度势，顺势而为，充分利用了电商平台、互联网金融发展全国领先的优势，把数字经济作为驱动浙江创新发展的关键力量，数字经济日益成为拉动浙江经济持续增长的新引擎。

2015 年浙江发布全国首个《浙江信息经济发展规划（2014—2020 年》，明确了全省数字经济发展的十大重点领域，并积极创建全国首个“信息经济发展示范区”，力争成为全国数字经济发展的模范与标杆。随后相继出台了《浙江省“互联网＋”行动计划》《浙江省信息化发展“十三五”规划（“数字浙江 2.0”发展规划)》《浙江省电子信息产业“十三五”发展规划》等一系列支持与促进数字经济发展的政策，为浙江数字经济发展创造了良好的政策环境，为浙江数字经济发展指明了方向。

为进一步推进数字经济政策的实施，浙江省各相关部门先后制定出台了促进电子商务、科技支撑、产业基金、互联网金融等发展的专项政策，并安排专项基金用于推进“两化”深度融合、发展软件与信息服务业等数字经济重点领域，大力推进信息基础设施建设，推进大数据、人工智能、云计算、物联网、5G 通信等数字技术的发展。信息通信产业的升级发展，为浙江数字经济的发展提供了支撑，为利用数字技术促进浙江传统产业转型升级提供了源源不断的动力。

2016 年 11 月，浙江获批创建国内首个信息经济示范区，这是全国首个国家信息经济示范区。示范区的建设将推动浙江省在大数据、“互联网＋”、跨境电子商务、分享经济、“两化”融合等方面走在全国前列。

2018 年 9 月，浙江出台了《浙江省数字经济五年倍增计划》，提出包括核心技术突破行动在内的七项方案，目标是通过五年的努力，使浙江省数字经济发展水平明显提高，创新能力显著增强，体制机制明显优化，在突破数字经济新技术、激发实体经济新动能、培育数字应用新业态、释放数据资源新价值、提升基础设施新智能、构筑创新发展新体制等方面走在全国前列。

2019 年 5 月，为了促进浙江省实施数字经济“一号工程”、建设国家数字经济示范省，浙江出台《浙江省新兴金融中心建设行动方案》，目标是打造集金融科技、网络金融安全、网络金融产业、移动支付等于一体的新兴金融中心，加快形成以“一湾、一城、一省、多区”为框架的建设格局。

不断完善的数字经济政策为浙江数字经济发展指明了方向，提供了行动方案，在浙江雄厚的经济实力的支持下，浙江的数字经济蓬勃发展，在全国处于领先地位，引领浙江日益成为全国创新示范中心。

大数据和人工智能变革城市管理基础设施

2. 贵州数字经济发展政策

贵州省高度重视发展数字经济，并多方部署数字经济发展战略，出台多项政策推动数字经济的快速发展。

贵州将数字经济作为大数据战略行动的方向，从 2014 年开始大数据征程。2016 年 2 月，贵州建立了第一个国家级大数据综合试验区。2017 年 2 月，贵州政府发布了《贵州省数字经济发展规划（2017—2020 年)》(以下简称《规划》)，该《规划》是全国首个省级数字经济发展规划，《规划》提出加快谋划和布局数字经济，发展数字经济主体产业，促进三次产业数字化融合。《规划》实施以来，贵州省数字经济产业规模持续扩大，应用领域不断扩展，经济驱动力明显增强，已逐渐形成了一批新的经济业态。2017 年 3 月，贵州发布《关于推动数字经济加快发展的意见》，把发展数字经济作为推动经济社会实现历史性新跨越的重要举措，作为推进大数据战略行动的重要方向，实施数字经济倍增计划，创造性提出并加快发展资源型、技术型、融合型、服务型“四型”数字经济，积极培育经济发展新动能，拓展经济发展新空间，推动全省经济社会实现弯道取直、后发赶超、同步小康的目标。2018 年 2 月，贵州省人民政府发布《贵州省实施“万企融合”大行动打好“数字经济”攻坚战方案》，重点推动大数据与传统产业的深度融合，为贵州实施大数据战略行动、推动国家大数据综合实验区建设、加快转型升级和新旧动能转换提供强大支撑。2018 年 6 月 21 日，贵州进一步出台《贵州省人民政府关于促进大数据云计算人工智能创新发展加快建设数字贵州的意见》，该意见从数字经济、数字治理、数字民生等方面提出了建设“数字贵州”的发展目标。贵州省政府根据国家数字经济战略规划以及贵州省的实际情况，不断出台与完善数字经济发展政策，深入推进了贵州省大数据战略，数字经济得到迅猛发展，在国际、国内都产生了较大的影响。特别是 2017 年初贵州数字经济发展规划和实施意见相继颁布实施以来，贵州数字经济快速发展，一批支撑性、引领性项目相继建成，产业聚集效应基本形成。数字经济的迅猛发展促进了新业态的发展、加速了新动能的培育、提升了政府治理能力，为实现贵州省委、省政府提出的加速发展、加快转型、推动新跨越的发展战略，实现经济社会又好又快、更好更快发展发挥了重要作用。

实践证明，在促进数字经济发展的一系列政策支持下，贵州数字经济迅猛发展，自 2015 年以来数字经济增速连续四年位居全国第一，对地区经济增长的拉动作用日益凸显。

思考题

1. 为何世界各国都普遍重视并大力推动数字经济的发展？
2. 为何不同国家的数字经济发展水平存在巨大差异？
3. 各国数字经济的行业渗透率通常体现为第三产业高于第二产业、第二产业高于第一产业的特征的原因是什么？
4. 我国浙江数字经济发展全国领先的原因有哪些？

参考文献

[1] 中国信息通讯研究院．中国数字经济发展与就业白皮书（2019 年）［R/OL］．（2019 - 04 - 18）［2019 - 11 - 09］．http：//www. caict. ac. cn/kxyj/qwfb/bps/201904/t20190417 _ 197904. htm.

[2] 马化腾．互联网经济三部曲［M］．北京：中信出版社，2017.

[3] 阿里研究院，毕马威．2018 全球数字经济发展指数（节选）［J］．杭州科技，2018（5）：34 - 39.

[4] 中国信息通信研究院．2015 中国信息经济研究报告［R/OL］．（2015 - 09 - 01）［2019 - 11 - 09］．http：//www. caict. ac. cn/kxyj/qwfb/bps/201804/t20180426 _ 158204. htm.

［5］中国信息通信研究院．中国信息经济发展白皮书（2016年）［R/OL］．（2016-09-20）［2019-11-09］．http：//www. caict. ac. cn/kxyj/qwfb/bps/201804/t20180426_158344. htm.

［6］中国信息通信研究院．中国数字经济发展白皮书（2017年）［R/OL］．（2017-07-13）［2019-11-09］．http：//www. caict. ac. cn/kxyj/qwfb/bps/201804/t20180426_158452. htm.

［7］中国信息通信研究院．中国数字经济发展与就业白皮书（2018年）［R］．（2018-04-12）［2019-11-09］．http：//www. caict. ac. cn/email/xtydt/201804/t20180409_172304. html.

［8］中国信息通信研究院．中国数字经济发展与就业白皮书（2019年）［R］．（2019-04-18）［2019-11-09］．http：//www. caict. ac. cn/kxyj/qwfb/bps/201904/t20190417_197904. htm.

［9］中国信息通信研究院．G20国家数字经济发展研究报告（2017年）［R］．（2017-12-15）［2019-11-09］．http：//www. caict. ac. cn/kxyj/caictgd/201804/t20180428_159708. htm.

［10］中国信息通信研究院．G20国家数字经济发展研究报告（2018年）［R］．（2018-12-19）［2019-11-09］．http：//www. cbdio. com/BigData/2018-12/25/content_5965326. htm.

［11］张冬杨．俄罗斯数字经济发展现状浅析［J］．俄罗斯研究，2018（2）：130-158.

［12］刘平，孙洁．日本以"互连产业"为核心的数字经济发展举措［J］．现代日本经济，2019（4）：24-33.

［13］易宪容，陈颖颖，位玉双．数字经济中的几个重大理论问题研究——基于现代经济学的一般性分析［J］．经济学家，2019（7）：23-30.

［14］王灏晨．国外数字经济发展的特点［J］．瞭望，2017（6）：80-81.

［15］兰建平，徐运红．中国数字经济理论与实践［M］．杭州：浙江大学出版社，2017.

［16］CIE智库．2018年全球主要国家和地区数字经济战略及政策梳理［EB/OL］．（2019-01-29）．http：//www. 199it. com/archives/766809. html.

［17］杜庆昊．关于建设数字经济强国的思考［J］．行政管理改革，2018（5）：51-56.

［18］蓝庆新，马蕊，刘昭洁．日本数字经济发展经验借鉴及启示［J］．东北亚学刊，2018，41（6）：58-62.

［19］庞智．贵州省数字经济产业发展格局初步形成［EB/OL］．（2019-01-09）．http：//www. sohu. com/a/287682440_119665.

［20］本报记者，江南．杭州　数字经济驱动发展变革（庆祝改革开放40周年·百城百县百企调研行）［N］．人民日报，2018-10-13.

［21］汤潇．数字经济：影响未来的新技术、新模式、新产业［M］．北京：人民邮电出版社，2019.

第3章 数字经济与产业发展

3.1 数字经济与制造业升级

制造业与基础设施发展、创造就业机会以及国内生产总值密切相关，是国民经济的主体。在数字经济背景下，制造业是互联网、大数据、人工智能和实体经济融合的主战场，是数字化与实体产业深度融合的重要突破口和工业创新发展的主要切入点。

数字经济的内涵包括两个部分：数字经济基础部分（即数字产业）与数字经济融合部分（即数字化产业）。工业数字化是数字经济融合部分内容，以数字化丰富其要素供给，以网络化提高要素配置效率，以智能化提升产出效能，最终推动工业产业升级。同时，工业数字化也丰富了数字化经济的内容，推动数字经济的发展变革。

3.1.1 工业数字化的概念与内涵

1. 工业数字化的概念

工业数字化是制造业数字化、网络化和智能化的统称，是制造业与“互联网＋”的结合，工业数字化的基础是工业互联网平台，而工业互联网所产生的数据构建了工业互联网，强调工业互联网、物联网的大数据。工业数字化是将制造的全流程数据进行搜集、分析、总结并进一步进行应用，形成将人、数据和机器连接起来的、开放的、全球化的网络系统——工业互联网，工业互联网又进一步促进制造业数字化转型升级，促进制造业的发展。对于现代工业来说，工业数字化不仅实现了资源的优化配置、提升了资源的利用效率，并且在保证产品质量的同时降低了工业制造的成本。

对于工业数字化来说，信息技术的发展及与产业链的结合是非常重要的，它实现了机器和机器的连接，为机器和人的连接提供了可能，进一步重新定义了数据、物理世界和电子软件之间的关系。工业数字化要想得以实现，就是要将更多的新元素融入信息技术中，让数据挖掘、自动控制等方法在新技术领域得到有效的应用。

工业数字化的实质是以互联网、物联网、云计算、大数据等新一代信息通信技术不断涌现为特征的新一轮科技革命和产业变革，特别是信息通信技术与各产业领域的技术融合创新，推动生产方式和发展模式的变化。首先，以智能制造为突破口和主攻方向，研发出一批智能规划产品；其次，通过智能化、信息化的生产过程，实现全流程的优化，各个环节被监控，可以大大降低不良产品率，提高效率和效益；最后，在企业层面建立起工业互联网或物联网，在物与物、物与人、人与物、人与人之间做到信息的充分交流和共享，深刻影响企业的生产经营模式。

2. 不同经济体工业数字化的内涵

在数字化经济发展过程中，各国关于工业数字化的内涵也在不断发生变化，尤其以德国“工业4.0”、美国先进制造业战略、《中国制造2025》最具代表性。除此之外，法国在工业数字化领域发布了《利用数字技术促进工业转型的方案》，为了解决法国工业存在的就业脆弱与工业出口缺乏竞争力两大结构性问题，实施加速向“未来工业”转型的行动计划；日本发布了《日本制造业白皮书》，旨在分析和解决日本制造业面临的持续的低收益率问题，指出要将发展互联工业作为日本制造业发展的战略目标。各经济体的工业数字化实质与我国工业和信息化部推广的“两化融合”战略大同小异，“互联网＋工业”除了具备互联网无界限、全民化、信息化、传播速度快等互联网的典型特征外，还将具备制造业上下游合作伙伴的无界限、价值链共享经济下的全民化特征。这是信息共享与物理共享的结合，进而开创全新的共享经济，带动大众创业和万众创新。

1）美国制造业领导力战略

自 2008 年世界金融危机以来，美国依托其强大的高技术创新能力重振制造业，建立新的工业帝国。从 2009 年到 2016 年，美国先后出台了一系列有关重振制造业的战略计划，包括：2009 年，《重振美国制造业框架》；2010 年，《制造业促进法案》；2011 年，《先进制造伙伴计划》；2012 年，《先进制造业国家战略计划》；2013 年，《国家制造创新网络（NNMI）：初步设计》；2014 年，美国 GE 提出了“工业互联网”的概念，成立工业互联网联盟；2015 年，《美国创新战略》，成立了智能制造创新机构（能源部）；2016 年 9 月，美国“国家制造创新网络”更名为“制造美国”，意味着美国制造业创新战略进入一个新的阶段；2018 年 10 月，特朗普政府发布《美国先进制造业领导力战略》，支持制造业回归，要将“流向海外的制造业就业机会重新带回美国本土”，夺得智能制造系统的未来、开发世界领先的材料和加工技术、确保在国内制造医疗产品、保持电子设计和制造的领先地位、创造食品和农业制造业的机会。

《美国先进制造业领导力战略》首次公开了特朗普政府对未来美国制造业领导地位的战略规划。在“抓住智能制造系统的未来”的战略目标下，提出四个具体优先事项：一是智能与数字制造。利用大数据分析、先进的传感和控制技术促进制造业的数字化转型，利用实时建模、仿真和数字分析优化产品和工艺，制定智能制造的统一标准。二是先进工业机器人。促进新技术和标准的开发以便更广泛采用机器人技术，促进安全和有效的人机交互。三是人工智能基础设施。制定人工智能新标准并确定最佳实践以提供一致的可用性、可访问性和制造数据效用，保障数据安全并尊重知识产权，优先为美国制造商研发数据访问、机密性、加密和风险评估的新方法。四是制造业的网络安全。制定标准、工具和测试平台，传播在智能制造系统中保障网络安全的指南。

为了保障先进制造业的领导地位，美国政府提出了三大核心目标，即开发和转化应用新制造技术，教育、培训和集聚制造业劳动力，扩展国内制造业供应链的能力。针对每个核心目标，该战略确定了若干个战略目标及相应的一系列具体优先事项，针对每个战略任务还指定了负责参与实施的主要联邦政府机构。

美国更加注重新技术对工业领域服务方式的改造，简单来讲，就是不仅要实现智能工厂，更要利用互联网、大数据等新技术构建智能制造生态系统。在经历过 2008 年金融危机后，美国对制造业发展尤为重视，相继出台多项法律与政策支持制造企业对技术的研发与创新。一系列的政策支持，不仅让美国制造业取得了显著的进步，还为技术研发奠定了良好的基础。

2）德国“工业 4.0”的内涵

2011 年 11 月，德国政府正式公布了“工业 4.0”战略。“工业 4.0”战略指的是在互联网、物联网等信息技术发展的背景下，依靠智能技术，凭借网络和信息物理系统的融合，借助智能制造、价值分享协议、动态定价等方式，实现资源、物品、信息和人的有效衔接，以满足用户多样化、个性化、复杂化的需求，构建一种新型的生产组织模式，为制造端与用户端提供一种直接的解决方案，推动制造业朝着智能化方向转型发展。

从某种意义上说，德国的“工业 4.0”是一次技术创新，即将互联网技术深入融合到传统制造业技术之中，将原有的制造技术效用发挥到极致。这也是德国打造智能工厂的有效途径，信息物理融合系统与制造业不断融合，也就离智能制造化时代不远了。“工业 4.0”时代，首先，要将企业的生产线、车间、设备、劳动者通过网络集合起来，这就需要更多的互联网企业服务于制造业企业，为制造业企业提供知识与技术的转化方案，成为智能生产设备的供应商。随着设备、数据、人员的有效互动，产品的研发、设计、生产、销售将变得更加高效，制造过程更加智能，进而打造智能制造工厂。其次，加强内部信息管理，让信息由内到外、由上至下传输至工厂网络的每个节点，保证各节点信息可以及时反馈到系统内部。

“工业 4.0”的特征表现为智能型制造、集成客户的制造工程、自我组织适应性强的物流，其战略内容主要有三点：智能工厂、智能生产和智能物流，如图 3－1 所示。智能工厂主要对智能化的生产系统和过程进行分析，实现生产设施的网络化分布；智能生产强调的是工业生产过程中物流管理、3D 技术和人机互动的应用；智能物流指的是借助物联网、互联网，对物流资源进行整合，提升物流效率，满足供需双方的需求。

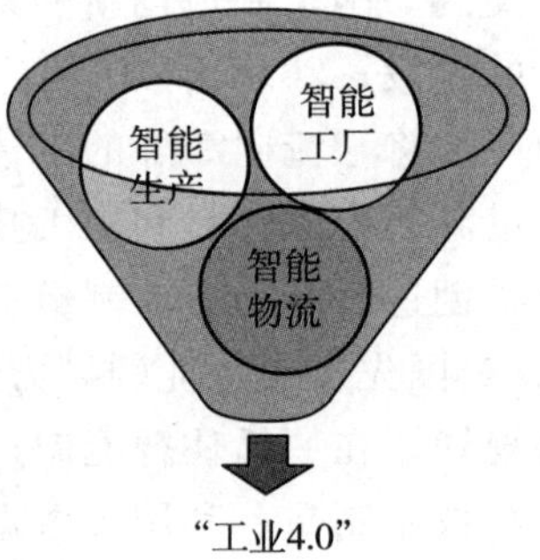

图 3－1 德国“工业 4.0”的内容

德国联邦政府于 2018 年 11 月 15 日提出了“人工智能德国制造”，旨在将人工智能重要性提升到了国家的高度，为人工智能的发展和应用提出整体政策框架，并计划在 2025 年前投入 30 亿欧元用于该战略的实施，以促进经济界、科研界及企业界对人工智能的研发和应用，力争缩小德国同美国和亚洲国家在软件、创新方面的差距。

该战略全面思考人工智能对社会各领域的影响，定量分析人工智能给制造业带来的经济效益，强调利用人工智能技术服务中小型企业，特别关注人工智能在社会政策和劳动力方面的潜在影响和问题，其主要举措包括：(1) 利用人工智能打造德国的国家竞争力。建立由 12 个人工智能研究中心组成的全国创新网络，规划建设欧洲人工智能创新集群，同时扶持初创企业和中小企业，为其提供数字技术、商业模式等方面的支持。(2) 利用人工智能为公众谋福利、造福环境和气候。在环境和气候领域启动 50 个名为“灯塔应用”的示范项目。(3) 强调数据保护领域的法律和制度。联合数据保护监管机构和商业协会，共同制定人工智能系统的应用准则和相关法律，保护个人和企业的数据安全。

3）中国工业数字化的内涵

2015 年 5 月，中国政府发布了《中国制造 2025》行动纲领，将制造业定位成“立国之本、兴国之器、强国之基”，提出了建设制造业强国的三步走战略：第一步，2015—2025 年，迈入制造强国行列；第二步，2025—2035 年，达到制造强国阵营的中等水平；第三步，2035—2049 年，进入世界制造强国前列，建成全球领先的技术体系与产业体系。随后我国发布了诸多促进工业数字化发展的支持政策，如 2016 年 5 月国务院发布《关于深化制造业与互联网融合发展的指导意见》、2017 年 11 月国务院发布《关于深化“互联网＋先进制造业”发展工业互联网的指导意见》、2018 年 2 月工业和信息化部发布《工业互联网“323”行动》、2018 年 6 月工业和信息化部发布《工业互联网发展行动计划(2018—2020)》、2019 年 1 月工业和信息化部发布《工业互联网网络建设及推广指南》等，这些支持政策促进了我国工业数字化发展。

10 年前，我国的新型工业化道路是“以信息化带动工业化，以工业化促进信息化”为指引，后来逐步确立了“两化融合”的发展战略，所谓“两化融合”是指信息化和工业化的融合。数字化则是“两化融合”初级阶段的重要成果，也是“两化融合”的基础标志。数字化是将信息技术与产品设计、生产制造与经营管理相结合，改变传统的产品设计、制造模式，实现基于计算机和互联网的产品设计、生产制造与经营管理的过程。

我国“两化”深度融合的过程就是工业 4.0 的渐进发展过程，其核心对象与德国“工业 4.0”所确定的两大主题类似：数字化工厂和智能生产。数字化工厂是基于数字平台的虚拟工厂和物理工厂相同的制造过程，这种“数字双胞胎”技术能够及时发现制造过程中出现的问题，并对可能出现的问题进行预判，确保生产线正确运行和生产质量稳定。数字化工厂的核心是利用信息物理系统（Cyber - Physical Systems，CPS）技术，将虚拟环境中的设计、仿真、工艺与工厂的生产环境相结合，在生产过程中大量使用数字化、智能化的生产设备和管理工具，利用物联网的技术和设备监控技术，加强工厂信息管理和服务，使得生产制造过程变得透明化、智能化，做到生产全过程可测度、可感知、可分析、可优化、可预防。数字化生产系统是综合应用物联网技术、人工智能技术、信息技术、自动化技术、先进制造技术等实现企业生产过程智能化、经营管理数字化，突出制造过程精益管控、实时可视、集成优化，进而提升企业快速响应市场需求、精确控制产品质量、实现产品全生命周期管理与追溯的先进制造系统。智能生产系统是构成“工业 4.0”时代智能化工厂的核心，以智能传感器、工业机器人、智能数控机床等智能设备与智能系统为基础，以物联网为核心实现生产过程的智能化。

3.1.2　传统制造与数字制造

1. 传统制造与智能制造的区别

工业数字化与传统工业最大的不同，在于将传统制造转变成智能制造，智能制造基于工业互联网平台。在市场格局快速变迁和差异化竞争日趋明显的压力下，技术的迭代更新、市场需求的快速升级、商业模式的活跃创新都在倒逼工业企业寻求新出路，将传统制造业进行迭代升级，转变为智能制造。

动态多变的市场以及产品需求的多元化和个性化迫使制造业生产模式发生根本性变革，传统的大规模生产方式已难以满足市场个性化需求，单一量产产品会逐步被个性化产品所替代，在这种背景下，大规模个性化定制（Mass Individualization）生产方式应运而生。与传统的大规模生产模式不同，大规模个性化定制可以同时满足生产高效率、高柔性和客户个性化、多样化需求，实现大规模生产和个性化的有机结合。实现大规模个性化定制的生产策略，其途径就是智能制造。

智能制造（Intelligent Manufacturing）是一种由智能机器和人类专家共同组成的人机一体化智能系统。在制造过程中进行智能活动，诸如分析、推理、判断、构思和决策等，通过人与智能机器的合作共事，去扩大、延伸和部分地取代人类在制造过程中的脑力劳动，把制造自动化拓展到柔性化、智能化和高度集成化。智能化与传统自动化最大的区别在于知识的含量，智能制造是基于科学而非仅凭经验的制造，其包含物质的和非物质的处理过程，不仅具有完善和快捷响应的物料供应链，还需要有稳定且强有力的知识供应链和产学研联盟。

智能制造是一个大系统工程，主要从产品、生产、模式、基础四个维度系统推进（图3-2）。其中智能产品是主题，智能生产是主线，以用户为中心的产业模式变革是主题，以CPS和工业互联网为基础。智能产品是指将传统产品向“数控一代”乃至“智能一代”发展，从根本上提高产品功能、性能和市场竞争力。智能生产实质上就是智能化集成制造系统（Intelligent Integrated Manufacturing System，IIMS），是CPS系统和工业互联网的结合，智能化集成制造系统（IIMS）功能组成如图3-3所示。产业模式变革主要体现在两方面：一是从大规模流水线生产转向定制化规模化生产；二是产业形态从生产型制造向服务型制造的转变。

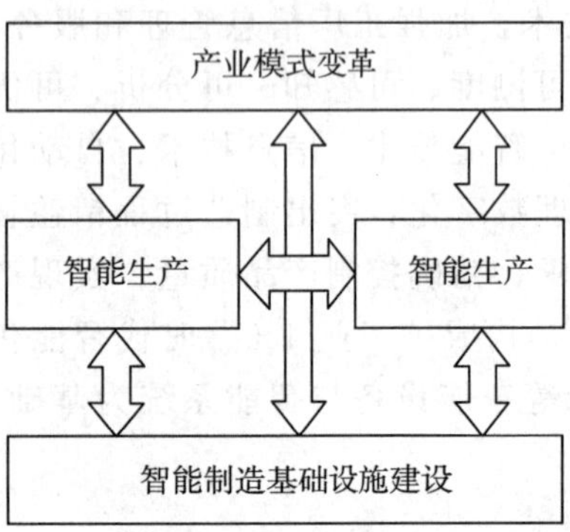

图3-2　智能制造推进的四个维度

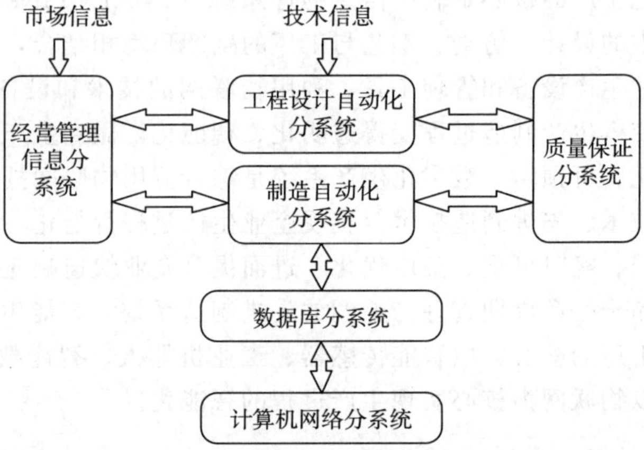

图3-3　智能化集成制造系统（IIMS）功能组成

智能制造的实现需要具备三个前提条件：①在生产过程中，数字化和自动化已经得以实现。②生产过程的各个环节都能实现信息的互联互通。③生产过程的管理活动都能使用数据融合等方法予以处理。智能制造的实现并不是一件容易的事情，目前只有少数几个发达国家中的部分工业实现了智能制造，是因为相较于传统的生产模式来说，这种生产模式更为复杂。一方面，智能机器的计算机理非常复杂；另一方面，智能制造网络的形态也非常复杂。并且，智能制造所需的传感元件也非常多，这些元件不是安装成功就能了事的，它不仅需要像机器人一样能灵活地执行命令，还需要为智能制造提供所需信息以辅助其进行决策。以美国 GE 规划的智能制造生产体系为例，这个体系所生产出来的产品中有很多传感器，这些传感器借助于工业互联网能实时获得很多信息，依据这些信息，产品的优化运行能做出很好的决策。

区别于传统制造，智能制造促使产品全生命周期的各个环节发生改变，设计、制造、使用以及运维服务等模式上均发生变化。

1）从产品设计来看，智能制造重新定义产品边界

网络和信息交互的变化使得产品设计模式变化（图 3－4），客户与合作伙伴广泛参与众包、众筹、众智创新设计。产品边界从传统产品向智能产品、智能互联产品、智能产品系统及系统的方向转变。

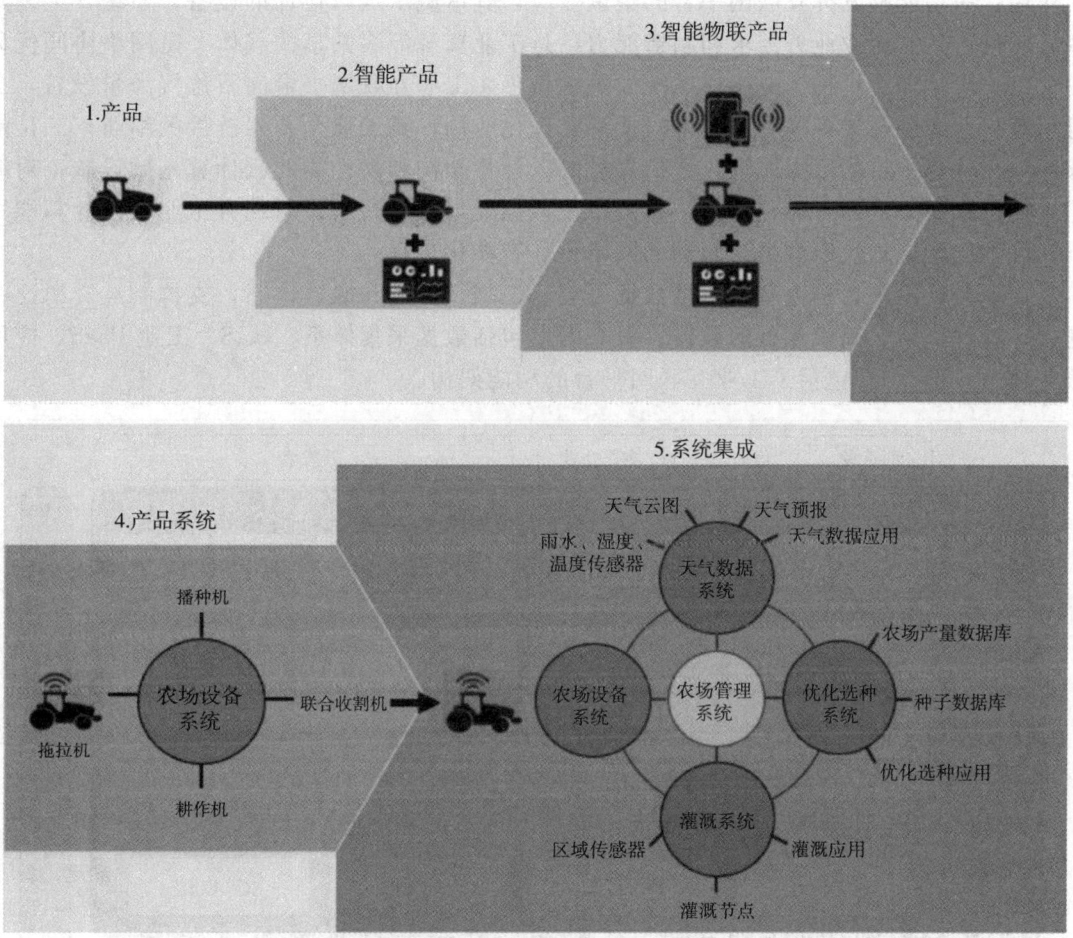

图 3－4　智能制造带来产品边界变化

2）从制造视角来看，智能制造技术重新定义了制造模式

实现了传统制造从地理位置相对集中向分散化、网络化转变；制造过程感知能力不断提升，制造设备智能化程度不断提高，制造过程控制从离线、离散向实时在线、连续可控转变；最终达到制造资源网络化、制造服务专业化、制造业务协同化。

3）从产品运维角度来看，智能制造技术重构了产品运维模式

产品运营模式的变化：从离线检测向实时在线监测转变、从产品拥有者管理向多元化管理转变、从生命中期管理向全生命闭环管理转变；产品维修模式的变化：从定期维护向基于状态的预测性维修转变、从被动维修向"状态监测＋主动维修"转变、从单纯售后服务向运营维修服务转变。

2. 基于互联网平台的数字制造

数字制造在传统制造的基础上进行演化升级是基于 CPS 系统和工业互联网平台，工业互联网的提出，是以 CPS 系统为基础的进一步延伸，工业互联网平台的存在使得数字制造区别于传统制造。工业互联网平台对于促进"互联网＋先进制造业"融合发展具有重要作用：一是能够发挥互联网平台的集聚效应，其承载了数以亿计的设备、系统、工艺参数、软件工具、企业业务需求和制造能力，是工业资源汇聚共享的载体，是网络协同优化的关键；二是能够承担工业操作系统的关键角色，工业互联网平台向下连接海量设备，自身承载工业经验与知识模型，向上对接工业优化应用，是工业全要素链接的枢纽；三是能够释放云计算平台的巨大能量，凭借先进的云计算架构和高性能的云计算基础设施，对海量异构数据的集成、存储与计算，解决工业数据处理爆炸式增长与现有工业系统计算能力不匹配的问题，加快以数据为驱动的网络化、智能化进程。

工业互联网平台构建基于海量数据采集、汇聚、分析和服务体系，支撑制造资源泛在连接、弹性供给、高效配置的载体，核心因素包括数据采集体系、IaaS、工业 PaaS、应用服务体系，图 3－5 包括了工业互联网平台的功能架构。

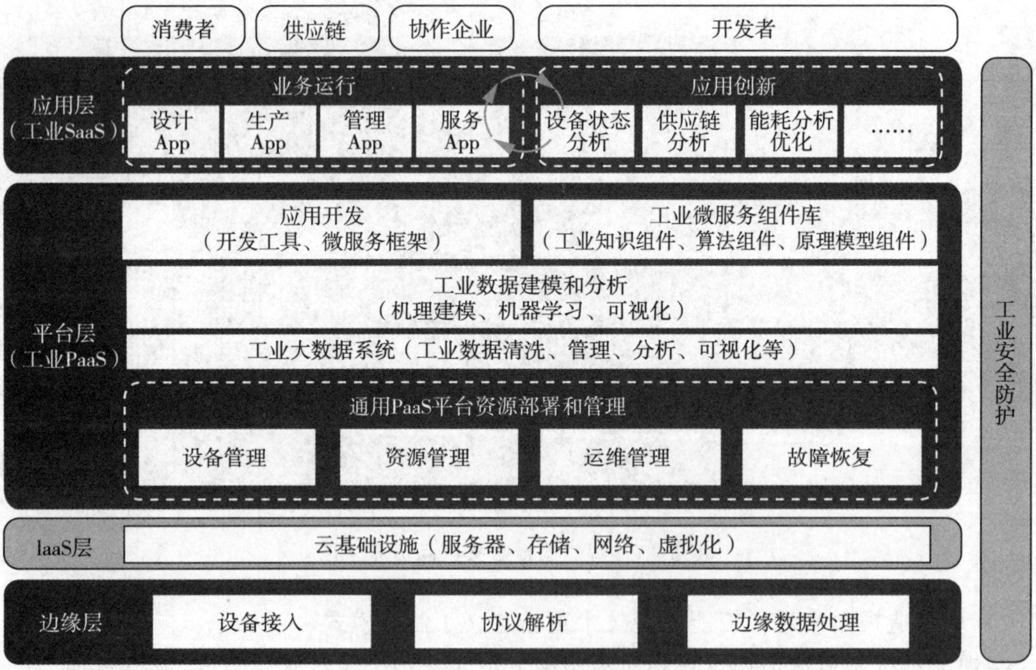

图 3－5　工业互联网平台的功能架构

相较于传统制造，基于互联网平台的数字制造主要有以下两个优点：

1）数字制造在降本、提质、增效方面成效显著

这里以《数据驱动转型制胜——全球工业互联网平台应用案例分析报告》来进行说明。首先将工业数字化应用场景分为设备/产品管理、业务与运营优化、社会化资源协作三类，并假设工业互联网平台可以实现降低成本、提高产品和服务质量、提升效率、创造新价值四大成效。本书通过对中国 62 家工业互联网平台展开调研，分析 229 个平台应用案例，进一步分析数字化带来的不同成效（图 3－6）。

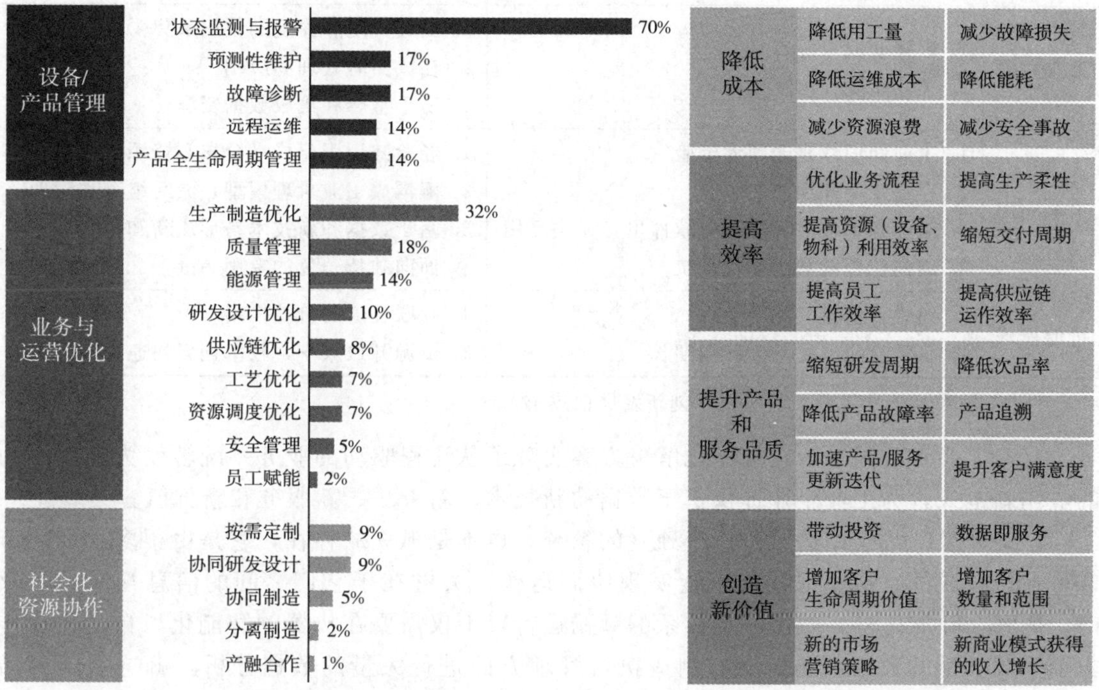

图 3－6　数字经济应用场景案例分布及应用案例成效

总体来说，三大应用场景在优化已有业务方面成效显著，可见相对于传统制造业来说，工业数字化带来的更大效应是对已有业务的优化方面。由于社会化资源协作创新性强，并且涉及多个个体，所以实施难度大、成效相对不足。

2）数据驱动型解决方案加速驱动制造业创新发展

相对于传统制造，数字制造模式能够对生产的全周期过程进行感知、分析、推理、判断、决策和控制，从而即时、动态地响应生产过程中最终产品的需求，迅速感知市场行为变化，并更新产品设计开发，实现生产和供应系统的不断优化（表 3－1）。第一次工业革命解放了人类的双手，用机器代替手工；数字制造在人类建立的智能制造系统中，可以解放人类的脑力，并进一步减少人类的体力参与，大大提升生产效率。另外，将大规模的同质化产品转化为个性化、小批量的创新产品，依靠互联网所建立的智能系统建设新的生产制造体系。

表 3-1 基于工业互联网平台的解决方案与传统工业 IT 架构解决方案对比

	基于传统工业 IT 架构的解决方案	基于工业互联网平台的解决方案
技术架构	1. 封闭大系统 2. 垂直紧耦合架构 3. 专用接口或中间件 4. 长开发周期 5. 系统整体升级成本高 6. 本地部署	1. 大平台+小 App 2. 分层、微服务架构 3. 开放 API 4. 敏捷开发 5. 小范围升级业务逻辑 6. 边缘+云端部署
工业数据	1. 数据获取来源有限 2. 独立系统、信息孤岛	1. 更具广度和深度的数据采集 2. 在线实时管理和应用 3. 易于整合和集成数据资源
工业应用	1. 工业知识依靠老师傅经验 2. 存在工业知识空白 3. 工业知识被封装在工业软件里，无法复用 4. 面向流程的共用软件系统	1. 经验知识固化成平台核心资源 2. 解耦成工业机理模型，灵活组合和管理 3. 基于数据和新技术易形成新知识 4. 面向独特角色的专用 App
价值模式	1. 线性价值链 2. 资源自用，技术创新周期长	1. 互联互通的价值网络 2. 资源开放共享，技术创新快速迭代

注：资料来源于《工业互联网平台创新发展白皮书》。

基于工业互联网平台，数字化解决方案实现了从流程驱动的业务系统转变为数据驱动的应用新范式，为工业企业提供基于数据的新技术、新方法、新服务和新价值。

一般来说，数字制造不是一个独立的系统，也不是孤立的存在，它是由很多生产环节和产业链构成的。这些部分能不能实现协调运作，关键在于它们之间的信息互通是否及时、顺畅。除此之外，数字制造体系的顺畅运行，不仅需要在机器的智能化、自动化运作方面采集大量的数据，还需要在制造执行管理方面进行大量的数据分析。就这些内容而言，数字制造能否实现的根本问题在于能否正确处理规模庞大的数据。实践证明，该问题最有效的解决方法就是将互联网技术引入该体系中来。

3. 工业数字化的结果

1）“互联网+工业”改变产品属性

这里的互联网主要是指基本的信息传递与交互网络，工业产业融入互联网技术，目的就是将“死的产品”变成“活的产品”，也就是实现产品的数据化、智能化。目前，发展最快的就是智能可穿戴设备。数据显示，2017 年全球可穿戴设备出货量为 3.1 亿台，比 2016 年增长 16.7%，市场规模达到 305 亿美元。2017 年我国智能可穿戴设备市场规模为 264.2 亿元，较 2016 年的 185.5 亿元增长了 42.43%。2017 年我国智能可穿戴设备行业销量约 5025 万台，同比 2016 年的 3876 万台增长了 29.64%。预计 2021 年销售规模将会达到一亿台左右。可以预见，工业互联网化将不会仅仅局限在手表、眼镜这类小配饰层面，而是将各类工业产品都安装数据模块，实现远程操控、实时感应，与使用者进行数据交换。

2）“物联网+工业”整合生产流程

“物联网+工业”在整合生产流程方面最集中的体现就是传感器在工业制造过程中的

广泛应用，各生产设备可以自发地实现信息交换、自动控制和自主决策，这种生产线上的实时数据反馈调整，能够帮助企业做好资源的配置、减少库存、提高效率。德国的"工业4.0"就是这方面的集中体现，关键在于构建网络化物理设备系统（CPS），实现整体控制。比如，传统的企业生产线是静态设置，奔驰汽车生产线不能生产宝马的部件。但是在"工业4.0"的未来，是能够将生产线实现动态化的，车辆部件的混装搭配能够实现，而客户的个性化定制将得到满足。

3）"云计算＋工业"强化系统协作

互联网科技企业最为热衷的即是这一模式，运用掌握的大数据资源和云平台，为生产企业建立统一的智能管理服务平台，为不同的企业、不同的产品提供统一的信息技术服务，并加强产品的实时监控与预警、维护，提高稳定性和各个产品的整体协作效率。美国的工业互联网相比于德国的"工业4.0"，更侧重于这种智能化的产品协作，背后依靠的就是美国强大的互联网企业资源。

4）"互联网商业模式＋工业"重构产销关系

互联网颠覆了以往的生产消费模式，生产与消费不再是先后顺序，而是同步进行、产销一体，边生产边消费，这就增强了服务的重要性。互联网企业用低于成本的价格出售硬件，换来的是用户的时间成本，并通过配件服务来获取长期回报。工业制造商有效利用这一商业逻辑，将会改变过去产品的概念，变成服务型生产，利用后续服务获得盈利，改变了以往的盈利模式。

3.1.3　我国制造业数字化转型升级的实现途径

1. 从国家层面上来看，推动制造业数字化改造升级

1）开发和转换新的制造技术，关键共性技术研发

数字设计和制造无缝地分配，将设计和原材料转化为产品所需的信息，从而形成高度互联的工业企业，跨越供应链的上下游多个公司。为了确保产品的一致性、质量和可追溯性，需要基于强大的工业物联网系统，可以应用在广泛制造业过程中的机器学习算法，来攻克关键共性技术的研发。

通过将大数据分析和先进的传感和控制技术应用于绝大多数制造活动，能够促进制造业的数字化转型。优先支持生产机器、流程和系统的实时建模和仿真，以预测和改进产品性能和可靠性。通过挖掘历史设计、生产和性能等技术数据，揭示专家设计者的隐含产品和工艺知识，进一步提升制造业先进技术的共享。

2）提升网络化协同制造水平

研究制定工业云创新发展指导意见，继续开展工业云创新服务试点，加强工业云平台建设和培训推广，推进研发设计、数据管理、工程服务等制造资源的开放共享。完善中小微企业服务体系，实施中小企业公共服务平台网络建设工程，鼓励电信企业和大型互联网企业打造开放共享的资源平台。建设一批智慧型小微企业创业创新基地，为创业者和小微企业互联网应用提供基础设施、软件支撑、网络安全、数据存储等应用服务。

3）培育新型生产模式

培育发展开放式研发组织模式，推动数字化、网络化设计工具在企业产品研发设计中的

应用，加快构建用户深度参与、产业链高度协同的新型研发体系。发展新型生产制造模式，开展互联网与工业融合创新试点、物联网创新应用试点，培育基于互联网的大规模个性化定制、云制造等新型制造模式，推动形成基于消费需求动态感知的研发、制造、服务新方式。

4）推进工业互联网发展，构建覆盖全行业的工业互联网平台

研究制定工业互联网网络架构方案，研究提出适应工业互联网发展的 IPv6 地址编码规划，构建面向智能生产线、智能车间、智能工厂低时延、高可靠的工业互联网试验床，开展工业互联网试点示范。

开展平台创新应用工程，以应用价值牵引企业上平台、用平台。提升制造资源云化改造基础能力，研究制定基于平台推动企业数字化转型实施指南，加强试点示范引路，加强宣传推广。加快完善工业数据合作机制，创新数据共享模式。政府要加速数据资源开放共享，带动平台、企业、产业和商业数据开放。加快构建工业数据分类和合作机制，开展工业大数据分级分类规范化管理研究，推动重点行业和区域的工业数据空间构建，提高工业互联网平台云计算架构和基础设施水平，实现对大数据的交互共享；各平台加强自身服务能力建设，实现产品、服务、数据、资金的高效流通，提升平台整合效益和协同优势。

5）加强与完善智能制造标准体系建设

数字化在制造业领域的渗透推广，必须要有统一的标准，避免在建设过程中标准不一带来的分割发展，进一步阻碍形成整体优势。当前德国、美国正在共同探讨“工业 4.0”参考架构模型（RAMI 4.0）和工业互联网参考架构（IIRA）的一致性，最终形成统一的全球框架。

成熟的数字化工业包括了人机交互等一系列新型技术，目前在制造业行业应用并不广泛，同时缺少统一的国际级、国家级标准。新技术的广泛应用需要基于智能制造标准体系，标准的开发不仅为先进技术开发者提出要求，在法律和道德约束下确定技术开发的边界、指出数据访问机密性要求等；同时标准体系的建设以及最终的实践，可以在行业内及行业间提供一致的可用性、可访问性，提升制造数据的利用效率，并保持数据安全性和尊重知识产权。

6）探索数据驱动的产融结合新模式，提升金融对制造服务的能力

探索数据平台的金融应用价值，丰富原有金融数据模型，引入覆盖企业制造和管理全过程的实时动态数据，增强金融对经济的介入能力，增强金融业服务于制造业的意愿。建立数据驱动的产业基金，鼓励国内主流金融企业和行业龙头牵头，建立市场化运作、专业化管理的产业基金，加速工业数字化平台产业的发展，完善制造业产业基金与平台的合作机制，利用平台沉淀数据优化基金运作模式，提升基金的投入产出比，完善基金的运营管理能力。

7）加大数字化人才培养力度

数字经济与实体经济融合需要大批同时精通信息技术和制造技术的复合型人才，目前这类人才存在较大缺口。可以从三个方面培育复合型高级人才：一是引导互联网企业和制造型企业联合建立人才培养基地，在智能制造、工业互联网等具体项目中培养锻炼实践型人才；二是引导高校增设相关专业和方向，加强应用型、技能型人才培养，增加 IT 技术与制造技术共同具备的人才供给；三是提高制造业工业数字化水平，通过短期培训、继续

教育等方式，对基层工人进行智能制造、信息技术等实操性培训，降低工业数字化推广在基层的阻力。

8）培养网络安全风险观念，提升数字化平台的安全防护

安全可靠是工业数字化的前提，工业互联网平台连接了工业网络与互联网，暴露在外的攻击面相较于纯粹的互联网和工业网络更大，设备、网络、工控、应用、数据等各方面均面临安全威胁，由此产生的挑战也更加多元化、更加复杂。因此，实现工业数字化必须强化网络及信息安全建设。首先，树立正确的安全观，正确处理工业互联网平台安全和发展的关系，安全体系要与平台发展同步推进，以发展保安全，用安全促发展。其次，加强政府监督指导，完善平台安全全周期监测、风险预警、应急响应、安全防护、监测评估和技术创新等能力。再次，落实企业安全主体责任，面向应用企业、平台企业、解决方案服务商等主题，提出安全审查、评估认证等安全管理和防护技术要求，促进企业实施防护措施，整体提升平台安全防护水平。最后，提升安全防护能力，降低工业数字化网络的对外依赖程度，提升国产化率。

2. 从企业层面来看，实现制造与互联网的深度融合

从企业层面来看，在工业数字化发展的进程中，人机关系发生了重大改变，人的发展被放在了关键位置，强调要在信息经济时代、知识经济时代借助在线知识平台加强对技术人员的教育与培训。教育内容上，在保持原有传统制造业技术内容的同时，增加关于工业设计、IT 方面的培训内容；教育方式上，由于在开放式虚拟工作载体和人机交互系统大规模使用的背景下，消费者的消费方式带来的变化使工作方式、工作流程、工作环境都产生了改变，这要求劳动者增加新的知识要求和技能要求，进而形成诸多新型的服务需求和就业机会。除了在人员教育方面的变革外，企业的数字化转型还需要做到以下几点：

1）变革传统的生产组织体系，采用众包等生产模式

近年来，制造领域掀起新一轮的技术革命，加上与其相关的外部市场环境发生变革，制造业的生产组织体系逐渐与传统模式下区分开来，在应用网络科技手段的基础上，企业在发展及运营过程中开始对产品研发、制造、生产等各个环节进行改革，整个生产及运营体系变得更加灵活，更有利于企业进行创新。通过运用互联网技术，世界各地的产业分工方式开始呈现出新的特点，越来越多的企业尝试采用众包模式，还有一些企业与现有众包平台进行合作，将企业的研发计划上传到平台；除了企业内部的员工之外，其他人也可参与到计划当中，为企业提供新想法，利用大众的力量进行创新，为企业的产品研发及生产提供更多参考信息。当制造业的组织分工体系呈现出全新姿态，企业在产品研发、生产组织、外部交易等各方面的资源分配也需进行相应的调整。在这种形势下，部分海外企业积极寻求变革，举例来说，宝洁公司连接到外部开放网络，联手 YourEncore、InnoCentive 及 NineSigma 公司，依托这些平台上的签约工程师及科学家进行技术创新，通过这种方式增强整体的研发能力；美国知名汽车生产商 LocalMotors 参与到线上社区平台的运营及管理中，联手平台上大批工程师、科技创新人员，参与到企业的产品研发过程中，是对传统模式下封闭研发方式的彻底革新。

2）提供资源共享及协同工作的环境，应用虚拟制造等技术

我国在 2015 年的《政府工作报告》中正式提出“中国制造 2025”的计划，旨在推动

制造业升级，并在发展过程中将信息技术、物联网技术及制造技术结合起来，提出“云制造”模式。“云制造”概念的提出，是借鉴了近年来迅速崛起的“云计算”，相比之下，“云制造”在信息资源、服务及技术方面的涵盖面更广，能够为制造业提供开放、灵活的资源共享及协同工作的环境，充分发挥云计算的作用，提高现有设备的智能化水平，使其在发挥原有功能的基础上，进行远程控制、自动调节等，代替人工操作甚至解决人力资源无法解决的问题，将企业的实体运营及线上的智能化操作结合起来。在应用数字化技术提高整体效益方面，三一重工是典型代表。三一重工股份有限公司作为实力型制造企业，依托数字化技术对原有运营模式进行升级，并取得了突出成就。如今，该公司的许多产品都成为国内第一品牌，从世界范围内来说，其挖掘机生产基地的建设，无论是在规模，还是在技术水平上，都居于首位。具体而言，该公司通过虚拟制造技术的应用，实现对企业各个运营环节的建模，将产品研发、设计、包装、配送等所有流程的具体操作都在虚拟环境下还原出来，依托先进的互联网技术对其操作流程进行分析与检测，在加速企业运转、提高其整体效益的同时，有效控制企业的成本消耗。

3）改革传统制造模式，实践定制化生产模式

借助于网络平台的传播优势，企业能够更加方便地与消费者进行沟通，从而使自己的产品与用户的个性化需求相匹配。企业对传统制造模式进行改革后，可利用先进的智能技术、制造科技，对生产模块进行重新整合，也可对传统的制造工艺进行变革，在批量化生产的同时，使产品具备更多的个性化元素。如今，部分企业已经实践了定制化生产模式，智能手机品牌青橙手机就是这方面的典型代表。该企业采用C2B模式，用户可根据自己的需求及偏好在产品外观、硬件、软件等多个方面进行自由选择。具体而言，在产品外观上，厂家为用户提供了上千种手机后壳；在产品硬件上，用户可自定义存储器大小、手机屏幕的分辨率、摄像及拍照的清晰度等；在产品软件上，用户不仅能够享受软件预装服务，还能对部分应用软件的服务项目进行个性化选择。另外，青岛红领服饰也积极探索C2B模式并取得了良好的效果。该公司建立了个性化生产体系，在实现消费者与企业对接的同时，还能够使制造商按照消费者的个人意愿进行产品定制。在实践C2B模式的过程中，企业首先对消费者的需求信息进行收集，之后再进行资源供应的调配，进入生产流程，对传统生产体系进行改革，可对产品的面料、款式、规格等随意进行更改，按照消费者的个性化需求进行选择与搭配的同时，保证产品的生产速度及一次性出产规模。

4）开辟新的营销途径，将线下及线上的推广结合起来

伴随着移动互联网的持续发展，电子商务逐渐突破消费领域的界限，开始作用于制造行业。以往企业的推广主要集中在线下渠道，如今越来越多的经营者将线下及线上的推广结合起来。不仅如此，企业在前期选材、产品设计及研发、生产、配送、推广、交易及售后服务等各个环节开始应用网络技术，比如，通过社交平台进行产品推广，独立构建电商平台，或者与第三方平台合作等。企业依托互联网平台的优势，能够在更短时间内实现信息的大范围扩散，使生产者与消费者之间进行有效互动，最为明显的是，电商平台的快速发展促使市场提高了

从制造到智造华为用三重奏使制造业数字化转型

信息开放程度，能够为企业的营销及推广开辟新的道路。举例来说，自营电商平台科通芯城对传统业务模式进行革新，面向中小企业提供 IC 元器件的销售及其他相关服务，为中小型制造商提供多元化的器件品类，与大规模供应商达成长期、稳定的合作关系，以 IC 元器件的分销运营为主导业务，使小规模企业无须投入过多成本也能引进高质量元器件，并在此基础上不断完善自身的服务体系，提升整个产业的价值空间。数据统计显示，2015 年科通芯城的利润为 34287.5 万元，同比增长 76.63%，自营电商平台的运营成为其利润来源的重要渠道。诸多互联网企业也面向各个领域提供网络化平台解决方案，如 SAP 公司上线应用程序商店，进行商业应用软件的开发及相关服务的提供；阿里巴巴与政府部门合作，建设产业带平台，旨在利用当地的资源优势，为小规模企业的发展提供更多机遇等。

3.2　数字经济与商业模式变革

商业模式是企业的基本经营方法的总结，也是企业获取核心竞争力的关键。近年来，随着数字经济的迅猛发展，商业模式创新受到业界与学界的广泛关注。“互联网+产业”和数字技术对传统商业模式造成了巨大冲击，并催生出新的商业模式，从而不断改变着商业竞争版图。

3.2.1　商业模式的概念与组成部分

1. 商业模式的概念

商业模式——“Business Model”一词首次在论文正文中出现可以追溯到 1957 年，其出现在论文的题目和摘要中是在 1960 年。然而，商业模式引起研究者的广泛关注并成为一个独立的研究领域是在 1995 年以后。虽然商业模式已经得到了企业家和学者的广泛关注和研究，但截至目前，对于商业模式的概念和本质并没有取得共识。这主要有以下两方面的原因：一方面，由于商业模式作为一个新兴的研究领域，仍处于不断发展和完善的过程中，许多概念尚未得到严格的界定；另一方面，因为它包含了企业几乎一切经营活动，如资源获取、产品制造、市场营销、售后服务、研究开发、合作伙伴、客户关系以及盈利方式等，研究内容十分宽泛。目前国外对商业模式的定义可以概括为四类：经济类、运营类、战略类、整合类（原磊，2017）。其中，整合类概念是对其他三类概念的整合及提升。整合类概念的核心理念在于认为仅仅从经济逻辑、运营结构和战略方向任何一面都无法真正说明为什么企业的商业模式有效，必须要将三个方面综合起来考虑，分析它们之间的协同性和系统性。

因此，商业模式是一种描述企业如何通过对经济逻辑、运营结构和战略方向等具有内部关联性的变量进行定位和整合的概念性工具，用来阐明某个特定实体的商业逻辑。它描述了公司所能为客户提供的价值以及公司的内部结构、合作伙伴网络和关系资本等用以实现这一价值并产生可持续盈利收入的要素，即对企业“做什么、如何做、怎么赚钱”的回答。

2. 商业模式的组成要素

一般来说，由于不同学者对商业模式的概念界定不同，其提出的组成要素也会有所不同。基于对商业模式剖析的广度、深度和详细程度的不同，研究者们提出的商业模式大约包括 2～9 个组成要素。其中，魏炜、朱武祥（2009）在《发现商业模式》中提出的六大组成要素最具有代表性。

魏炜、朱武祥认为，构成商业模型的六要素分别是：定位、业务系统、关键资源能力、盈利模式、自由现金流结构和企业价值（图 3－7）。①定位。定位是企业战略选择的结果，也是商业模式体系中其他几个部分的起点。战略定位需要考虑三个方面，即长期发展、利润增长和独特价值。②业务系统。业务系统是指企业达到战略定位所需要的业务环节、各合作方扮演的角色以及利益相关者合作与交易的方式和内容。企业围绕战略定位所建立起来的业务系统将形成一个价值网络，明确了客户、供应商以及其他合作方在通过商业模式获得价值的过程中扮演的角色。③关键资源能力。关键资源能力是指业务系统运转所需要的重要资源和能力，任何商业模式构建的重点工作之一就是要了解业务系统所需要的重要资源和能力有哪些，如何分布以及如何获取和建立。不是所有的资源和能力都同等珍贵，也不是每一种资源和能力都是企业所需要的，只有和战略定位、业务系统、盈利模式、现金流结构相契合，并能互相强化的资源和能力，才是企业真正需要的。④盈利模式。盈利模式是指企业获得收入、分配成本、赚取利润的方式。盈利模式是在给定业务系统价值链所有权和价值链结构的前提下，相关方之间利益的分配方式。良好的盈利模式不仅能够为企业带来利益，还能为企业编织一张稳定、共赢的价值网。⑤现金流结构。现金流结构是指企业在经营过程中产生的现金收入扣除现金投资后的状况。不同的现金流结构反映了企业在战略定位、业务系统、关键资源能力以及盈利模式方面的差异，决定了企业投资价值的高低、投资价值递增的速度以及受资本市场青睐的程度。⑥企业价值。企业价值是指企业的投资价值，是企业预期未来可以产生的现金流的贴现值。企业的投资价值由其成长空间、成长能力、成长效率和成长速度等因素共同决定。商业模式的六个要素是互相作用、互相影响的。相同的企业战略定位可以通过不一样的业务系统实现，同样的业务系统也可以有不同的关键资源能力、盈利模式和现金流结构。

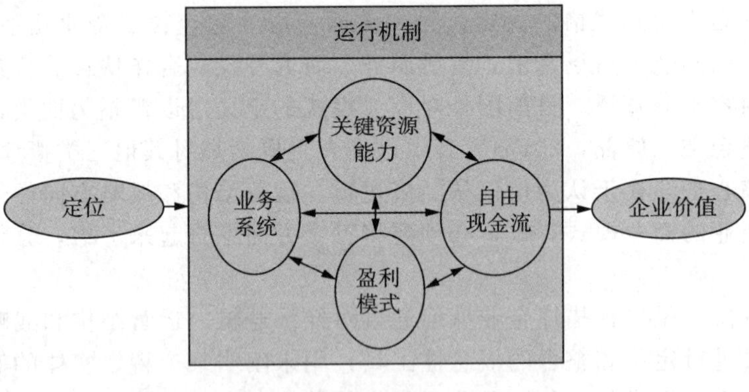

图 3－7　构成商业模型的六要素

3.2.2　数字经济对传统商业模式的冲击

目前以信息通信技术和网络技术为核心的科技革命正在颠覆性地改变着工业革命所形

成的经济形态和增长模式，改变着人类的生活方式，也改变着商业环境，并对传统商业模式产生了巨大冲击。迅猛发展的数字经济将会倒逼传统型企业通过信息技术进行数字化转型升级，深刻调整经营方式与商业模式，提高企业生产和运作效率以适应经济环境以及需求的不断变化。

传统的商业模式是厂家—代理商—零售商—客户，它的主要特征是各级从上级进货，买断上级的商品所有权，赚取差价，代理销售的品牌数量有限，供货渠道比较稳定。传统的商业销售模式重渠道建设、人员促销和商品展示，利用广告营销活动提高品牌及商家的知名度，重权威机构对产品的认证，但对产品在实际消费中的质量及厂家、商家的售前、售中、售后服务水平重视不够，更主要的是未考虑到互联网时代下生产者供给能力变化、消费者需求不断变化以及企业经营成本下降具有较大潜力等情况。在数字经济时代，传统的商业模式面临巨大挑战，主要体现在以下三方面。

1. 供给层面

在供给层面，由于传统商业模式中制造商直接面对的并不是消费者而是中间商、零售商，所以生产商并不能第一时间了解到消费者对于产品的使用情况、评价、建议与要求，从而调整生产等具有一定的滞后性。大批量标准化生产是大工业时代最显著的标志之一。这种背景下的消费在表面上是消费者选择了消费品，可实际上消费者并没有充分行使自己的选择权，这种选择权被大众选择和商业利益最大化所绑架。但是，数字经济下现代经济社会的供求瓶颈已经开始慢慢消失。实体货架式商业模式已经随着市场供给能力的提升而越发显得苍白无力，而利用互联网技术包括云计算、物联网和大数据等所建立的无线、全天候虚拟上架的销售模式能最大限度整合产品资源和降低库存，适应了供给的无限性，也为满足多样化的需求提供了可能性。

2. 需求层面

在需求层面，大工业时代强制统一和直接忽视“非主流”的供给和需求，而总体基数庞大和需求时间长的相对小众的需求的经济价值没有被满足。现代消费者不仅是理性的购买者，而且是个性的、自信的、成熟的、富有情感的购买者，消费者的需求逐渐向个性化、多元化、层次化演变。消费者在购买商品时会更多地考虑商品能否满足其与众不同的个性化需求，因此需要社会提供能够满足他们个性化需求的产品和服务，而数字技术的迅速发展为满足多样化、差异化的需求提供了技术支持。例如，大数据就为精准营销与个性化服务提供了可能。企业可以利用大数据收集客户的多方面信息，并对用户画像，在充分分析消费者行为的基础上，判断与预测消费者的需求及其变化，从而对其实施精准营销并提供有针对性的服务。

3. 成本层面

在成本层面，传统商业模式的运作成本较高。在运输环节上，从生产到中间商再到零售商，最后到消费者的售货模式与生产商直接到消费者的现代物流相比，造成了很多人力的成本、时间的浪费、物品的损耗，明显不能再满足现代生活的需要。除此之外，传统销售商还要雇佣一大批销售人员，租赁店铺和装修等，传统商业模式存在较高的运作成本。数字经济下原本需要实体上架的商品，在互联网上仅仅是可以忽略不计的字符，原本每天都在花费库存和上架成本的商品，可以几乎零成本地在网络上永远地存在下去。对于经销商来说，压力巨大的运营成本在互联网上可以降得很低。发达的现代物流为从生产商到消费者之间的商品运输提供了极大的便利和极低的费用。传统商业模式经营运作成本高会导致产品价格升高、竞争力下降，基于数字技术的新的商业模式是企业未来转型的方向。

3.2.3 数字经济对商业模式的改造

数字经济是传统经济适应互联网和数字技术变革的产物。随着大数据、云计算、物联网等技术的应用和推广，数据正以前所未有的速度不断地增长和积累。数据作为一种重要的资源，其蕴藏的巨大商业价值也日益凸显，为商业模式变革提供了有利条件，并正在改造着传统商业模式。

数字技术和互联网的发展对商业环境产生了深刻的影响，数字技术正日益改变着企业生产经营的全过程。

1. 生产环节

在生产方面，传统的管理模式和手段难以把握现代需求的变化，而滞后的需求信息会导致需求与供给的预测不准，导致企业采购与供给计划赶不上需求的变化，造成库存大量积压或库存短缺。这样一来，成本的上升就吞噬了企业的盈利。面对这些问题，企业可以利用已有的业务数据、商务智能和供应链管理等信息化技术对各项业务进行深度挖掘和分析，以达到改进的目的。具体可应用在需求预测、采购战略和业务规则的制定、采购业务的分析和改善、供应商管理、库存占有量管控以及日常业务可视化监控和预警等方面。

另外，大数据可以降低产品研发成本。为了迎合顾客需求、增加市场占有率，一些产品企业经常会在产品线上增加许多新的功能，但有些功能不会真正地被顾客所使用，而有些真正需要的功能却容易被忽视。针对这种状况可通过大数据分析为产品企业提供更有价值的分析报告，从而更有针对性地研发新产品，既可降低研发成本，又能提高新产品研发的准确性，推进产品创新，增强企业的竞争力。

2. 销售环节

在销售方面，企业可以利用大数据进行精准营销、社交营销和个性化营销的尝试。

精准营销指的是网民在上网时产生了巨量的数据，这些数据中可能包含他们的行为想法以及深层次的需求，分析人员可以从这些数据中探寻普通民众的意见和需求，将需求不同的消费者进行细分，企业可以针对不同类型的消费者进行准确营销。当然基于大数据的企业也可以精准捕捉到消费者当下的需求热点，进行精准的广告投放和消息推送。在适当的时间借助适当的平台为消费者群体推送合适的内容，准确满足消费者获取相关商品信息的需求，更有利于提高消费者的消费体验，有利于企业和消费者之间的价值交付。

社交媒体营销指的是大批网民通过社交媒体自发贡献、提取、创造有关企业和商品的新闻资讯然后传播的营销方式。随着社交媒体的兴起，消费者获取信息的渠道和范围已经大大拓宽，对传统广告行为和营销手段的信任度已经发生变化。消费者利用各种渠道对搜集来的信息进行判断，或者将个人体验分享到更大范围的群体之中，成为营销信息的搜集者和发布者。依托于互联网尤其是移动互联网的社交媒体营销正发挥着日益重要的作用。

个性化营销指的是企业面向消费者，直接服务于顾客，并照顾顾客的特殊要求制作个性化产品的新型营销方式。大数据可帮助企业以用户需求为导向，更为贴心、人性化地为用户提供服务。如企业可以根据大数据分析确认用户的爱好是什么？用户近期购买的商品是什么？未来可能需要什么服务？从而通过整合数据构建消费者的整体轮廓，以准确地预测出消费者的新需求，从而为消费者提供个性化的解决方案。

3. 物流环节

在物流方面，物流市场的动态性和随机性很强，企业可以从大数据，如根据平台电商的买家预售、浏览、加入购物车、店铺收藏和商家的备货数据，获取市场变化、物流需求等信息，及时规划和调整资源配置，同时可因此优化物流路由规划，降低物流成本和提高时效。另外，虽然网购人群急剧膨胀，但是客户越来越重视物流服务的体验，甚至想掌控物流业务运作过程中商品配送的所有信息。物流企业可以以数据中心为支撑，通过对数据进行挖掘和分析，合理地运用这些分析成果，就能进一步巩固和客户之间的关系，增强客户的信赖，培养客户的黏性，避免客户流失。

4. 价值主张

在价值主张方面，企业可以通过大数据更加有效地推广其价值主张，提高顾客满意度和增加用户黏性。互联网企业能够使用大数据技术挖掘与分析企业内外部所有资源，可以有效提高企业事前、事中、事后监控与预测，通过事前向消费者推广其价值主张，锁定目标消费者群体，持续拉动消费需求，并在拉动过程中与消费者积极互动，加之消费后续的反馈，能有效推广其价值主张，提升对其产品或服务的需求。

5. 盈利模式

在盈利模式方面，无论对于制造业还是服务业，企业的大数据变现都显得尤为重要。很多企业通过出售获取的大量数据给不具备利用这些数据获取利润的专业知识与能力的企业，成为数据服务提供商。例如，微软公司将以销售软件许可证为主营业务的商业模式转向为新的客户（如亚马逊网络服务）提供基于数据的服务的商业模式。除此之外，由于大数据可以实现使用过程、频率、强度的实时监控和记录，在软件行业和媒体广告行业中引起了收益模式变革。在软件行业，应用软件泛互联网化改变了消费者获得和使用软件的方式，软件价值的载体虚拟化，使软件的价值传递方式和收益模式必须发生改变。例如，开源软件模式使得单个客户拥有成本降低，但企业的盈利红海扩大，企业的关键流程也由开发、拷贝、销售软件向开发、服务、提供问题解决方案转变。在媒体广告行业，传统的以呈现时间或者频次为计费标准的收费模式很难在广告费用和广告效果之间建立起直接的联系，利用“大数据”的互联网广告正在逐步实现广告成本与广告价值的对等。基于广告引入用户所产生的成功销售而收取一定比例的佣金，典型的如Google地图的“点击呼叫”功能，以及Facebook推出的“转化追踪”服务，这些创新与应用正在引发广告媒体行业收益模式的大变革。

新一轮技术革命的核心是数字技术革命。大数据、云计算和物联网技术是数字新技术体系的重要组成部分，其对推动数字经济快速发展的意义不言而喻。在数字经济的浪潮中，企业只有充分利用各种数字资源和技术，对生产经营的全过程进行变革与创新，才不会在激烈的市场竞争中被淘汰。

3.2.4 数字化的新商业模式

技术革新不断改造或颠覆传统的商业模式，也催生了新的商业模式。其中典型的新商业模式有，以滴滴为代表的共享经济模式，以淘宝、京东为代表的平台商业模式，以美团、饿了么为代表的O2O模式。无论哪种模式，这些商业模式创新的根本价值在于实现目标顾客不同消费层次的价值满足。

1. 共享经济

共享经济就是将闲置资源通过社会化平台与他人分享进而获得收入的一种经济现象，简单地说，消费者可以通过合作的方式来和他人共享商品和服务，无须持有产品与服务的所有权。共享经济是资源革命，改变了人们对资源的占有和使用方式，从资源的占有为主走向资源的使用为主。共享经济的发展领域极其广泛，基本可分为三大类：一为生活共享，在交通出行、住宿空间、美食分享、医疗健康等场景，已取得明显成效；二为生产共享，在生产设备、办公场所、金融需求、通信能源、生产能力服务等领域，也有较好的应用；三为知识共享，在知识学习、文化教学、内容服务等方面也开始进入。当“占有”不再是人们最看重的一个价值指标，势必会影响人们思维的改变，这不但改变了原有的大生产大消费方式，而且会对整个社会生态产生不可估量的影响。

2. 平台商业模式

平台商业模式指依托一定的技术手段，连接供需双方和其他各方，为他们提供互动机制，满足所有群体的需求，并巧妙地从中盈利的商业模式（图3-8）。相较于传统商业模式，平台商业模式有两个特性，分别是同边网络效应和双边市场效应。同边网络效应就是使用这个产品的人越多，那每个人的效应就越高。双边市场效应是指平台扮演的是一个撮

图3-8 平台商业模式

合者的角色，是一个教练，而不是一个领跑员。平台的根本在于运营，在平台发展中运营起到了决定性作用。运营好平台要强化三大能力：一是信息化能力。平台的载体是信息，网络平台中各种要素和成员都是要由网络相互连接，通过数据高效驱动业务从互联网平台进而向云服务平台发展。二是资源整合能力。平台的关键在于整合资源，平台自身要有核心资源，然后整合社会资源，提高平台的服务规模和能力。三是协同管理能力，平台必须制定各种标准和规范，加强公共管理，对平台上的所有成员一方面进行赋能，另一方面加强监控，使整个平台系统高效发展。

3. O2O 模式

O2O 模式也叫作线上线下融合模式，即将线下的商务和线上互联网相互融合的一种商业模式（图 3 - 9）。O2O 模式不仅包括线上到线下模式，也包括线下到线上模式，是将线下与线上的商业机会结合起来，实现线上线下相互融合的商业模式。具体来说，线上销售支付，线下经营消费，将线下经营活动与互联网结合在一起，通过网上用户的线上营销、体验和消费，带动线下产品销售，让互联网成为线下交易的平台。O2O 模式也是在不断发展演变的。早期的时候，线上线下初步对接，主要表现为以美团为代表的线上团购和促销。这个过程中存在着业务单向性、用户黏性较低等特点。平台和用户的互动也较少，基本上以交易的完成为终结点。用户更多是受价格等因素驱动，购买和消费频率等也相对较低。后来，其把简单的电商模块转移到了更加高频和生活化的场景中来，升级成为服务型电商模式。这时的用户量出现了井喷，使用频率和忠诚度也开始上升，其与用户的日常生活开始融合。区别于传统的 B2C、B2B、C2C 等单一电子商务模式，通过在线上支付商品和服务，再到线下去接收商品或享受服务，从而把线上的消费者带到现实的实体店中去；通过打折提供信息和服务等方式，把线下商店的消息推送给互联网用户，从而将它们转化为线下的顾客，这样线下服务就可以利用线上来揽客，从而达成在线交易和结算。在 O2O 模式中，实体经济构建了“经济基础”，虚拟经济构建了“上层建筑”，虚拟经济作为实体经济的延伸构建了一个更加庞大的商业经济圈。

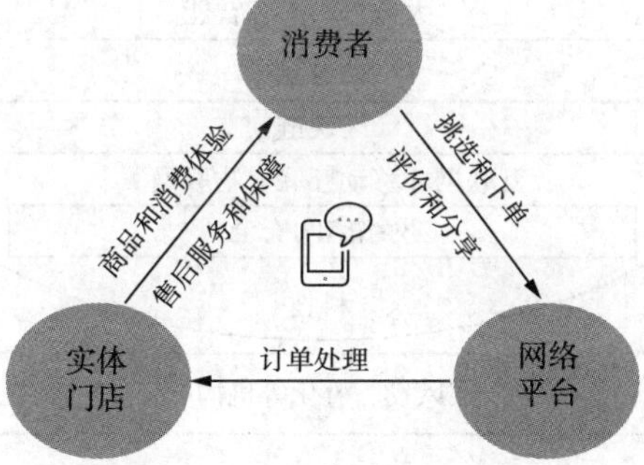

图 3 - 9　O2O 的消费模式

总之，数字化对经济社会产生了深刻的影响，这种影响随着社会的进步和思维的创新而进一步深化。无论是上述哪种商业模式，都不会一成不变，数字化不断提供的新资源和新能力将为企业商业模式的变革提供新思路和新契机。

3.3 数字经济与金融业创新

伴随着大数据、互联网、云计算等信息技术的发展，数字经济正以惊人的速度改变着人类社会的生活方式、行为方式乃至思维模式，冲击着传统的产业结构、经营模式和商业版图，正成为推动经济转型升级、实现包容性增长的重要驱动力。与此同时，金融业也正发生着巨大的变化，新一轮的科技革命正推动金融行业发展到一个全新阶段，金融科技正在以迅猛态势重塑金融行业生态，“无科技不金融”成为行业共识。金融与数字技术日益融合，催生了一种新的业态——数字金融。数字金融作为一个生态体系不断发展，如图 3－10 所示，其中，科技企业逐渐向金融业渗透，积极进入传统金融企业的领地，而传统金融机构也在积极拥抱新技术，通过现代科技加快金融创新步伐。数字金融提升了金融服务的质量与效率，大大促进了普惠金融的发展，为实体经济的发展注入了新的动能。

面向大数据平台的
淘宝商业模式

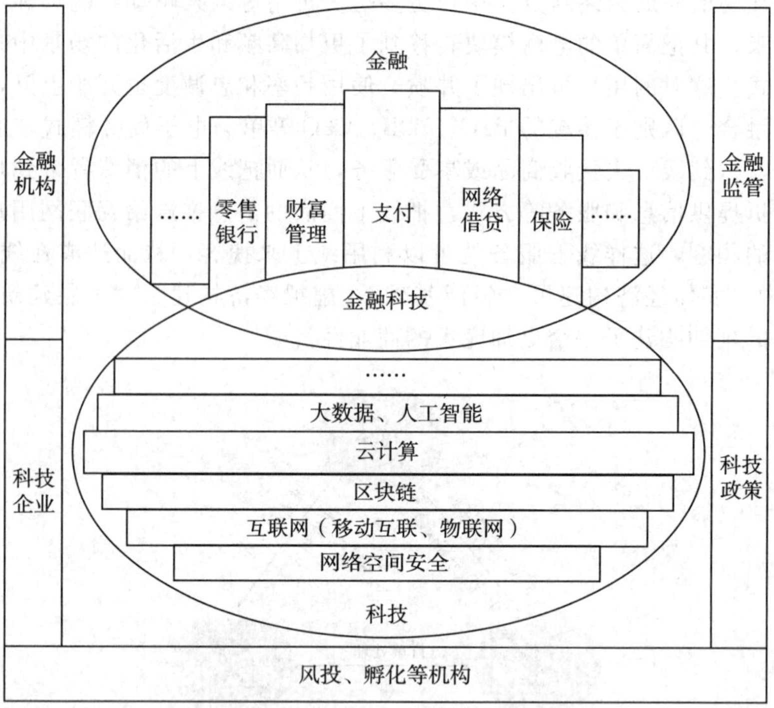

图 3－10 数字金融的生态体系架构

3.3.1 数字金融的内涵

1. 数字金融的概念

数字金融泛指传统金融机构与互联网公司利用数字技术实现融资、支付、投资和其他新型金融业务模式。数字金融在我国主要有两种表现形态：一种强调数字金融的科技属性，与金融科技的概念比较接近，即通过技术手段推动金融创新，形成对金融市场、机构及金融服务产生重大影响的商业模式、技术应用、业务流程和创新产品；另一种强调其金融属性，与互联网金融的概念更为接近。根据中国人民银行等十部委发布的《关于促进互联网金融健康发展的指导意见》，将互联网金融定义为传统金融机构与互联网企业利用互联网技术和信息通信技术实现资金融通、支付、投资和信息中介服务的新型金融业务模式。

不过从直观上理解，互联网金融更多地被看作互联网公司从事金融业务，而金融科技则更突出技术特性，所以数字金融在现代社会更接近金融科技的概念，即主要利用移动互联、云计算、大数据、物联网、人工智能等技术，并与传统金融服务业态相结合，实现互联网和金融的深度融合。从科技在金融行业应用的深度和变革影响来看，金融领域的科技应用可以分为以下三个阶段：第一阶段为金融电子化，利用软硬件实现办公的电子化，提升业务处理的效率，代表性的产品或业务包括核心交易系统、账务系统、信贷系统。第二阶段为互联网金融，利用互联网对接金融的资产端—交易端—支付端—资金端，实现渠道网络化，代表性的产品或业务包括网上银行、互联网理财、P2P、移动支付。第三阶段为金融科技，利用前沿技术变革金融业务流程，推动业务创新，突出在大规模场景下的自动化和精细化运行，代表性的产品或业务包括大数据征信、智能投顾、风险定价、量化投资、数字货币。所以，从金融科技发展历程可以看出数字金融属于金融科技发展到第三阶段而催生的一种新的业态。

关于数字金融的本质，国内移动金融服务综合平台玖富集团创始人、CEO孙雷在乌镇世界互联网大会上提出的“DEVR”理论，阐释了数字金融的本质含义，提出金融业务中的数据（Data）、交换（Exchange）、价值（Value）、风险（Risk）四大核心要素，认为数据是金融业的核心之一，银行与互联网金融的差距之一，就体现在数据的采集、流动与应用上。数字金融的核心就是要通过金融科技手段，完善数据（Data）采集，让数据能够交换和共享，打破信息孤岛状态，实现货币最优方向的流动交换（Exchange），创造实际的应用价值（Value），从而真正降低金融服务中产生的各类风险（Risk）。数据是数字金融的重要组成部分。大数据打破了横亘在不同行业之间的鸿沟，特别是横亘在金融机构和用户信用数据之间的鸿沟，真正将金融变成了一个能够依靠数据的生态。数字金融意味着金融机构能因客制宜地塑造实时化、智能化客户体验，实现金融的普惠性，并降低成本。数字时代的金融服务会是一种生活方式，并能影响人们的生活。从本质上看，数字金融是互联网金融的再生和延续。

2. 数字金融没有改变金融的本质

数字金融，通过大数据、互联网、云计算等信息技术手段与传统金融服务业态相互融合创新，本质上是一场关于金融信息的传输、接收、分析、处理技术的革命，它借助数据技术优势，从掌握商品流、资金流、信息流数据延伸至支付、融资、投资等金融核心业务领域。

从金融功能观的角度来看，支付功能作为金融的基础功能，货币及金融正是由支付而产生，它是金融存在和发展的基础。资产转化功能是最核心的功能，风险管理和信息处理功能以保障功能发展为核心功能。在相当长的历史阶段，支付功能主要沿着交换效率提升的导向开展，而资产转换、风险管理和信息处理三项功能主要沿着降低信息不对称的导向开展，两条路线基本没有交叉。直到信息时代的到来，电子货币的诞生和信息技术手段的应用，使得整个金融产业链的各个环节得以打通，经济活动中的资金流、物流和信息流得以统一，金融的各项功能逐步走向融合。可以看出，金融科技虽然改变了金融交易的载体、渠道和技术，提高了交易效率，但没有改变交易的对象，也没有改变金融的本质和功能。所以，未来金融的竞争优势在于构建数字金融生态下的核心竞争力，打造品牌（信任）、客户（流量和规模）、管理（风险控制）和信息（数据基础）方面的综合竞争优势。

3.3.2 数字金融的优势

数字金融与传统金融相比是一种新的服务体系，以技术和数据为驱动力，以信用体系为基石，降低金融服务成本、提升金融服务效率、促进金融的普惠性。数字金融相对于传统金融的优势体现在客户触达、成本、服务对象、风险控制等方面。

1. 客户触达便捷

数字金融具有明显的扁平化特征，在该模式下只要搭建好网络平台或数据平台，金融机构可以通过“身份证＋银行卡＋生物识别”的模式进行客户验证，从而打破时空界限，快速触达客户，且获取用户的可变成本几乎为零。数字金融获客渠道广泛、获客成本低，远远优越于传统金融，因为传统金融是典型的层级化金融，在该模式下，由于受到时空限制，传统金融机构要通过在全国设立分支机构来获取客户，物理网点的建设成为金融机构业务拓展的重要瓶颈。

2. 成本低

金融服务成本大致可以包括四类：获取用户的成本、风险甄别的成本、经营成本、资金成本等。由于信息不对称程度高，传统银行服务只能通过臃肿的机构、庞大的人员体系、烦琐的业务流程来降低信贷风险，这就决定了金融服务的高成本。而在数字金融服务中，前三个成本正在被技术深刻地改变，移动互联也深刻地改变了人们触达金融的方式，大大降低了金融机构获取客户的成本；风险甄别的基础是信息，而大数据技术深刻改变了数据收集、数据传输、数据处理与分析以及风险甄别的效率，云计算以及人工智能有大幅提高处理大数据的能力，大大降低了风险甄别成本。数字金融模式下平台成为获客的载体，互联网、信息通信技术等成为金融的基础设施，金融服务日益自助化、网络化、智能化，通过精简人工、压缩机构、简化流程，大大节约了经营成本，从而降低了金融服务成本，提高了金融服务效率。据测算，传统银行一笔柜台业务成本是一元多；电子化业务成本，无论是网银还是电话银行，平均下来是三四角；而基于云计算技术的支付宝的单笔支付成本早已降到了两分钱以下，并且还有继续下降的趋势。

3. 服务对象广泛

传统金融机构由于受时空限制，一般靠铺设营业网点获取客户及提供金融服务，该服务模式具有两大特点：一是依据“二八法则”，即为20％的大中型客户提供80％的金融服务；二是为降低信贷风险，需要客户提供房地产、机器设备等资产作为抵押，更加适合大中型工业企业。该模式也导致两大僵局：一是80％的中小微企业、农民及城镇低收入群体由于无法提供合适的抵押资产等，很难达到传统金融机构信用评估的基本门槛，其金融需求很难得到满足；二是当前我国经济正在由工业型经济向服务型经济转变，一些新兴企业通常是轻资产型企业，通常拥有技术专利、知识产权、应收账款等无形资产，还具有较丰富的现金流、较好的成长性，但缺少厂房、机器设备等资产，从而达不到传统金融机构的要求，导致其融资需求得不到满足。

数字金融则利用先进的数字技术，可以对客户的各种数据信息进行分析处理以甄别客户的信用状况和经营状况，金融机构可以据此为客户提供相应的金融服务。数字金融服务模式有效降低了金融准入门槛，拓展了金融服务范围，让金融能服务更多人、更多场景，从而有可能解决传统金融服务的两大僵局。因此，数字金融是普惠金融、服务型金融。

4. 风险控制手段先进

由于金融机构经营的对象是货币资金，因此风险管理永远是金融的要义。风险源于信息的不对称。在传统金融模式下，金融机构主要是利用客户经理通过调查来获取客户资产信息、财务信息、信用信息等，但这些信息是低维度的、碎片化的、不连续的数据，而且通常银行内部的客户信息也分散在不同的部门。这些信息彼此割裂，在银行内部形成了“信息孤岛”，这些“小数据”信息无法对客户的信用风险状况进行全面评估，所以金融机构通常只能依靠传统的抵押品、质押品作为风险控制手段。

数字金融则利用大数据、云计算等先进技术通过整合分析客户在柜面、网上银行、手机银行、微信银行、网上消费等各个渠道的交易记录，将客户的物流、信息流、资金流等整合为统一的数据流，以大数据为基础，运用云计算为客户画像，为客户提供差异化、个性化、智能化的金融产品与金融服务。同时，大数据技术拓展了征信体系的范围，弥补了传统征信体系覆盖面不足的弊端，提升了客户信用评估的维度，引导客户自觉维护自己的信用，倡导信用就是财富的理念，从而提升信用在金融活动中的价值。从总体上看，数字金融是以大数据等无形资产做风险控制手段。

3.3.3 数字技术在金融领域的应用

以云计算、大数据、人工智能、物联网、区块链等为代表的现代信息技术，在金融领域有着广泛的应用，推动着传统金融机构数字化转型并不断进行创新。

1. 云计算在金融领域的运用

云计算是 IT 资源的建立、交付和使用模式的变革。由于云计算具有加速系统资源整合及降低成本、高可靠性及动态可扩展性、提高系统的计算和存储能力等优势，所以在很多领域都有广阔的应用空间。具体到金融领域，目前主要体现在提升网点营业厅的生产力、改进人力资源、客户分析或者客户关系平台方面，随着云计算技术的创新，将来在支付、零售银行、资金管理核心业务系统、金融行业数据灾备、行业病毒防护等方面有着广泛运用。

在我国相关政策的支持下，越来越多的云服务商建设了专门为金融机构服务的金融行业公共云。同时，越来越多的金融机构开始考虑使用公共云服务或自建专有云平台，金融业的云计算市场在逐步扩大。云计算已经成为金融 IT 架构转型的主流方向。

2. 大数据在金融领域的应用

金融业是资金密集型行业，也是数据密集型行业。由于金融行业本身的特点，该行业在“大数据”概念提出之前，一直是数据治理、数据分析领域的积极实践者，并在数据仓库、数据分析平台、数据挖掘等领域进行了卓有成效的实践。近年来，随着大数据技术的迅猛发展，金融行业积极学习、吸纳“大数据”理念和相关技术，结合自身业务将既有的数据分析工作推向了新的高度，将大数据在金融业的应用场景逐步拓展到风险控制、运营管理、销售支持和商业模式创新等细分领域。在互联网金融服务企业中，大数据应用较为突出的领域有快速授信、风控与反欺诈、用户画像等。

1）快速授信

互联网金融通过大数据等技术手段降低了征信成本和营销成本，使更广泛的人群拥有了贷款或投资的机会，现在行业小额贷款的审批速度已经普遍达到了 10 秒级甚至 1 秒级。例如，阿里金融网商银行的小微贷款基于大数据和云计算技术，为小微企业提供“310”贷款服务——3 分钟申请、1 秒钟到账、0 人工干预，已经为超过 400 万的小微企业提供超过 7000 亿元的贷款，户均贷款规模不到 3 万，满足了曾经被传统金融拒之门外的小微企业的融资需求，为我国“双创”发展提供了金融支持。

2）风控与反欺诈

欺诈行为包括伪造信息提高授信，利用流程漏洞套利，甚至盗窃、伪造身份骗贷。互联网的非接触性和便捷性，使得这种欺诈实施起来更隐蔽，完成起来更迅速。但在大数据技术深入发展的情况下，利用包括基于用户个人申请信息的模型、基于用户社交关系的模型、基于用户历史交易的模型和机器学习模型等多个模型协同工作。利用大数据进行反欺诈风险控制最大的优点是数据和结论之间相互印证，提高识别的准确率。

3）用户画像

云计算通过收集、整合、分析客户收入水平、偿还能力、消费偏好、资产配置、社会关系、所处行业的趋势等信息，利用大数据技术，全方位描述客户。基于用户标签的判定、分类和验证，为客户构建用户画像，通过意愿预测模型，预测客户意愿；对客户进行分层，对不同层级、不同价值等级的客户采取不同的营销手段，提高营销的精准性和营销效果。

3. 人工智能在金融领域的应用

人工智能在金融业有着广泛的应用前景，目前人工智能与金融深度结合的主要服务形式有投资银行与证券研究自动生成报告、人工智能辅助量化交易、金融搜索引擎开展证券研究和智能投资顾问财富管理等，显示出未来金融和人工智能结合成为智能金融的无限可能。随着人工智能技术的突破以及其他技术手段的协同推进，智能投顾、金融预测与反欺诈、智能融资授信等领域将得到长足发展。

4. 物联网在金融领域的应用

物联网技术与金融的结合，涉及银行、保险、融资、租赁等多个业务方向，既有对这些机构内部运营管理的提升，也有金融模式的创新。在金融领域，物联网技术在定价、风控、监管方面拥有显著的优势，在保险精准定价、抵押物和动产监控、供应链金融等领域已经实现了应用，随着物联网技术的不断突破，未来还会拓展到更多的应用场景。

例如，金融物联网能提升金融企业对内部重要资料的管理能力，比如部分银行和保险公司采取的档案盒电子标签，不但可以实现业务进度查询、处理意见读写和流程时效管理，而且能为内部服务计价、风险追责等提供佐证。

5. 区块链在金融领域的应用

区块链实际上是由多方参与共同维护的一个持续增长的分布式账本，其核心在于通过分布式网络、时序不可篡改的密码学账本及分布式共识机制，建立彼此之间的信任关系，利用由自动化脚本代码组成的智能合约来编程和操作数据，最终实现由信息互联向价值互联的进化。区块链技术在金融业将会有巨大的应用空间，在交易结算、数字身份管理、资产托管、支付和资金清算、个人隐私保护等领域有着很大的应用价值。区块链技术具有提升金融机构协同服务能力、降低金融运营成本、有助于金融监管与合规性检查等特性。例如在降低金融运营成本方面，利用区块链技术可以降低资金转移成本。由于金融机构各个业务系统与后台工作，往往流程长、环节多，金融机构的中心化运营，使得资金转移要通过第三方机构，从而使得跨境交易的资金转移成本过高，并给资本带来风险。区块链技术能够优化金融机构业务流程，减少前台和后台的交互，节省大量的人力和物力以及通过改变资金转移和信息传递方式从而降低金融运营成本。

总之，科技在金融行业中扮演的角色越来越重要，尤其在业务创新上，科技起到了越来越大的助推作用。无论是账户管理、存贷汇、清算结算、风险控制、贸易金融、支付等基本金融服务领域，还是普惠金融、资产与财富管理、衍生品设计与交易等更为复杂的金融场景中，依托于大数据、云计算、人工智能、区块链、物联网等技术的场景越来越多，金融科技将推动包括银行在内的传统金融机构的经营发生颠覆性变化。

3.3.4　我国金融机构数字化转型的背景、策略与路径

目前由于商业银行是我国金融机构体系的主体，不管从资产规模、所提供的金融服务种类还是对经济社会的影响来看，都是其他专业性金融机构如保险、证券、信托等不可比拟的，所以在分析金融机构的数字化转型时，主要以商业银行为典型代表进行分析。

商业银行的数字化转型，就是要以客户为中心，通过实施数字化战略，重造组织架构与业务流程，最终成为一个技术创新驱动的经济组织，提升服务实体经济能力。商业银行进行数字化转型需要对内探索体制机制创新，对外主动拥抱互联网，积极推进与科技企业深度合作。

1. 银行数字化转型的背景

商业银行面临的内部、外部环境的变化决定了传统商业银行必须进行转型升级，不断提高金融服务水平与服务效率，在增强服务实体经济能力的同时，提高自身的综合竞争力。随着大数据等信息通信技术的蓬勃发展，银行数字化转型是银行业伴随金融科技发展的必然趋势。

1）银行面临的外部环境发生了重大变化

首先，金融需求的变化对银行服务的要求越来越高。

消费需求随着社会经济发展状况变化而变化，近年来全球数字化进程加快，消费者的金融需求出现了重要变化。主要体现在三个方面：一是移动互联技术的发展以及智能手机

的普及，使得用户逐渐养成了“手机优先”的习惯，对金融产品与金融服务的及时性、便捷性的要求越来越高，很多消费者尤其是年轻的消费者会更加喜欢人机交互与智能化服务。二是消费者的消费方式逐步从线下转移至线上，从而使有关消费者的信息和触达点都从线下转移到线上。数据显示，中国银行业目前电子银行业务的替代率普遍达到90%以上，客户到银行柜台办理业务的比例逐年递减，70%以上业务是在智能设备上完成的，柜面人工办理只占不到30%。三是随着经济发展带来的收入增加，消费者对金融的需求不断增加，不仅种类日益多样化，差异化、个性化的需求不断增加，而且更加追求用户体验，客户金融需求的满足程度以及体验感受很大程度上决定了对金融机构的忠诚度。客户金融需求的变化意味着对商业银行金融服务的要求越来越高。

其次，金融科技企业发展给传统商业银行带来巨大冲击。

金融科技企业依托先进的技术，不断为客户提供新的金融工具、金融产品和金融服务，并以不断创新的支付方式、服务方式等满足客户多样化的金融需求，特别是通过与日常生活场景紧密结合，为客户在生活中提供便捷、丰富、实用的金融服务，在不断提升客户体验的同时，也日益改变着客户对传统商业银行的依赖，从而分流了传统银行的客户。

金融科技企业给商业银行带来的最大冲击就是加速金融脱媒。金融科技企业对商业银行负债业务、资产业务和中间业务都产生了巨大影响，加速了商业银行“去中介化”的趋势。比如，从负债端角度来看，金融科技企业借助互联网平台，为用户提供各种理财服务，不仅门槛低、操作方便，而且资金使用自由，使商业银行面临一定的存款“脱媒”的压力。从资产端角度看，企业和个人的资金需求可以通过互联网平台实现需求匹配，并成功进行融资，减少了对商业银行传统信贷的依赖；从支付角度看，第三方支付、移动支付已具备收付款、转账汇款、自动分账等支付结算功能，对商业银行的传统支付业务形成有效替代。

以阿里巴巴为例，作为中国最具创新能力的金融科技企业，阿里巴巴于2004年推出的支付宝业务，解决网上交易过程中信用和支付问题；依托大数据和云计算技术，阿里巴巴于2010年推出了阿里小额贷款业务，阿里小额贷款业务是基于用户交易信息，依托支付宝渠道开展的网络融资业务；随后，阿里巴巴于2013年推出余额宝业务，通过与基金公司的跨平台合作，实现了对网民的碎片化理财的整合，而且理财门槛低至一元；2015年，成立蚂蚁金融服务集团（以下简称蚂蚁金服）。目前，起步于支付宝的蚂蚁金服拥有支付宝、蚂蚁财富、网商银行、芝麻信用、蚂蚁金融云在内的服务平台与服务机构，能提供包括贷款、透支、理财、结算、支付、保险等在内的全方位金融服务，基本满足中小企业和个人的所有金融需求。而且，蚂蚁金服不断创新，秉承“用技术创新提升用户体验”的原则，不断磨砺技术，创造价值，服务客户，服务社会。

在蚂蚁金融的引领下，一些互联网企业纷纷涉足金融业，像京东金融、百度金融、腾讯金融等，以先进技术为依托，为客户提供综合性的、全方位的金融服务，给传统商业银行带来了巨大冲击，见表3-2所列。2018年，毕马威咨询公司发布的全球金融科技100强报告中，在全球50强中有三家中国企业跻身前五：蚂蚁金服拔得头筹，京东金融位居第二，百度则排名第四。可见，互联网金融科技企业已经成为我国金融科技领域的支柱力量。

表 3－2　我国典型互联网金融类科技企业

公司名称	公司介绍	核心业务
蚂蚁金服	由阿里巴巴集团控股的金融科技服务公司	支付宝、余额宝、芝麻信用等
京东金融	京东旗下的金融科技服务平台	京东白条、京东众筹、京东支付等
理财通	腾讯公司旗下的金融科技综合服务平台	微信支付、理财通、微粒贷等
度小满金融	百度旗下的金融科技服务公司	百度钱包、百度有钱花、百度理财等

最后，银行需要适应国家宏观经济战略部署及调控政策的变化。

信息化已经上升到国家战略高度，在我国大力促进数字经济发展的背景下，现代金融业必须加快数字化转型步伐，金融数字化既是经济数字化的重要组成部分，又是金融业通过拥抱科技服务实体经济的现实选择。同时，国家实施的供给侧结构性改革、调整产业结构、精准扶贫等政策及乡村振兴计划战略等，使得为小微企业、创新型企业、农民以及低收入群体提供全方位的金融服务将是未来银行业重要的发力方向，也是发展普惠金融的要求。传统商业银行经营模式存在供需结构性矛盾，在网点布局上重视经济资源发达区域，忽视欠发达地区；在客户选择上重视优质客户，忽视更广大中小客户的金融需求，导致不少客户群体长期无法获取金融服务，从而未能从金融发展中受益，违背普惠金融原则。而商业银行的数字化转型为改变这种状况提供了可能。数字技术的广泛应用，一方面可以打破物理空间的阻隔，使偏远地区的人群能够获得金融服务；另一方面可以通过大数据技术完善征信体系，综合评估客户的信用能力，突破原有信息不对称的困境，大大增强了中小微企业和客户获得金融服务的可能性。

2）银行自身发展的需要

从银行自身发展来看，以下三方面的变化使得银行的持续发展能力受到影响，迫使银行进行自我突破。一是利率市场化改革使得银行赖以生存的息差逐渐收窄，银行净利息收入降低，严重影响了国内银行的收益。数据显示，2011—2017 年，我国商业银行总资产收益率 ROA 逐年下降（2011—2017 年，银行总资产收益率分别为 1.30%、1.28%、1.27%、1.23%、1.10%、0.98%、0.92%），盈利能力下降趋势明显。银行需要更好地利用数字技术降低成本、提高效率，并改善服务体验扩大市场来实现利润目标。二是在数字经济时代，传统银行靠信贷、网点等规模扩张的模式难以为继，轻成本、轻资本、轻资产的运营成为商业银行的普遍共识。三是国内外经济环境的不断变化（如国际贸易战不断加剧、国内供给侧结构性调整带来的经济增速换挡、信贷资产质量下降等），迫使银行寻求新的业务领域，以增加利润实现可持续增长。

总之，内外部环境的变化迫使传统商业银行必须进行转型升级，广泛利用金融科技并不断进行创新。未来银行的发展在很大程度上取决于对金融科技的运用程度。

2. 我国商业银行数字化转型的策略

商业银行数字化转型需要按照数字经济的本质规律要求，只有采取正确的策略，具备与技术相适应的新思维，构建新的核心能力，才能确保数字化转型成功。各商业银行自身的实际情况不同，在数字化转型过程中应采用不同的思路与具体措施，大致策略包括理念转变、确定数字化转型的关键领域、再造组织架构与流程、转变经营模式、注重构建场景金融、加强跨界合作、构建互利共生的金融生态圈。

1）理念转变

第一，建立数字思维，重视数字技术。

数据是数字经济时代最重要的生产要素，数据也是金融机构最重要的资产，从“数据”到“信息”再到“智慧”，构成未来发展逻辑。所以商业银行要建立数字思维，要根据数据思考全局，依托数据来发现问题、分析问题、解决问题和跟踪问题，最大程度地多渠道多方面获取数据，既包括银行内部数据，也包括外部数据，并以大数据为基础，通过规则、模型和工具进行处理分析，应用在产品、营销、风控等各个方面。同时，商业银行应该重视数字技术，深刻认识到以大数据、云计算、人工智能、物联网、区块链等新一代信息通信技术给金融业发展带来的机遇，积极拥抱新技术，通过技术的应用与创新，推动商业银行降低成本、提高效率，加快转型升级，逐步实现金融服务智能化。

第二，转变“以产品为中心”为“以客户为中心”。

银行要转变传统的“以产品为中心”的理念为“以客户为中心”。因为，传统的“以产品为中心”的理念，强调的是以银行自身为中心，通常向客户提供标准化、无差异的金融产品与服务，无法满足客户消费需求的变化；而“以客户为中心”，要求商业银行从客户的角度出发，“想客户之所想，急客户之所急”，拉近与客户之间的“距离”，适应客户金融需求和行为方式的变化，不断加强服务模式与方法的创新，提供一站式、一揽子的个性化金融服务，满足客户多样化的金融需求。同时，“以客户为中心”还要求商业银行高度重视客户体验。客户体验是客户在交互服务全过程中的主观感受和对所享受服务基于感性认知的态度。客户在使用金融产品和服务时，心理感受超越预期时，惊喜与感动之时便会产生对银行的赞赏与依赖，从而提高对银行的忠诚度，银行也进一步维护了与客户的关系。

作为中国乃至世界金融科技巨头的蚂蚁金服，将“客户第一”放在企业六个价值观的第一位，可见蚂蚁金融服务集团对客户的重视，蚂蚁金服的一切创新都是为了满足客户的需求，也正是巨大的客户群才成就了蚂蚁金服今天的辉煌。

第三，树立用户与客户并重的理念。

互联网环境下，客户以用户的形象嵌入与生活相关的非金融场景和开放式渠道，其行为价值凸显。银行应重新定义用户价值，以开放化的思路将用户在外场景上的非金融交易纳入价值管理体系。发掘用户行为与金融贡献的统计规律，对高活跃度、互动性强的用户行为赋予价值。没有广泛的用户群体就无从找到客户，因此，商业银行应构建用户成长阶梯，实现从用户到客户的关系延续和持续经营。借鉴互联网思维，围绕用户旅程构建全新的用户成长体系，并延续至商业银行的个人客户经营中。从用户感知品牌开始，逐步获客、促活、留存和变现。同时，要构建与成长体系适合的用户激励体系，引导用户从提供数据开始，持续达成非金融乃至金融的交易，提升金融贡献度，通过激发用户的自传播能力，形成良性循环。

以客户为中心，从用户到客户的持续经营的理念在阿里巴巴的支付宝平台上得到完美体现。2004 年阿里巴巴上线支付宝，主要是为了解决电子商务交易过程中的信用与支付问题，随着支付宝平台建设，平台功能日益强大，并广泛触达用户，不断为用户提供各种金融产品与服务，并依托大数据技术判断用户行为特征，进而进行精准营销。很多支付宝用户就是在不断接触、使用支付宝的支付功能时，产生了对其他产品与服务（如余额宝、花呗、借呗、小额贷款、资金转移、保险等）的需求，用户成功转化为客户。

2）确定数字化转型的关键领域

商业银行的数字化转型是一项艰巨的系统工程，需要耗费大量的资金，并持续较长时间，因此商业银行在数字化转型中不能一蹴而就、面面俱到，应该首先选择受金融科技影响最大的金融业务进行数字化转型，这样不仅能维持业务的相对稳定性，还能为其他业务的数字化转型提供实践经验。

根据普华永道的《2017 年全球金融科技调查中国概要》的研究，数字化金融科技对传统金融影响最大的是零售银行、投资及财富管理和资金转移及支付等个人金融服务领域，相对来说对企业银行的影响较小。由于零售银行具有交易金额小且分散的特点，主要通过银行网点、智能柜员机、网上银行、手机银行等方式进行，商业银行零售业务面对海量个人客户和庞大信息流量，先天具备数字化发展内核，因此在数字化转型时，传统银行应优先进行零售业务的数字化转型。

零售业务数字化转型既包括运用互联网思维和数字化手段进行业务和流程再造，涵盖渠道、产品、营销、风控、生态等全方位多层次的数字能力建设，又包括理念意识、价值导向和体制机制的根本重塑。在数字化转型过程中，利用数字金融科技与传统业务模式深度融合，构建全新的银行服务模式，其中全方位打造服务数字化触点是零售业务数字化转型的基础。

传统商业银行要以全渠道视角开展零售业务，关注客户旅程，改善端到端的体验，从过去“物理的地方”变成随时、随地、随需的“永远在线的服务”，让客户在任何触点都能感受到无缝衔接舒适的金融服务。一是构建无处不在的数字化触点。升级网点、智能柜员机、网银、手机银行、直销银行等银行自有渠道，产品开发和布放要基于全渠道要求，实现体验一致、服务一体，又要强化向外数字化延伸能力。二是推动线下网点的线上数字化迁移。加快门店数字化进程，适应门店外获客、非金融场景获客的迁移形势，发挥网点位置服务和人的营销功能，打造“线上＋线下”的新零售连接方式和渠道闭环，打造百姓身边广泛存在的社区银行，回归客户深耕与服务初心。三是重视支付的连接作用。支付服务是银行服务虚拟化后连接客户的最重要媒介，商业银行要以数字化、智能化的新技术升级支付工具，全面记录用户行为数据，打造最广泛的支付便利。

3）再造组织架构与流程

传统银行组织架构的设计是以方便管理为导向、以产品为中心的部门制，是相对割裂的，每个部门负责自己的业务。同时系统开发人员对业务、系统、数据了解不全面，无法做到科学规划，导致自动化、标准化程度较低。系统建设往往是在线上模拟、线下手工的操作流程，每一款产品，都开发一套系统，设计一套流程，导致系统之间是竖井式的并列关系，系统交互慢，甚至高度相关的业务也难以实现数据互联互通，涉及跨部门的业务审批处理效率缓慢。此外，系统设计封闭、固化，无法满足金融科技时代业务创新和发展的需求，同时很多新技术难以和原有系统进行适配，无法迅速得到应用。因此，银行传统

IT 系统在降低成本、发掘数据价值、提升效率、支持创新方面没有发挥应有的优势。

因此，为加快商业银行数字化转型，必须进行“以客户为中心”的组织架构与流程再造。一是进行柔性化组织管理，改变传统的银行金字塔式的组织架构，使组织扁平化、小型化，提高决策速度；二是建立模块化组织单元，以适应快速变化的市场需求；三是构建信息技术体系。引入云平台将传统封闭架构逐步向开放分布式架构转型，满足系统敏捷和可伸缩的需求；引入大数据平台实现精准营销和实时风控，并实现数据重塑。在此基础上，广泛采用基于人工智能的业务创新为银行带来更强的决策能力、洞察能力和流程优化能力。

4）转变经营模式

商业银行的经营模式主要是指银行业务范围的选择以及银行如何整合这些业务等。目前，我国商业银行的经营模式有待进一步完善，比如，在传统的存贷款业务中，资产质量不高，对中小金融机构的金融支持不足；银行创新不足，缺乏量身定做的创新的金融产品；由于经营模式单一，商业银行金融产品同质化现象明显，银行业面临竞争过度问题，如对国内新建大项目的竞争、对大客户的过度竞争等，导致运营成本增加等。所以，商业银行应该适应环境的不断变化，特别是新一代数字技术的突飞猛进，大力推进经营转型是其未来发展的必由之路。

商业银行经营模式的转变需要做好以下四个方面。第一，转变观念，走低资本占用型经营模式之路。国内商业银行要摈弃“速度情结”和“规模情结”，始终把质量作为首要，把效益作为目标，把管理作为基础，把发展和创新作为前进的动力，从而实现“规模速度型理念”向“质量效益型理念”以及“存贷批发型经营理念”向“全面综合型经营理念”的转变，积极向低资本占用型经营模式方向转型。第二，商业银行要不断推进客户结构调整，逐步转变传统的“大户”战略。商业银行应积极拓展中小企业和个人客户，要努力实现从优质大客户为主向优质大中小型客户并重的转变，从而进一步丰富客户资源。第三，充分利用数字技术，积极推进渠道建设和整合。渠道建设和整合是商业银行拓展业务和利润空间的有效手段。商业银行应加强虚拟化的电子银行渠道体系建设，完善电子银行的金融服务功能，建立多渠道的统一客户服务平台，使不同渠道成为一个有机整体，互相补充，最大限度地发挥不同渠道功效，为客户在不同渠道提供同样水平的金融服务。第四，加快业务发展，提升创新能力。商业银行要注重提升传统业务优势，大力推进零售银行数字化转型，加快中间业务发展，促进信贷资产向表外转移，提升业务创新能力，推动银行转型升级。

5）注重构建场景金融

场景金融是将金融机构的电子渠道与用户的使用场景结合，往用户端延伸。简单描述就是“当你在日常生活中需要金融时，它恰好就在那儿”。2017 年我国场景金融的交易规模超过 1.8 万亿元人民币。场景金融已经成为金融功能融合的加速器。传统商业银行应重视构建场景金融，将客户需求、金融产品、服务场景进行精准匹配和紧密融合，实现消费到金融的无缝转化，建立更加紧密的客户关系。

商业银行的传统场景主要是物理网点或客户场所，但是在互联网和数字化时代，服务场景日益虚拟化和线上化。商业银行应该重视构建场景金融。构建场景分为三个模式：一是自建场景，银行可以建立类似于电商平台的服务场景，让客户到银行场景来接受服务。目前一些商业银行已经开始尝试开办电商业务，如中国建设银行的“善融商务”、中国工商银行的“融易购”、交通银行的“交博会”等。虽然银行也在尝试自建场景，但由于金融需求是次生需求，并非客户第一应用场景，这种模式未来将会越来越少。二是输出场景，银行和一些合作伙伴合作为客户输出场景，并把银行产品服务嵌入场景中，这对于一些希望拥有自己的场景但又没有能力独立建设和运营场景的客户很有吸引力。三是嵌入场景，银行把产品和服务嵌入客户的应用场景，满足客户即用即见的平滑无缝的服务体验需求。嵌入场景技术实现的方式有两种：第一种是API模式，通过银行与客户系统对接的方式实现，这种方式开发测试量大，适用于大型客户；第二种是SDK模式，银行把产品封装成软件包提供给客户，客户通过简单的系统开发可以把银行产品服务调用到自己的场景中，这种模式开发成本很低，适用于中小型客户。

总之，通过构建场景金融，把银行服务与非银行服务结合起来，实现价值链纵向和横向的整合，在客户场景中无缝对接银行服务，提升客户黏性。对于个人来说，就是打通个人的衣、食、住、行、医、教等生活场景，构建生活圈；对于企业来说，就是打通企业上下游资源，构造完整的企业产业链。

6）加强跨界合作，构建互利共生的金融生态圈

银行加强与金融科技企业合作，不仅是互联网精神的体现，更是新一代信息通信技术迅速发展背景下的战略选择。

近两年来，国内的一些银行纷纷与知名互联网企业进行“联姻”，开展战略合作，如四大国有银行分别与百度、阿里巴巴、腾讯、京东签署战略合作协议，华夏银行与蚂蚁金服合作推出了华夏蚂蚁借呗，与腾讯合作推出了龙商贷等，打破互联网金融企业与银行各自为营、互相竞争的传统业态，建立起合作共赢的金融科技生态圈体系。

商业银行与金融科技企业的合作可以弥补短板，更好地促进数字化转型。首先，合作可以让银行共享电商平台的数据，使得银行能更好地了解用户，并提供金融服务，实现其价值最大化。其次，合作可以使银行利用金融科技企业拥有的线上触达用户的渠道，如在金融科技企业的App上嵌入银行的入口，不仅能提高对现有客户的服务能力，而且能拓展银行的客户群体，为银行线上服务引流。再次，商业银行与互联网企业在科技方面的深层次合作，能提升银行的科技水平，加快促进数字化转型。例如，中国农业银行与百度合作，借助百度的大数据、人工智能、云计算等技术优势，打造智能化银行，积极推动普惠金融。未来，银行与金融科技企业的合作会逐渐向纵深发展，最终走上共生之路。

3. 我国商业银行数字化转型的路径

传统商业银行应当主动拥抱数字化的趋势，通过科技去提高效率、降低成本、扩大规模、赚取利润，方能在未来竞争中立于不败之地。总体来看，商业银行实现数字化转型的途径，主要通过加强“内部研发”和“与金融科技公司合作”的模式实现，不同的银行可以根据自身的实际情况选择适合自身数字化转型的方式。

1）内部研发

对于大型商业银行来说，由于规模大、实力雄厚，在数字化转型过程中更倾向于自建金融科技公司，但在某些业务或领域也会与科技企业展开合作。内部研发创新，要在不断

改造组织架构和转变经营模式的基础上，广泛搭建金融服务平台，不断突出技术的重要性，最终建立金融科技子公司，推动技术创新。目前，兴业银行、平安银行、招商银行、光大银行、建设银行、民生银行等已经成立了自己的金融科技子公司，不断加大技术研发与技术创新力度，全力助推银行数字化转型。

2）与金融科技公司合作

对于中小银行来说，受自身规模和实力的制约，在数字化转型中往往采取与科技公司跨界合作的方式。中小银行与金融科技公司主要在三个方面开展跨界合作：一是产品合作，涉及支付清算、信贷和风险管理环节。二是服务合作，涉及营销推广和共建场景等，如中信银行信用卡中心和京东金融推出了国内首张“互联网＋”概念信用卡——中信白条信用卡。三是战略合作，涉及投资、并购金融科技企业以及共建金融科技实验室等，如中国建设银行旗下的建信信托和国家开发银行旗下的国开金融入股蚂蚁金融；中国银行与腾讯成立“中国银行——腾讯金融科技联合实验室”，双方将在云计算、大数据、区块链和人工智能等领域开展合作，共建普惠金融、云上金融、科技金融和智能金融。

3.3.5 数字银行未来的发展模式——开放银行

金融科技的不断发展会使传统垂直整合的银行价值链不断碎片化，金融脱媒趋势越来越明显，转型开放银行将成为银行业应对金融科技冲击的重要策略。

开放银行是一种利用应用编程接口（Application Programming Interface，API）技术，帮助银行与第三方实现数据共享的战略模式。它是一种平台化的商业模式，本质是以银行自身为中心的改变到以客户为中心的改变。银行利用开放 API 技术实现向商业生态系统开放数据、算法、交易、流程和其他业务功能，将其嵌入第三方机构平台上，开展基于特定场景的服务，使银行创造出新的价值，构建新的核心能力。

国外开放银行的实践早于中国。2004 年，PayPal 推出了 PayPalAPI，这被作为开放银行发展的开端。2011 年，法国农业信贷银行开始提供 SDK 和应用商店服务，通过应用商店的形式让第三方开发者更便捷地构建新的移动程序，凭借此更好地管理客户的财务状况。2015 年 9 月，英国发布《开放银行标准》。2015 年 12 月，欧盟通过了《新支付指令》，要求商业银行把支付服务和相关客户数据开放给客户授信的第三方服务商，目的是推动支付行业创新、促进市场竞争、增强活力。目前，美国、新加坡、澳大利亚和我国香港等地区都通过各种方式积极推动开放银行发展。在国内，最早实践开放银行的是中国银行，2012 年中国银行就提出开放平台的概念，并在 2013 年推出了中银开放平台，开放了 1600 多个 API 接口。目前，浦发银行、中国工商银行、中国建设银行以及招商银行等都对开放银行进行了积极的探索与实践，为我国其他商业银行未来进行开放银行建设提供了借鉴。

微众银行基于云计算的分布式架构助力实现数字普惠金融可持续发展

虽然目前我国开放银行在实践上仍处于初期的探索阶段，但技术进步为开放银行的发展提供了技术支持，将推动我国商业银行进入开放银行阶段（表 3-3）。开放银行意味着一种全新的银行业态，开放银行倡导“开放、共享”的理念，促使银行回归以客户为中心。开放银行通过与合作伙伴的合作将金融服务延伸至以前不被银行服务的客户群体，扩大了金融服务半径，对推进普惠金融发展具有重要意义；同时，开放银行要求商业银行在更高层次与合作伙伴共享数据、共生共赢，有利于重构核心竞争力。开放银行必定成为未来银行发展的新模式。

表 3－3　我国商业银行发展阶段及特点

阶　段	驱动因素	服务渠道	竞争主体	创新点	主要技术
封闭银行	管理	网点、ATM	商业银行	后台、网点创新	手工计算、电算化、计算机
半开放半封闭银行	技术、竞争	网点、网上银行、手机银行、微信银行等	商业银行、互联网金融企业	渠道创新	计算机微型化、可视化技术、宽带、移动互联网
开放银行	技术、需求、生态	网点＋API 接口	商业银行、互联网金融企业、金融科技公司	服务创新	数据技术、智能技术

3.4　数字经济与文化产业发展

新一代信息通信技术的发展对我国文化产业也产生了重大影响。科技与文化的深度融合将重塑文化产业的生态系统，驱动文化生产要素的优化配置，激发文化产业的创造活力，提高文化产品生产、传播和消费等环节的科技含量，丰富文化表现形式，提升文化价值。文化产业是我国的战略性新兴产业，数字化技术既为文化产业的高质量发展提供了契机，又为传统文化的现代表达和新兴文化业态的孕育生发提供了无限可能。

3.4.1　数字文化产业的概念与内涵

1. 文化产业的概念

从广义上说，文化是指一个国家或民族的历史、地理、风土民情、传统习俗、生活方式、文学艺术、行为规范、思维方式、价值观念等的统称；文化产业作为一种特殊的文化形态和特殊的经济形态，影响了人民对文化产业的本质把握，不同国家从不同角度对文化产业有不同的理解。联合国教科文组织关于文化产业的定义为：文化产业就是按照工业标准，生产、再生产、储存以及分配文化产品和服务的一系列活动，是从文化产品的工业标准化生产、流通、分配、消费，再从消费的角度进行界定。联合国教科文组织对文化产业的这一定义只包括可以由工业化生产并符合四个特征（即系列化、标准化、生产过程分工精细化和消费的大众化）的产品（如书籍报刊等印刷品和电子出版物有声制品、视听制品等）及其相关服务，而不包括舞台演出和造型艺术的生产与服务。

我国在《文化及相关产业分类》中将文化产业定义为：为社会公众提供文化娱乐产品和服务的活动，以及与这些活动有关联的活动的集合。可以看出，文化产业是按照工业标准从事文化产品的生产或文化服务，通过满足人们的精神文化需要而获取利润的法人文化企业的集合体，是以生产和提供精神产品为主要活动，以满足人们的文化需要作为目标。

2. 数字文化产业的概念

文化和旅游部2017年4月发布的《关于推动数字文化产业创新发展的指导意见》中将数字文化产业界定为：数字文化产业是以文化创意内容为核心，依托数字技术进行创作、生产、传播和服务的新兴产业。数字文化产业呈现技术更迭快、生产数字化、传播网络化、消费个性化等特点。

3. 数字文化产业的内涵

数字文化产业是传统文化创意产业的补充和发展。数字文化产业以数字为载体，以创意为核心，以产业化为发展动力。从本质上看，数字文化产业是“互联网＋”以及数字化技术在文化领域的广泛应用，其本质是技术思维；而文化产业的核心是创意和文化价值(包括版权)，其本质是文化思维，是文化与技术的时代性融合。因此，数字文化产业需要“科技＋”“文化＋”协同创新，是两者在本性上的相互贴近，它既需要平台的整合与垂直分发能力，更需要文化的集成与价值的提炼与创新，其成就的是新的文化业态与生活方式的变化。

数字文化产业是传统文化产业的高级形态。数字文化产业将各种文化资源与最新数字技术相结合，打破了原有传统文化产业电影、电视、报业、图书等的固有边界，横跨通信、网络、娱乐、媒体及传统文化艺术的各个行业，进行了融合和重铸，催生出新的文化业态，因此数字文化产业是传统文化产业的高级形态。

3.4.2 我国数字文化产业发展状况

我国的数字文化产业从20世纪90年代发端，目前已发展成为涵盖广播影视、新闻出版、动画、游戏、影音、数字学习、互联网信息服务、互动多媒体等的完善产业链，在政策、技术、资本等多种利好因素的促动下呈现出蓬勃发展的态势。近年来，伴随数字经济的发展，我国文化产业进入了全面转型发展的新阶段，数字文化产业发展迅速，规模不断扩大，在国际上的影响力不断增强。国务院发展研究中心、东方文化与城市发展研究所等2019年8月发布的《中国数字文化产业发展趋势研究报告》的数据显示，我国文化产业在2004年到2017年的增速是GDP增速的两倍；2017年，数字文化产业增加值为1.03万亿元～1.19万亿元，总产值为2.85万亿元～3.26万亿元，数字文化产业增加值占总产值的比重约为36%。目前，我国数字文化产业总量已趋高位，即将成为国民经济支柱型产业。我国已成为文化生产和消费第一大国。

本书以数字出版、数字视听、数字学习、数字娱乐四大数字文化产业领域为例，展示我国数字文化产业的发展态势及取得的成就。

1. 数字出版

随着移动互联网以及智能手机的普及，数字阅读越来越受到网民的青睐，直接促进了数字出版产业的快速发展。数据显示，2013—2017年，国内数字出版产业收入规模由1366亿元增加到7071亿元，年均增速在30%左右。2018年，我国大众阅读用户规模达到4.3亿，较2017年增长了14.4个百分点；我国数字阅读用户人均阅读量达到12.4本，较2017年增长了2.3本；大众数字阅读产业规模为233.3亿元，专业数字阅读产业规模为

21.2 亿元，二者总计较 2017 年实现 19.6 个百分点的增长，呈现较快的增长趋势。可以看出，我国数字阅读规模的持续增长，将会推动数字出版产业的进一步繁荣。

2. 数字视听

数据显示，2013—2017 年，我国网络视频行业营收规模由 136 亿元增加到 952 亿元，年均增速保持在 50%左右，增长势头极为强劲。2018 年，数字视听领域用户整体上呈增长态势。中国互联网络信息中心报告显示，截至 2018 年底，我国网络视频用户数量达到 6.12 亿，相比于 2017 年增长 5.7%；网络音乐用户规模为 5.76 亿，相比 2017 年增长了 5 个百分点；与此同时，短视频领域表现突出，用户规模达到 6.48 亿，网民的使用率达到 78.2%。

从行业布局来看，以腾讯、爱奇艺、优酷为代表的第一梯队视频平台收获了绝大多数用户流量，芒果 TV、哔哩哔哩、搜狐视频等第二、第三梯队视频平台则共同分割剩余 10%左右的用户流量，网络视频的格局分布愈发分明。

从整体来看，数字视听产业领域在 2018 年进入提质增效的转型升级阶段，打造精品数字视听内容是赢得用户、收获流量的关键所在。

3. 数字学习

数字学习领域主要涉及在线教育领域。中国互联网络信息中心发布的数据显示，截至 2018 年底，我国在线教育的用户规模已经达到 2.01 亿，较 2017 年增长 29.7%，其中手机在线教育更是实现了 63.3%的用户规模增长，有 1.94 亿用户通过手机进行在线学习，移动在线学习越来越受到用户欢迎。

4. 数字娱乐

数字娱乐领域主要包括数字游戏、数字动漫等。目前，数字娱乐的渗透力和影响力不断增强，日益成为数字文化产业的重要组成部分。

数据显示，我国网络游戏行业的市场销售收入从 2013 年的 831 亿元增加到 2017 年的 2036 亿元，年均增长率约 25%，总体发展态势良好。其中，移动游戏发展最为迅速，市场销售收入由 2013 年的 112 亿元增长到 2017 年的 1161 亿元，2017 年占整个网络游戏行业的 57%；网络游戏的用户规模也从 2013 年的 4.95 亿人增加到 2017 年的 5.83 亿人。我国动漫产业的产业规模由 2013 年的 870 亿元增长到 2017 年的 1518 亿元，年均增长率在 16%左右，处于快速发展期。但动漫领域也凸显出一定程度的分化现象，头部阵营收获了绝对数量的用户与流量。

总体上看，近几年数字文化产业发展迅速，规模与产值不断提高，新文创成为行业新引领，文化产业化国际影响力也日益增强。但也存在着市场发展不均衡、原创商值高的作品相对缺乏、人才相对不足等制约我国文化产业进一步发展的问题。

3.4.3　文化与科技深度融合成为我国文化产业发展的大趋势

1. 政策支持为文化产业的数字化升级转型提供了良好的政策环境与发展方向

文化和科技融合已经成为我国文化产业发展的大趋势。党的十八大正式提出了“促进文化和科技融合，发展新兴文化业态”。2016 年，《政府工作报告》中首次提出“数字文化产业”概念，提出“大力发展数字创意产业”。国家随后发布的《“十三五”国家战略性新兴产业发展规划》，从创新数字文化、创意技术和装备、丰富数字文化创意内容和形式、提升创新设计水平以及推进相关产业融合发展四个方面部署数字创意产业的发展战略。2017 年 4 月，文化和旅游部发布《关于推动数字文化产业创新发展的指导意见》，明确提出数字文化产业的概念以及我国数字文化产业的发展目标，提出要引导数字文化产业的发展方向，明确着力发展的重点领域，要求建设数字文化产业创新生态体系等，对我国数字文化产业的发展具有重要的指导意义。2019 年 8 月 13 日，科技部等六部门发布《关于促进文化和科技深度融合的指导意见》，提出了到 2025 年的发展目标，部署了包括加强文化共性关键技术研发在内的八项重点任务，为促进我国文化和科技深度融合、全面提升文化科技创新能力、转变文化发展方式、推动文化事业和文化产业更好更快发展指明了方向。

2. 数字技术的进步推动了文化产业发展，提升了产业竞争力

首先，数字经济的不断发展，使得文化消费方式发生重要变化。文化消费终端体验的数字化，会倒逼上游的文化创作、生产、传播等实现数字化，进而促使整个文化生产链数字化，这种“数字流”不断驱使文化产业形态高端化，推动文化产业发展。其次，科技与文化的融合使文化产业获得巨大的发展空间。数字技术具有主动衔接文化产业链的能力，通过技术拉动、文化驱动和文化科技互动，沿着产品价值链的各个环节与文化融合。数字技术延伸了传统文化产业的价值链，丰富了产品变现渠道，不但催生了新兴文化业态——网络视频、数字动漫、手机游戏、网络杂志、网络文学等，促进了文化要素的创新，而且也带动了广播电视电影设备制造、数字通信设备制造、数字印刷设备制造、虚拟现实设备制造以及数字娱乐设备制造等的转型升级，为文化产业的发展创造了巨大空间。再次，数字技术提升了文化产业的整体竞争力。数字化技术通过要素融合、技术融合等方式促进行业整体水平的提升，推动行业的生产效率加快、产业结构优化、产品内容丰富、表现形式多样、产业价值链提升等。现代数字技术激活了传统文化，深度发掘文化精髓与文化价值观，推动了文化产业转型升级，提升了文化产业的整体竞争力。

3. 文化产业自身发展的现实选择

总体来看，数字经济的发展对主要的经济行业都有影响，而对文化产业的影响力在所有行业中名列第一。目前在全球范围内受到数字化影响最大的十个产业，依次为媒体和娱乐、零售、高技术、医疗体系和服务、旅游、运输和物流、通信、专业服务、金融服务、汽车和配件、消费型包装品等。在数字技术蓬勃发展以及不断创新的环境下，积极拥抱科技成为文化产业发展的现实选择。

首先，文化企业需要科技支撑以降低成本、提高效率。因为数据技术可以参与文化产业价值链的各个环节，能降低创作门槛、提升制作工艺和传播效率、加速营销推广、提升产品表现力等，驱动文化产业的转型升级，如图 3-11 所示，从而不断满足消费者多样化的文化消费需求。其次，文化企业需要数字技术突破原有的时空限制。数字文化产品通常以数字形式存储，能大大节约物理空间。同时，数字化的存储以及在线服务，能为用户提供打破时空的随时随地的文化消费需求，用户需求是文化企业利润的源泉。再次，文化企业需要数字技术提升产品的生产能力和服务能级。许多文化企业通过大数据、多媒体技术的挖掘和使用，大大提升了产品的生产能力和服务能级。例如，为缓解巨大的参观人流而推出的敦煌莫高窟数字展示中心，通过播放电影《千年莫高》及《梦幻佛宫》，在创造新

型体验、分流客流、减少对洞窟破坏的同时，形成了新的业态，吸引了大批游客驻足观赏。2015 年 12 月，故宫博物院打造的“端门数字馆”项目正式开放，该项目包含数字文物互动与虚拟现实剧场等多项科技展示手段，将数字参观和互动打造作为参观故宫的重要组成部分，使参观故宫的游客对中国传统文化有着更加深刻的体验。

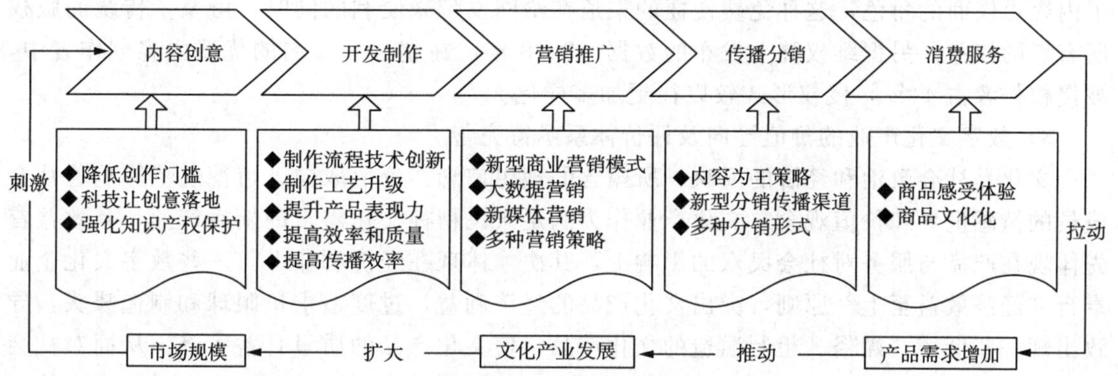

图 3－11　科技创新驱动文化企业转型升级

其实，科技创新始终贯穿于文化产业发展，文化产业的发展史本身就是一部科技应用史。比如电影产业，技术的进步推动电影从黑白默片、有声电影、彩色电影、3D 电影，直到现在利用各种技术、特效为观众提供多源信息交互式的全新视觉听觉体验的数字电影，电影本身的发展史也体现出电影产业的科技应用史。

总之，文化与科技深度融合是文化产业发展的必然选择。文化与科技融合在要素层面上涉及技术与文化要素的相互作用，在产品层面上涉及文化科技产品的创新和发展，在价值层面上涉及文化产业和科技产业价值链的提升和重塑，在制度层面上涉及产业结构调整和利益再分配。

3.4.4　我国数字文化产业面临的主要挑战与管理

1. 我国数字文化产业面临的挑战

1）相关法律法规规范体系建设不够完善

目前我国文化规制主要依靠行政法规，如国务院有关广播电视、电影、出版、印刷业、营业性演出、娱乐场所、大型群众性活动安全、互联网上网服务营业场所、互联网信息服务等的管理条例，《图书出版管理规定》《电子出版物出版管理规定》《互联网文化管理暂行规定》《网络游戏管理暂行办法》等规章。我国有关互联网管理的法律法规在数量上已形成一定的规模，但这些众多的法律法规不能构成一个完整、系统、条理清楚的体系。多项法律法规条块分割，不利于数字文化产业在一个统一的法律轨道上健康发展，也无法适应数字文化产业跨界融合的趋势。

2）数字版权的有效保护机制不充分

我国现有的版权保护大多发端于书籍和影视作品等，所限定的各种权利也是从传统内容出发来界定的。但随着互联网、数字技术与文化产业的深度融合，已经出现了很多源于网络、存在于网络、传播于网络的特殊权益，如网络游戏领域的游戏装备、社交媒体中的虚拟货币，还有在视频网站中流行的原创微电影等，这些形式的权益都不是严格意义上的版权保护的对象，所以互联网上的盗版问题较为严重，互联网版权问题越来越突出。

例如，2010 年底至 2011 年中国文字著作权协会、盛大文学网以及一些作家指责百度文库等具有侵权行为。百度的各项产品在源于网友提交的内容基础上进行分类加工，承担了内容提供商的角色，这种免费便捷的渠道在给网友带来便利的同时，触及了传统的版权所有者的权益。另据维权骑士发布的数据，2018 年，在超过 5 万名的优质内容创作者中，被侵权作者占 41%，侵权形式较以往更加多样化。

3）数字文化产业的价值导向及评价体系亟待完善

文化是社会政治和经济的反映，所蕴含的理想信念、价值取向、道德规范影响着社会成员的情感世界和价值观念。文化产业作为满足人民精神文化需求的新兴产业，其效益首先体现在产品与服务对社会民众的影响上，其次才体现在经济利益上。一些数字文化企业奉行“经济效益至上”原则，突出文化产品的经济利益，过度追求抢眼球和制造噱头，导致出现一些低俗、媚俗、粗制滥造的文化产品，使文化产品的质量日益下降，从而对社会产生巨大的负面影响。目前由于技术与文化产业的不断融合，一些文化企业过分突出技术的作用，强调技术对提升文化表现形式与用户体验的作用，而忽视了文化产品的内容质量及蕴含的价值观，没有做到“内容展示要高于技术手段”。虽然数字化技术催生了文化新业态，但不是对内容价值的颠覆和否定，而是对内容契合时代特点的多元化表达，是对社会主流价值观的更好传播。

4）原创的高质量作品相对缺乏

数字文化产业是网络数字技术与文化内容相结合的产物。文化作为主要内容依靠网络技术得到传播，网络因为有文化内容而显得丰富多彩，两者相互依附，相互衬托，缺一不可。但当前原创性高质量的文化内容相对缺乏，既无法满足广大人民群众的多样化、个性化的精神文化需求，又不能形成以原创高质量内容为核心的商业盈利模式。由于内容是数字文化产业发展的核心，是数字文化产业的最终消费，也是数字文化产业链条中最上游的一个环节，所以内容质量直接决定了数字文化产业的竞争力，高质量原创内容的缺乏直接影响了我国数字文化产业的竞争力以及可持续发展能力。

5）结构性人才短缺

文化生产与一般商品生产的差别是文化生产更多地依赖人的创造力。创造力是文化产品和服务生产中最主要的原料之一，而人是创造力的载体。所以，人才是影响我国文化产业发展的重要因素。我国当前社会经济文化发展的日新月异与人才储备之间存在着巨大的缺口，文化产业相关领域的需求与人才培养严重脱节。我国数字文化产业人才缺乏表现出结构性特征：一方面是高端创意、高端技术、具有创新思维、综合能力强的复合型人才的欠缺，制约了我国数字文化产业发展的高度与国际竞争力；另一方面是新兴文化行业专业人员的缺乏，无法构成文化产业链中的一环。部分人员不了解国际市场和运营规律，无法深谙文化创意与制作之道，这在一定程度上阻碍了文化产业向广阔的新兴领域发展。

2. 加强我国数字文化产业的管理

1）推进立法融合，为数字文化产业发展创造良好的法律环境

我国可以借鉴美国、日本的经验，尊重数字技术、媒体与文化产业的融合实际，推进

立法融合，将现有互联网、电信、广播电视、出版等领域的法律法规、部门规章进行融合，统一立法，建立数字文化产业管理新法律法规体系，为数字文化产业发展创造良好的法律环境。其中应将文化产业新机制下的数字媒体既从内容上进行管理规制，又从产业竞争角度加以统合和规范。对新媒体发展过程中产生的问题，在立法上保持一种较为宽容的态度，着重事后追惩和内容分级，适度宽松，促进我国数字文化产业的规范发展。

2）优化数字文化产业产权制度建设

数字内容首先要具有产权才能够通过交易产生价值，因此，产权保护成为数字文化产业规范发展的基础。当前要认真思考以工业产权和著作权等为对象的版权法在数字时代面临的问题、挑战及其可能的制度安排，对网络环境下的数字内容创作人、传输人和消费者三者之间利益的平衡机制做出合理安排，积极建立司法、行政、技术和标准相结合的数字文化知识产权保护体系，完善知识产权快速维权机制，加大管理和执法力度，打击数字文化领域的盗版侵权行为。同时，数字内容产权只有通过合理保护才能维护其价值的实现，而保护的目的是要推动交易，因此需要建立起适合数字内容产权的交易体系，包括定价、归属认定、估值等程序，规范数字文化产品版权交易市场，推动数字内容产权的快速交易和流通，发挥版权交易激励原创、活跃市场、价值发现的作用。

在数字文化产业知识产权保护方面，积极利用数字技术是一个现实选择，比如区块链技术在实现数字产权保护方面就具有较大的优势。区块链可以改变数字版权的交易、收益分配模式和用户付费机制等基本产业规则，形成融合版权方、制作者、用户等全产业链价值共享平台。例如，为版权内容提供溯源支持的区块链平台，通过区块链、公钥加密和可信时间戳等技术，为原创作品提供原创认证、版权保护和交易服务。再如，直播平台基于区块链技术，可以直接建立起社区内用户之间、用户与主播之间以及主播与广告主之间的交易联系，改善了因直播平台、主播经纪公司等中间者存在而产生的不平等分账模式。利用区块链技术等可以从技术端入手强化正版源头管理，提高盗版识别能力，提高反盗版的行政执法能力，从而完善了数字内容的版权保护机制。

3）引导数字文化产业传播社会主流价值观，弘扬中国精神

衡量文化产业发展的重要标准就是其蕴含的价值取向。一个国家文化产业发展所确立的价值取向直接关系其发展方向，而这些价值取向又会融于文化产品从生产到消费的全过程。

目前，数字文化产业已成为事实上文化消费的主导形态，是当前文化创新的动力之源，是大众文化消费的主流形态，是维护国家文化安全的主阵地，更是当前意识形态工作创新的依托力量。鉴于价值观对文化产业发展的重要性，2017 年文化和旅游部发布的《关于推动数字文化产业创新发展的指导意见》中提出要坚持以人民为中心的发展思想，坚持社会主义先进文化前进方向，弘扬社会主义核心价值观，把社会效益放在首位，实现社会效益与经济效益相统一，充分发掘优秀文化资源，提高数字文化产业品质内涵，讲好中国故事，弘扬中国精神，为我国数字文化产业的价值导向指明了方向。

经济全球化的不断深入，国际交流与合作的范围日益扩大，加之互联网交互性、个性化、即时性和开放性等特性，为各国文化提供了在世界范围进行平等传播的机会。但由于不同国家、民族和地区之间存在风俗习惯、价值观念和行为方式等方面的差异，彼此间难

免产生冲突与碰撞，我国的本土文化也不断受到外来文化的冲击，在一定程度上削弱了我国优秀传统文化的影响力。为此，我国数字文化产业发展要坚持将社会效益放在首位、社会效益和经济效益相统一的原则，坚持文化价值取向是满足人们精神文化需求以及提升国家的文化软实力，坚持文化自信，弘扬与传播社会主义核心价值观，提升文化内涵，在大力推动我国数字文化产业发展的同时，让中国文化走出国门，让世界了解中华文明，提升中华文化的世界影响力。我国可以借鉴日本的经验，推动文化创新发展并提升在国际上的影响力。日本强调“文化立国”，1995 年就将“文化立国”作为国家基本战略之一。日本政府和民间团体大力推崇和实践传承日本传统文化。经过持续不断的努力，日本的文化在世界上产生了比较广泛的影响力，在世界文化市场动漫领域，日本动漫产业的份额占到60％以上，在游戏领域日本的份额占到 30％以上。

我国数字文化产业不但自身要成为社会主流价值观的传播渠道，还担负着孕育和润泽创新文化的重任，更要成为时代文化的引领，成为文化及其价值创新的源泉。因此，文化产业发展的根本是文化价值观的传播和弘扬以及国家软实力的提升。

4）倡导“内容为王”理念，建立有效的盈利模式

优质内容是未来数字文化产业取胜的关键。文化企业要建立“内容为王”的理念，通过创作高质量的文化内容，提升文化产品内涵。在内容种类上，应不断丰富内容主题，以满足消费者多样化、差异化的文化需求；在内容生产与表现形式上，可以将人工智能、大数据、AR/VR/MR 等技术嵌入数字内容生产、传播和消费等环节中，提高生产效率并为用户带来愉悦的消费体验。目前，越来越多的大型企业布局 VR 产业，陆续推出 VR 产品，如暴风集团推出的暴风魔镜、阿里巴巴推出的“buy＋”等，让用户在消费文化产品时能获得身临其境的沉浸感。在阅读领域，人民文学出版社出版的《朗读者》就使用了 AR 技术，将观看视频、聆听朗读与阅读文本完美结合，为读者带来全新的沉浸式、立体化阅读体验。在内容价值上，应该传播主流价值观，抵制低俗，弘扬社会主义核心价值观以及中国传统优秀文化。文化内容的原创能力及内容资源的集成配置能力越来越成为文化产业价值链的核心环节。作为全球规模最大、范围最广的互联网、媒体及娱乐集团的时代华纳，正是由于拥有世界上最大的电影片库、电视系列剧片库、动画片库等丰富的内容资源，才造就了一部部全球观众熟悉的“美国大片”，为其赢得了丰厚的利润。因此，高质量的文化内容是文化企业发展的基础。

高质量的优质原创文化内容不仅能打开文化消费市场，为文化企业带来丰厚的经济利益，而且可以通过衍生开发进一步延伸产业链，提升产业链价值，有利于文化企业建立有效的盈利模式。一个文化创意应该挖掘该创意的不同载体形式，满足消费者不同的内容需求，通过建立有效的盈利模式，实现价值最大化。以电影业为例，一部电影的成功往往除了有好的票房，还包括电影放映后的一系列相关产品及服务的开发与销售，如 DVD 销售、影视歌曲发行、游戏开发、旅游开发等，电影业的高附加值往往体现在其产业链的延伸上。衍生产品开发还能够拓展资金回笼的渠道，形成良好的抗风险机制，电影《哈利·波特》就是一个非常成功的例子，其制片商的投资在影片开映前就收回了，收回资金渠道为：AOL 时代华纳——《哈利·波特》七部电影的版权；出版形象使用权——可口可乐花 1 亿美元买下哈利波特的形象使用权；书籍出版——《哈利·波特》出版商预测影片热

映将使书籍的销量至少增加 100 万册；出售首映权——电影在美国上映前，华纳电影公司开出的权利金高达 7000 万美元；华纳唱片公司——录制《哈利·波特与魔法石》原声唱片；《哈利·波特》附属商品制造权。

5）培养数字文化产业人才

人才是数字文化产业发展的关键。推动文化产业的发展急需培养和储备一大批多层次、多学科、高素质、综合型的文化产业人才。2017 年文化和旅游部《关于推动数字文化产业创新发展的指导意见》提出加大人才培养力度，创新人才培养模式，开展人才实训和交流，培养兼具文化内涵、技术水准和创新思维的数字文化产业人才。2019 年科学技术部等《关于促进文化和科技深度融合的指导意见》也提出加快建设文化和科技融合创新的领军人才和高技能人才队伍，加快复合型、创新型、外向型文化科技跨界人才的培养，鼓励国家文化和科技融合示范基地和企业与高等院校、科研机构共建人才培养基地，为我国数字文化产业人才培养指明了方向。首先，建立健全数字文化人才培养机制，鼓励产业、高校、科研单位联合跨界培养，培育一大批懂文化、懂技术又具有创新思维的高端复合型人才。要不断加大培养文化专业人才的力度，既要培养造就一批国内一流、业内公认的文化拔尖人才，又要培养一批懂文化、善创意、会经营的操作型、技能型和实用型文化人才。其次，构建有效的激励导向机制。不断完善文化产业人才的职称评定制度，努力完善公平竞争和分配激励机制，大力鼓励和支持各种优秀文化人才脱颖而出。最后，完善文化人才流动机制。建立有效的制度，促进文化人才的良性循环，形成文化人才集聚地，吸引财经、金融、科技、管理等各类人才进入文化产业领域，努力实现资源融合，从而为文化产业的发展提供强有力的人力资源保障。

阅文集团
中国网络文学市场的先锋

思考题

1. 与华为提供的为其他企业进行数字化转型的平台相类似，阿里云计算平台也面向传统的制造业企业创建了数字化平台，请查阅相关资料，找出目前国内及国外助力制造业转型的平台，并指出不同平台的异同点。

2. 请分别找出一个传统制造业企业利用阿里云计算平台进行转型的例子、一个利用华为 EI 进行转型的例子。

3. 简述商业模式的构成要素及其对企业管理实践的意义。

4. 论述数字经济为商业模式带来的影响。

5. 大数据为企业带来的商业价值有目共睹。讨论企业如何制定大数据策略和如何通过其变现。

6. 简要分析新零售商业模式与传统零售的区别。

7. 利用数字技术进行商业模式变革是现代企业盈利增长的关键。选择一个变革企业，描述该企业的商业模式全貌。

8. 数字金融与传统金融以及互联网金融有什么区别？

9. 传统商业银行为何要进行数字化转型？

10. 数字经济的发展为金融消费需求带来哪些变化？

11. 如何理解数字文化产业的内涵？

12. 如何理解文化与科技深度融合是我国文化产业的大趋势？

参考文献

[1] 朱建良，王廷才．数字经济——中国经济创新增长“新蓝图”［M］．北京：人民邮电出版社，2017.

[2] 赵西三．数字经济驱动中国制造转型升级研究［J］．中州学刊，2017（12）：36－41.

[3] 胡耀光．企业数字化转型与工业 4.0 渐进之路——电子元器件行业视角［M］．北京：电子工业出版社，2019.

[4] 张曙．工业 4.0 和智能制造［J］．机械设计与制造工程，2014，43（8）：1－5.

[5] 周济．智能制造——“中国制造 2025”的主攻方向［J］．中国机械工程，2015，26（17）：2273－2284.

[6] Berbon P，Watkins J N. The Industrial Internet：Robotics，Automation，and the Future of Manufacturing［R］. Team Finland Future Watch Report，2014.

[7] Bellman R，Clark C E，Malcolm D G et al. On the Construction of a Multi－Stage，Multi－Person Business Game［J］. Operations Research，1957，5（4）：469－503.

[8] Jones G M. Educators，electrons，and business models：a problem in synthesis［J］. Accounting Review，1960，35（4）：619－626.

[9] 张传杰．大数据时代电商价值链重构与商业模式创新［M］．北京：经济科学出版社，2016.

[10] 钱志新．数字新经济［M］．南京：南京大学出版社，2018.

[11] 余来文，封智勇，张继东，等．互联网＋商业模式的颠覆与重塑［M］．北京：经济管理出版社，2016.

[12] 余来文，封智勇，周玫，等．企业商务模式理论与实务［M］．北京：经济管理出版社，2015.

[13] 尚晏莹．“互联网＋”商业模式创新影响因素及路径研究［D］．西安：西安理工大学，2019.

[14] 占莉萍，杨茂盛．互联网企业商业模式的创新——基于大数据分析［J］．企业经济，2018，37（11）：30－36.

[15] 罗珉，李亮宇．互联网时代的商业模式创新：价值创造视角［J］．中国工业经济，2015（1）：95－107.

[16] 李文莲，夏健明．基于“大数据”的商业模式创新［J］．中国工业经济，2013（5）：83－95.

[17] 原磊．商业模式与企业创新［M］．北京：经济管理出版社，2017.

[18] 魏炜，朱武祥．发现商业模式 [M]．北京：机械工业出版社，2009.

[19] 中国信息通信研究院．中国金融科技生态白皮书（2019 年）[R/OL]．[2019 - 08 - 21]．http：//www. caict. ac. cn.

[20] 马化腾．互联网经济三部曲 [M]．北京：中信出版社，2017.

[21] 北京大学数字金融研究中心课题组．数字金融的力量：为实体经济赋能 [M]．北京：中国人民大学出版社，2018.

[22] 李二亮．互联网金融经济学解析——基于阿里巴巴的案例研究 [J]．中央财经大学学报，2015 (2)：34 - 39.

[23] 谢治春，赵兴庐，刘媛．金融科技发展与商业银行的数字化战略转型 [J]．中国软科学，2018 (8)：189 - 191.

[24] 王炯．商业银行的数字化转型 [J]．中国金融，2018 (22)：48 - 50.

[25] 王鹏虎．商业银行数字化转型 [J]．中国金融，2018 (15)：55 - 56.

[26] 张立林．数字化转型开启零售业务发展新阶段 [J]．中国金融，2019 (11)：17 - 18.

[27] 何宏庆．数字金融：经济高质量发展的重要驱动 [J]．西安财经学院学报，2019 (2)：45 - 50.

[28] 海曙，吕慧敏．中国互联网金融理论研究最新进展全 [J]．金融论坛，2014 (7)：25 - 27.

[29] 叶海靖．数字普惠：银行小微业务可持续的方向 [J]．中国金融家，2017 (2)：128 - 129.

[30] 中关村互联网金融研究院．中国金融科技与数字普惠金融发展报告（2018）[R/OL]．[2018 - 12 - 20]．http：//stock. qq. com/a/20181220008169. htm.

[31] 陆岷峰，张欢．关于开放银行的历史、现状和未来趋势研究 [N]．零壹财经，2018 - 12 - 11.

[32] 刘小二．数字金融——未来金融新蓝海 [EB/OL]．[2019 - 03 - 19]．https：//new. qq. com/omn/20190319/20190319A02ZR5. html.

[33] 吴承忠．5G 智能时代的文化产业创新 [J]．深圳大学学报（人文社会科学版），2019 (4)：53 - 59.

[34] 罗小艺，王青．从文化科技融合到数字文化中国：路径和机理 [J]．出版广角，2018 (10)：6 - 9.

[35] 孙宇晖．对文化产业的性质特点及未来发展的探讨 [J]．税务与经济，2013 (3)：14 - 16.

[36] 顾江．文化产业经济学 [M]．南京：南京大学出版社，2007.

[37] 顾江郭，新茹．文化产业价值链及其引申 [J]．改革，2009 (6)：150 - 151.

[38] 汤潇．数字经济：影响未来的新技术、新模式、新产业 [M]．北京：人民邮电出版社，2019.

[39] 范玉刚．关于当前文化产业发展转型方向的思考 [J]．艺术百家，2017 (1)：22 - 29.

[40] 谈国新，郝挺雷．科技创新视角下我国文化产业向全球价值链高端跃升的路径［J］．华中师范大学学报（人文社会科学版），2015（3）：55－60.

[41] 潘澍，陈思，孙程程．面向世界科技强国的文化科技创新机理与路径［J］．科技导报，2018，36（21）：85－88.

[42] 张晓明．文化产业的新形势新思路新战略［J］．人民论坛，2017，11（上）：96－97.

[43] 刘银娣．我国数字内容产业价值链建设初探［J］．编辑之友，2011（10）：35－38.

[44] 周庆山，罗戎．我国数字文化产业发展趋势、挑战与规制策略［J］．图书情报工作，2014（10）：6－9.

[45] 张宪超，李孟刚．我国数字文化产业发展研究［J］．广西社会科学，2014（7）：184－187.

[46] 吕东霞，姚亮．新时代文化产业发展的价值取向与策略选择探析［J］．学习论坛，2018（11）：77－82.

[47] 蓝庆新，窦凯．中国数字文化产业国际竞争力影响因素研究［J］．广东社会科学，2019（4）：13－17.

[48] 范玉刚．数字文化产业发展更要有文化［EB/OL］．［2019－08－14］．http：//culture. people. com. cn/n1/2019/0814/c1013－31293823. html.

[49] 元浦说文．数字文化产业发展现状、问题及趋势［EB/OL］．［2017－07－23］．https：//m. sohu. com/a/159291310_179557.

[50] 尹宏．文化科技融合促进文化产业发展研究［J］．江西社会科学，2015（4）：50－54.

第 4 章　数字经济的理论基础

4.1　数字经济的政治经济学基础

数字经济是继农业经济、工业经济之后的一种更高级的新型经济形态，极大地增强了社会经济体的资源配置能力，也使得全要素生产率有了很大提升，目前已经成为新的经济增长的动力源泉，是推进产业结构调整和实现可持续发展的重要力量。数字经济强调将数据化信息和知识作为一种关键生产要素投入生产，以网络化、智能化为手段提高生产效率，促使经济发展全方位地变革，因此，运用政治经济学对数字经济等一系列新经济现象进行解释，具有十分重要的现实意义。尽管世界经济发生了巨大变化，但发掘《资本论》的当代价值，不仅提供了中国特色社会主义政治经济学话语体系构建的基本范式，也提供了数字经济研究的基本框架。

4.1.1　数字劳动

数字劳动作为数字经济时代的一种新的劳动形式，是数字经济政治经济学分析的基础概念。在数字经济时代，可以将劳动进一步区分为工业劳动与数字劳动。工业劳动指机器大工业时代的典型劳动，马克思研究中的“劳动”指的就是工业劳动，以工作日为界限，区分必要劳动与剩余劳动，解释资本主义生产关系的本质。当然，在数字经济时代，工业劳动依然广泛存在。

与工业劳动不同，数字劳动模糊了劳动与休息、工作与娱乐的界限。目前关于数字劳动的定义尚未达成统一，关于数字劳动属性方面的观点主要有两种：

一种观点认为数字劳动是一种非物质劳动，这种观点是数字劳动研究的理论起点，也是目前的主流观点。英国学者蒂兹纳·特拉诺瓦作为最早关注数字劳动的学者之一，借用“非物质劳动”的概念研究了互联网时代的“免费劳动”，并通过界定“数字经济”中互联网用户的“免费劳动”，对“数字劳动”进行了初步定义。她认为，用户浏览网页、聊天、回复评论、写博客、建网站、改造软件包、阅读和参与邮件列表、建构虚拟空间等在互联网上提供的免费劳动，就是数字劳动。欧洲议会将数字劳动概括为人类利用自身的时间、脑力以及体力，在网络或者终端设备上，系统化地表述或者组织管理人类的知识、信息、经验、情绪以及社会关系等内容，进而为资本带来利润的免费劳动。可见，这种观点主要是基于劳动对象及劳动产品的非物质性，把数字劳动定义为非物质劳动。

另一种观点则认为数字劳动本质上还是一种物质劳动。克里斯蒂安·福克斯(Christian Funks) 是这一观点的主要代表人物，他的观点得到了国际学术界的认可，引发了大量讨论。他质疑了拉扎拉托、奈格里与哈特等人所提出的术语“非物质”，认为此类术语会给人们造成一种印象：世界上存在两种实体——物质与精神，由此产生了两种不同类型的工作，而作为精神层面信息内容的劳动是脱离自然与物质的。对此，福克斯反对说："如果精神被表现为是脱离自然与物质的，那么人们将会自然地离开对社会进行唯物主义分析的领域，而进入以精神为不朽实体的唯心主义，神秘主义与宗教的领域。"克里斯蒂安·福克斯认为，信息通信技术（ICT）行业全球价值链从低端到高端整个链条上所牵涉的各种形式的劳动，均属于数字劳动，应该涵盖数字技术使用与生产所需要的一切物质产品与信息的创造行为，而不能将生产数字媒体（如计算机、手机等）所需要的采矿劳动和硬件组装等劳动形式排除在外，中国富士康工人的劳动、印度软件业中的劳动、硅谷硬件装配工的劳动、谷歌工程师的贵族式劳动、社交媒体产消者用户的劳动等均属于数字劳动，实际上，他给出了更广义的数字劳动概念。

值得注意的是，虽然以上两种观点在数字劳动属性的界定上有所分歧，但都认为数字劳动是生产性劳动，能够生产商品和剩余价值，存在资本对数字劳动的剥削。

4.1.2 数字经济的矛盾冲突

马克思认为生产力包括三要素，即以生产工具为主的劳动资料、引入生产过程的劳动对象以及具有一定生产经验与劳动技能的劳动者。劳动过程就是劳动力借助劳动资料作用于劳动对象，一方面生产出具有使用价值的商品，另一方面实现价值增值。以此为基础揭示资本主义生产关系的本质，这也为研究数字劳动提供了思路。在数字经济时代，三要素发生了一定变化，劳动者作为最活跃、最革命的因素，覆盖年龄层次广、数量众多，能够熟练操作移动设备，是数字劳动的生产力核心；劳动资料则是物化的工具即数字技术，手机、电脑等电子产品变成了生产工具，使用普及率大且便携度高，为社会生产力水平的提升提供了条件；劳动对象相较之前有了质的突破，包含图像、文字、创意、经验等，其本质都是数据，具有抽象性。即使是在数字经济时代，网络开辟了经济社会发展的新空间，但网络生产力与资本主义生产关系相对立的本质关系并没有改变，数字资本依然控制着生产资料和剩余价值，因此福克斯倡导用共产主义的互联网代替数字时代资本主义的剥削制度。

1. 数字经济时代的数据商品化

剩余价值生产是数字劳动研究的核心问题，数字经济时代的生产方式、数字劳动如何创造价值等问题成为学界关注的焦点。商品是政治经济学的开始，既是进入交换过程时的价值与使用价值的统一，又代表着生产者和消费者的关系，即人与人之间的关系。数字资本积累的前提要求是数据能够成为商品，需要指出并不是所有的数据都可以被称为商品，商品是能满足人们的某种需要并用来交换的劳动产品，包含价值和使用价值两种要素。福克斯指出，数字劳动过程是一种价值增值加剧的过程，数字资本通过资本家对用户无酬劳动的持续榨取来积累力量。与工业劳动相同，数字劳动也具有具体劳动和抽象劳动的双重属性。福克斯认为，数字劳动包括认知（大脑工作）、交流（群组工作）和合作（联合的群组工作）三个层面的劳动过程；认知劳动是指个体通过大脑对自身的经历进行组织和加工之后，生成一定的意见和思想的过程；交流层面的劳动是指在前者的基础上，网络社区中的个体与个体通过大脑、嘴巴、耳朵等劳动工具，对各个个体的思想进行组织之后，生成一定意义的过程；合作层面的劳动则是指联合的群组对交流生成的意义进行再度加工的过程，最终形成了具有分享与共同创造意义的数字劳动产品。这些数字劳动产品在满足互联网用户社会性与主体性要求的同时，网络平台将互联网用户的信息和行为数据等劳动产品转换成为数据商品，这意味着数字劳动也创造出了具有使用价值的商品。以社交平台 Facebook 为例，用户花费了大量的劳动时间用于网上的内容生产，创造了两种使用价值：一是用户的社会关系生产，表现为用户为满足自身需求而进行数字工作，同时用户本身也成为拓展客户规模的重要劳动力；二是为数字资本生产使用价值，即对用户的控制和无偿使用，通过网络监控和智能抓取，Facebook 将用户上网过程中产生的数据信息当成商品售卖给广告商，广告商根据用户的信息数据实现广告的精准投放和产品促销，从而产生经济效益，在这个过程中，用户数据商品和精准广告成为 Facebook 进行资本积累的来源，其完全控制和占据了用户的价值生产，但用户却得不到任何补偿。从劳动者角度来看，数字劳动同样消耗着脑力与体力，这部分消耗同样需要通过劳动力再生产来加以弥补，并且数字劳动同样会占用劳动者的时间，无论是何种形式的数字劳动都具有一定的时间成本，只是数字劳动没有严格区分工作时间与休闲娱乐时间，比如“玩劳动”，用户在进行互联网娱乐活动（比如网络游戏、网络社交等）的同时也在从事着数字劳动，也消耗了个人时间，但作为一种免费劳动，其劳动成果却被平台资本家无偿占有。

2. 数字经济的矛盾运动

在数字经济时代，资本主义采取了新的表现形式——平台资本。平台资本是一种专门提供网络基础设施或者中介性服务的资本形态，它可以通过分割产业资本的剩余价值而获得收益。目前典型的平台类型包括商品交易型平台（如 Amazon）、社交媒体型平台（如 Facebook、Twitter）、用户生成内容型平台（如 YouTube）、共享经济型平台（如 Uber）、搜索引擎型平台（Google）、工作众包型平台（如 TaskRabbit、Upwork）、资金众酬与 P2P 融资型平台（如 Kickstarter、Indie－gogo）等。这些平台资本的崛起使得它们逐渐掌握了市场、信息与数据，使得产业资本不得不依靠其创造价值并实现价值，进而也就不得不向其让渡一部分剩余价值。

在数字资本的发展过程中，精益生产是平台资本主义存在的前提，产业资本以生产满足消费者个体化需求的产品为目标，因此需要捕捉消费者个体的消费需求，平台资本则将收集到的相关有效数据反馈给生产企业并从中获利。平台资本的有效数据来自数字劳动，因此数字劳动成为数字资本家们进行资本积累的价值源泉，最具代表性的就是定向广告的投放。定向广告是福克斯研究了大量企业社交媒体的数字劳动而提出来的，是指广告公司通过社交媒体提供的用户数据和网络行为进行分析为用户量身定制的广告，一方面更加吸引社交媒体用户的注意力，增加其对广告的点击率以及个体在平台所消耗的时间；另一方面促使商品交易额的增加。

在数字劳动过程中，数字劳动者未必与资本家有直接的雇佣关系，资本家不必向其支付工资，劳动过程无须在资本家的监督下进行，但是数字劳动的成果却依然被资本家占有，这实质上就是平台资本对用户使用价值的无偿占有。并且，数字劳动突破了时间与空间的限制，劳动者的工作时间与生活时间、工作空间与生活空间相互交叉，这也为数字资本最大限度占用劳动者的剩余劳动时间提供条件，加剧对工人的剥削。生产力与生产关系间的矛盾一定程度上被激化。

4.2 数字经济的技术基础

随着新一代信息技术与实体经济的深度融合，我国传统产业利用数字技术的广度和深度不断扩展，新模式新业态持续涌现，产业组织形态和实体经济形态不断重塑，数字经济已经成为我国实施供给侧结构性改革、推动经济高质量发展的关键力量。

4.2.1 数字基础设施与数字经济

数字基础设施建设是数字经济发展的基础。数字基础设施不仅包括信息基础设施，如宽带网络、IP 地址等网络基础设施，还包括对传统物理基础设施的数字化改造，共同为数字经济发展提供了必要的基础条件。

1. 数字经济时代的信息基础设施

当前，以人工智能、大数据、云计算、物联网为代表的新一代信息技术推动我国经济向数字经济发展，而数据、网络和运算是发展人工智能、大数据、云计算、物联网等新技术的核心要素，是数字经济赖以发展的基础。

1）数据基础

数字经济时代，数据成为生产的关键要素。良好的数据环境不仅能够保证有效数据的充分供给，同时能够避免数据的滥用带来的隐私侵犯和安全威胁，而目前数据开放共享、数据产权、人才缺失等问题却广泛存在。中国科学院院士梅宏指出，目前原始数据资源丰富，但是对数据的应用还处于初级阶段，且数据壁垒广泛存在，法律法规发展滞后，制约了数据资源价值的挖掘与转化。具体表现在：一是法规不健全，责权边界不清晰，不愿、不敢共享；二是标准滞后，信息资源呈多元化、分散化、碎片化，整合共享难度大；三是存在技术局限性，打破信息孤岛时间成本高、效率低。数据限制严重制约了数字经济的发展，因此有必要在基础设施层面对数据进行统一的规划和调度，打破数据孤岛，提高数据质量，降低数据成本，规范数据流通，保障数据资源的完整性、易获取性、安全性和自主可控性，形成安全、完整的数据资源供给体系，夯实“数据基础”。

2）网络基础

宽带网络是传统的信息基础设施，数字经济的发展对其提出了更高的要求，目前全球已有 146 个国家实施了宽带战略或行动计划，我国在 2011 年也提出了“宽带中国”的发展战略，这些战略的目标都是加大宽带网络的普及程度、提升宽带网络速度，进而推进社会的数字化进程。

根据 OpensignalMaPS 的相关数据，截至 2017 年底，全球有 5 个国家或地区的 4G 覆盖率超过 90%，分别是韩国、日本、挪威、中国香港和美国，其中韩国覆盖率几乎接近 100%。自“宽带中国”战略提出以来，我国网络建设取得了突出成效，截至 2018 年 9 月底，全国光纤宽带用户占比达到了 88%，4G 移动网络覆盖率达到 95%，并且提速降费工作仍在积极推进。当然，和 4G 相比，5G 具有更强的功能、更高的速率，其峰值理论传输速度可达每 8 秒 1GB，比 4G 网络的传输速度快数百倍，可以带给消费者虚拟现实、超高清视频等更好的网络体验。此外，5G 还具有更高的可靠性和更低的时延，能够更好地提供质量更好、安全性更高、实时性更强的通信体验，实现万物互联，更好地支撑数字经济的发展。

3）运算基础

数字经济时代对算力的需求与日俱增。算力是计算机能够完成一个数学程序的速度，譬如接收任何一组信息，并将其转换成字母和一定长度的数字的速度就称为算力。美国人工智能研究机构 OpenAI 表示：自 2012 年以来，AI 算法训练所用的算力每 3.5 个月就会翻倍，6 年里增长了 30 万倍。算力已成为驱动智能化发展的能源，随着信息社会数据总量的增加和算法复杂度的提升，算力的需求将进一步增长。鉴于数据智能化应用场景的丰富和增多，算力的需求将无处不在，如智慧交通、智慧城市等场景对数据处理的实时性和安全性提出更高的要求，算力也应更加靠近应用场景。

2. 传统基础设施数字化

新兴产业发展虽然快但体量尚小，平台经济、分享经济等新模式、新业态对经济增长支撑作用有限，经济发展依旧离不开实体经济，在完善信息基础设施建设的同时，还应促进实体经济与数字技术融合，积极推进铁路、公路、水运、电力等传统基础设施的数字化进程。

近年来，我国传统基础设施数字化程度不断加深，在铁路基础设施数字化方面，建立了覆盖中铁总公司、铁路局和主要站段的铁路通信网（包括通信传输网和通信数据网两部分）；此外，还开发了以列车调度指挥系统、铁路运输管理信息系统、客票发售与预定系统为代表的一大批应用信息系统。在公路基础设施数字化方面，推进全国高速公路信息通信系统联网工程，建设覆盖全国的高速公路通信网络，促进交通信息化的发展、提升行业管理和公众服务水平、增强应急管理能力、增强国家战备能力。在水运基础设施数字化方面，成立水运行业数据中心，推动行业数据资源聚集、整合与深度应用；积极推进“智慧水运”建设，“智慧港航”“智慧海事”“智慧港城”“智慧巡航”“智慧航道”等工程取得阶段性进展，为水运现代化提供条件。在电力基础设施数字化方面，成果显著，目前，国家电网的电力通信网光缆总长度超过 100 万千米，几乎囊括所有的城乡，为我国“智能电网”的搭建奠定了坚实基础。

传统基础设施数字化在很大程度上提高了基础设施服务的质量与效率，提升了基础设施运行的安全性，带来了综合的经济效益与社会效益，也为数字经济的发展提供了条件。

4.2.2　数字技术与数字经济

在数字经济时代，数字技术被广泛应用，互联网、大数据、云计算、人工智能、区块链等技术成为数字经济发展的技术依托。

1. 云计算技术

云计算是分布式计算的一种，指的是通过网络“云”将巨大的数据计算处理程序分解成无数个小程序，然后通过多部服务器组成的系统进行处理和分析这些小程序得到结果并返回给用户。总之，云计算不是一种全新的网络技术，而是一种全新的网络应用概念。云计算的核心概念就是以互联网为中心，在网站上提供快速且安全的云计算服务与数据存储，让每一个使用互联网的人都可以使用网络上的庞大计算资源与数据中心。通过这项技术，可以在很短的时间内（几秒种）完成对数以万计的数据的处理，从而达到强大的网络服务。

2006 年 8 月，谷歌首次提出“云计算”的概念，自此，云计算进入快速发展阶段。目前，亚马逊、谷歌、微软和阿里四大厂商主导了全球云计算市场，根据调研机构 Canalys 给出的相关数据报告，2018 年全球云计算市场规模突破 800 亿美元，达到 804 亿美元，同比大幅增长 46.50%。其中，亚马逊 AWS 依然是全球云计算市场的领头羊，其 2018 年云计算营收规模达到了 254 亿美元，占有 31.60%的市场份额；微软 Azure 位居市场第二，全年营收规模达到 135 亿美元，市场份额达到 16.80%，同比大幅增长 82.40%；谷歌云则以 68 亿美元的营收规模以及 8.50%的市场份额位列第三。值得一提的是，谷歌云是前五大云计算服务提供商中增长最快的，2018 年同比增长达到 93.90%，营收规模几乎翻倍；阿里云营收规模为 31 亿美元，占有 4.25%的市场份额，位列第四，且前四大厂商占据了全球云计算市场的 61.00%（图 4-1）。

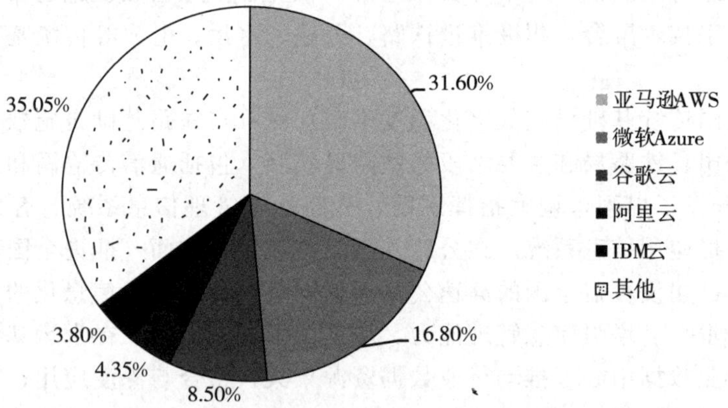

图 4-1　2018 年各云计算服务商占全球市场份额

在中国，市场调研机构 IDC 发布的市场份额报告显示，阿里云市场份额占比 45.5%，排名第一，占有将近全国一半的市场；腾讯云市场份额 10.3%，排名第二；中国电信第三，份额 7.6%。华为云以 0.9%的市场份额跻身第十位，不及阿里云的五十分之一（表 4-1）。由此可见，我国云计算技术还有很大的发展空间。

表 4-1　2018 年各云计算服务商占中国市场份额

排　名	公司名称	市场份额
1	阿里云	45.5%
2	腾讯云	10.3%
3	中国电信	7.6%
4	金山云	6.5%
5	亚马逊 AWS	5.4%

（续表）

排　名	公司名称	市场份额
6	UCloud	5.3%
7	微软 Azure	5.0%
8	中国联通	5.0%
9	IBM	3.0%
10	华为云	0.9%

数据来源：根据 IDC 统计数据整理。

2. 人工智能

1956 年，McCarthy 等 10 位年轻学者在 Dartmouth 人工智能研究会议上首次提出人工智能（Artificial Intelligence）的概念，简称 AI，20 世纪 70 年代以来被称为世界三大尖端技术之一（空间技术、能源技术、人工智能）。目前关于人工智能没有统一的定义，美国斯坦福大学著名的人工智能研究中心尼尔逊（Nilson）教授将人工智能定义为："人工智能是关于知识的学科——怎样表示知识以及怎样获得知识并使用知识的学科。"另一位著名的美国大学 MIT 的 Winston 教授认为："人工智能就是研究如何使计算机去做过去只有人才能做的智能的工作。"这些说法均反映了人工智能学科的基本思想和基本内容，即人工智能是研究人类智能活动的规律，构造具有一定智能的人工系统，研究如何让计算机去完成以往需要人的智力才能胜任的工作，也就是研究如何应用计算机的软硬件来模拟人类某些智能行为的基本理论、方法和技术。

2016 年 3 月，谷歌 AlphaGo 战胜韩国围棋九段李世石，震惊世界，引发了人们对人工智能的广泛关注。而人工智能技术的飞跃离不开数字经济时代的技术创新，正是基于互联网、大数据的普及，算法与算力的进步，计算机才可以凭借深度学习独立完成更复杂的任务。目前，人工智能相关领域的研究成果已被广泛地应用于国民生活、工业生产、国防建设等各个领域，重点发展的应用有机器视觉、指纹识别、人脸识别、智能搜索、自动驾驶、无人机、智能机器人等，在家居、媒体、医疗、金融等行业有着成功的实践经验。在数字经济时代，人工智能技术正受到越来越广泛的重视，必将为推动科技进步和产业发展发挥更大的作用。

3. 区块链技术

区块链是分布式数据存储、点对点传输、共识机制、加密算法等计算机技术的新型应用模式。区块链起源于比特币，2008 年，一名化名为中本聪的学者发表了《比特币：一种点对点的电子信息系统》一文，阐述了基于 P2P 网络技术、加密技术、时间戳技术、区块链技术等电子现金系统的构架理念，这标志着比特币的诞生。两个月后理论步入实践，2009 年 1 月 3 日，第一个序号为 0 的创世区块诞生，2009 年 1 月 9 日出现序号为 1 的区块，并与序号为 0 的创世区块相连接形成了链，标志着区块链的诞生。近年来，为比特币而发明的区块链技术日益受到人们重视，并不断将其应用于新的场景，逐渐成为数字经济的基础设施之一。

区块链的核心技术主要包括分布式账本、非对称加密、共识机制以及智能合约。分布式账本指的是交易记账由分布在不同地方的多个节点共同完成，而且每一个节点记录的是完整的账目，因此它们都可以监督交易的合法性，同时也可以共同为其作证，跟传统的分布式存储有所不同。区块链的分布式存储的独特性主要体现在三个方面：一是区块链每个节点都按照块链式结构存储完整的数据，传统分布式存储一般是将数据按照一定的规则分成多份进行存储；二是区块链每个节点存储都是独立的、地位等同的，依靠共识机制保证存储的一致性，没有任何一个节点可以单独记录账本数据，从而避免了单一记账人被控制或者被贿赂而记假账的可能性；三是记账节点足够多，理论上，除非所有的节点被破坏，否则账目就不会丢失，从而保证了账目数据的安全性。非对称加密指的是存储在区块链上的交易信息是公开的，但是账户身份信息是高度加密的，只有在数据拥有者授权的情况下才能访问到，从而保证了数据的安全和个人的隐私。共识机制就是所有记账节点之间怎么达成共识，去认定一个记录的有效性，这既是认定的手段，也是防止篡改的手段。智能合约是基于这些可信的不可篡改的数据，可以自动化地执行一些预先定义好的规则和条款，以保险为例，如果说每个人的信息（包括医疗信息和风险发生的信息）都是真实可信的，那就很容易在一些标准化的保险产品中，去进行自动化的理赔。

正是由于这些特性，区块链技术成为数字经济的基础。分布式网络、共识算法保证网络安全性及公平性，智能合约来确保在网上所做出的承诺一定会被机器自动执行，使操作者无法反悔、毁约，这构成了数字经济的技术基础；基于分布式账本技术，可以建立新的数字账户体系，数字资产化得以实现，而基于这些资产化了的数据，可以建立一套真正适用于数字经济的一整套的新的金融服务，人们能够确权、资产化、提供金融服务、从事金融交易，金融体系成熟后，基于博弈规则与经济学机制设计理论，即可构建一整套的分布式商业的商业规则。而这些商业规则都变成了算法、代码，然后在网上由机器来取代中介，有效、完整地运行。由此可见，区块链技术不仅解决了数字经济中产权确认与数据供给的问题，还大大提高了网络安全性及业务处理的准确性，为数字经济的发展提供了条件。

4.2.3 数字经济的微观主体

数字经济的微观主体包括平台企业、生产者、网络运营商、消费者等，它们是生产交换的组织主体和消费主体，是社会生产力的形成者和消费者。

1. 平台企业

平台是将双边网络用户群体集合在一起的产品或者服务（Eisenman 等，2006）；能够使外部生产者和消费者之间进行价值创造互动（Parke 等，2016）；能将相互依赖的不同群体集合在一起，形成低成本高效率的点对点连接（江小涓，2017）。可见，平台就是通过将不同的用户群体纳入同一网络以创造价值的一种商业模式（裴长洪，2018）。

在数字经济时代，互联网平台能够将用户以较低的成本联系在一起，打破了时空限制，显著降低了交易成本，提高了效率。网络效应是平台的基本特征，随着越来越多的用户加入，平台对潜在用户的吸引力也就越大，网络效应包括直接网络效应和间接网络效应。直接网络效应即用户越多则会产生越多的用户，如更多的微信用户产生更多的微信用户；间接网络效应即平台一端的用户越多则越吸引平台另一端的用户加入，如网络游戏玩家越多，加入的游戏开发商也越多，并且平台连接的用户越多，其价值也就越大，当今最有价值的企业是那些能够“编制”和协调巨大网络的平台企业，如谷歌、亚马逊、Facebook、阿里巴巴等。

虽然平台企业创立时间短，但发展势头强劲，已成为数字经济的引领者。产业组织形态也向平台经济体转变，即以互联网平台企业为中心，将数以万计的服务商家和消费者联系到一起，通过不同群体之间的高效互动，创造出巨大价值。平台经济体在自身规模、价值创造、影响力、包容性等方面超出传统的跨国公司概念范畴，成为数字经济发展的主要驱动力。

2. 非平台类生产企业

数字经济中的非平台类生产企业包括数字化了的有形实物商品生产者和无形数字资源的生产者。随着经济进入“新常态”，消费者的消费观念不断升级，越来越注重个性化体验，而传统生产企业标准化、大批量的流水线生产方式显然无法满足消费者的个性化需求。据麦肯锡的一份调研报告，在 20 世纪 70 年代之前，市场需求预测准确率超过 90%，然而进入 21 世纪以后，市场预测准确率仅有 40%～60%。在数字经济时代，以“云、网、端”为代表的基础设施日臻完善，企业外部的交易成本比内部交易成本下降更快，继续维持臃肿庞大的组织结构显得非常不经济；在这种形势下，传统生产企业展开了变革，一方面从大企业裂变为小企业，将非核心业务外包，从事专业化生产；另一方面，与平台企业合作，通过平台企业提供的用户数据，捕捉用户的消费动态，定制产品或进行定向广告投放，实现精益生产，提高交易率。因此，非平台生产企业开始向小型化、专业化转变。

对于无形数字资源来说，其生产主体称为内容提供商。内容提供商为数字内容服务商提供内容基本素材，主要有小说、动画、影视视频、音乐、出版物、创意等原始版权内容，涵盖教育、文化、娱乐、艺术等领域。对于内容产品，其提供商既可以是个人，如金庸、严歌苓、韩寒等文学小说作者；也可以是创作团队，如德云社、开心麻花等相声小品创作团队；还可以是企业，如中影集团、华谊兄弟等电影制作公司。内容提供商在数字产业中处于重要地位，是产业链的源头，具有较强的主导权力和较高的盈利水平。近些年来我国出台的相关法律、法规、政策加大了对内容创作版权的保护力度以及对侵犯版权行为的处罚力度，数字内容产品提供商的创作积极性逐步地提高，同时也使得内容提供商的地位得到了进一步提高。

3. 消费者

在数字经济时代，消费者被赋予了新的定义，即“产消者”，产消者（Prosumer）是指参与生产活动的消费者。1980 年，著名未来学家阿尔文·托夫勒在《第三次浪潮》一书中首次提出这个概念。

用户可以通过互联网平台消费自己需要的产品或服务，但与此同时，用户在网络平台上的使用痕迹被平台企业记录并形成有效数据，这些数据被平台企业出售给生产企业或目标广告商，在这个过程中，消费者实际上深度参与了产品生产，在一定程度上主导企业生产何种产品，因此消费者同时又具备生产者的身份，即“产消者”。消费者进行生产的过程如图 4-2 所示。

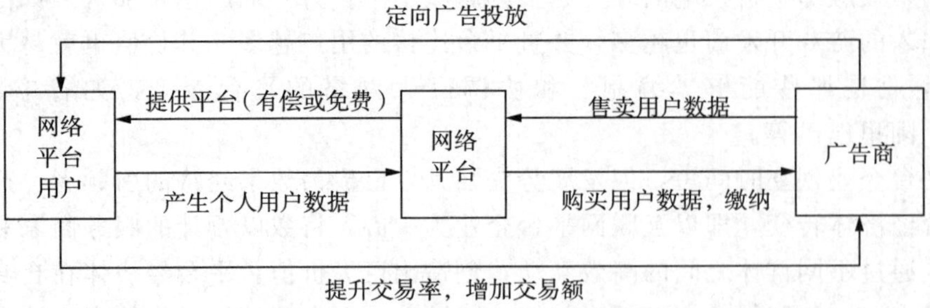

图 4-2　消费者进行生产的过程

4.3 数字经济的经济学基础

理解数字经济并不需要全新的经济学理论，只是由于数字技术的出现，数据存储、计算及传输的成本大大降低，数字经济的交易成本，包括搜寻成本、复制成本、运输成本及追踪成本等也随之下降，而经济行为往往受成本驱动，因此传统的经济理论模型在数字经济环境下发生了一定变化。

日本为啥要把民宿纳入 GDP

4.3.1 数字经济的搜寻成本

首先，市场交易关系中，消费者需要获得厂商与所需商品的相关信息，不论是经由报纸杂志、亲友推荐还是自己挨家挨户地找寻，都必须付出寻找信息的成本，这就是搜寻成本。搜寻成本理论最早由斯蒂格勒（1961）提出，他认为搜寻成本是消费者购买商品前，为了消除信息不对称和价格离散等问题，而不断询问商家所产生的费用，简而言之，就是寻找信息的成本。因此，每个信息收集活动都涉及搜寻成本。传统市场中搜寻成本高昂，这些成本可能是金钱、精力、时间等，而且搜寻的越多，成本越高。随着搜寻次数的增加，当搜寻的边际成本增加到与预期边际收益相等时，消费者会停止搜寻。而数字经济活动的基本理念是，通过互联网更容易找到和比较潜在经济交易的信息，搜寻成本大大降低。

低搜寻成本使消费者更容易比较价格，对同类产品的价格构成下行压力，这将使产品线上价格有所降低。Brynjolfsson and Smith（2000）比较了四家互联网零售商、四家线下零售商和四家既有网络商店又有线下实体商店的“混合”零售商的书籍和 CD 价格。他们选取了 20 本书和 20 张 CD 作为研究对象，其中一半是畅销书和畅销 CD，另一半是从大多数线下实体商店都很受欢迎的书和 CD 中随机挑选出来的。研究表明，这些商品的线上价格大大低于线下价格。此外，其他学者的研究显示网上价格相对较低的情况也出现在各种其他的环境中，如保险、汽车产品和航空公司等。

传统市场中，价格离散的加剧增加了消费者搜寻的边际收益，从而导致搜寻次数的增加，因此价格离散是消费者进行信息搜寻的一个关键动因，一定程度上增加了消费者的搜寻成本。例如消费者在比较网络产品时，需要在各个方面做一一对应的比较，例如在比较书的价格时，书可能是相同的，但零售商是不同的，不同的零售商提供不同的质量、购物体验和运输政策，质量更高的公司可能会发展成更强大的品牌，从而获得更高的价格；此外，销售产品的公司可以影响搜索过程，当消费者搜索时，他们会从价格、质量、声誉、运费、交货时间、颜色等多个维度评估信息，而销售产品的公司可以通过改变搜索界面的信息来影响消费者的搜索。因此，虽然搜索成本较低，但企业可以操纵搜索过程以维持更高的利润和价格，使得价格离散持续存在。

此外，低搜寻成本可能会提升消费产品的多样性。在传统的线下市场，商家往往更愿意把目光放在占据大部分销售份额的少数主流商品上，消费者购买更多的也是这些少数主流商品，市场上大约 80％的产品销量来自 20％的种类的产品，即商业社会的“二八定律”。习惯上称生产量和消费量排在前几位的少数几种畅销产品为明星产品，其他更独特、消费种类更多但销售面更窄的产品为利基产品。但在数字经济时代，低搜寻成本逐渐改变消费者的购买行为，使网络销售呈现两种现象：一种是“明星效应”，即某些热门和流行的商品会受到消费者更集中的关注。低搜寻成本在帮助消费者更精确、更快捷地获取商品信息的同时，也对消费者的购买行为产生同化的影响，使得消费者获取信息的方式和内容变得相近。另一种现象是“长尾效应”，即原本较冷门的、销量较低的商品将获得更多消费者的关注。数字经济降低了搜寻成本、缩小了明星产品与利基产品间搜索成本的差距，使得以往无法及时被消费者了解的冷门商品信息，能获得更平等的机会被消费者关注。以农产品中的水果营销为例，2014 年阿里巴巴网上零售平台水果交易量排行榜显示，该年苹果、柑橘、梨等大宗水果仍然具有较高销量，但与此同时，枇杷、山竹、番荔枝等传统意义上的非热销水果的销量也较可观。水果的销量分布更为分散，与原先的热门水果相比，非热销的水果由于种类更加丰富，在销量分布图上形成了一条长长的尾巴，即长尾现象。网络销售市场中的明星效应与长尾效应如图 4－3 所示。

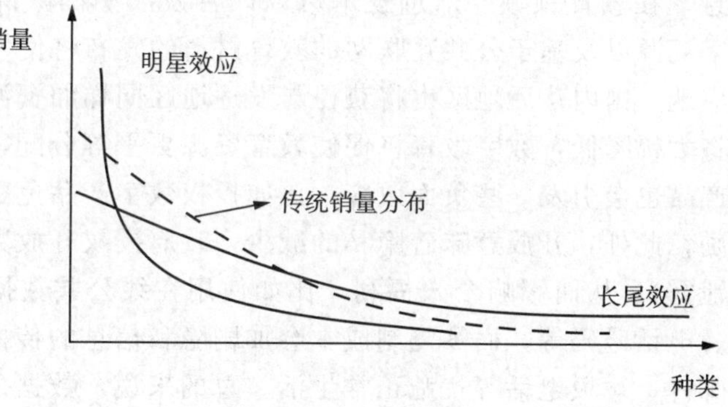

图 4－3　网络销售市场中的明星效应与长尾效应

低搜寻成本还有利于促进买卖双方的匹配，提升交易效率。匹配强调市场双方均参与搜索过程，通常在大型数字平台实现。一方面，低搜寻成本提升了匹配数量，比如购书者可以通过互联网更快地找到他们想要的具体书籍，租客可以通过互联网更快匹配到他们想要的住所，劳动者与雇主也能通过互联网快速匹配，等等。另一方面，低搜寻成本也提升了匹配质量。消费者可以更好地购买到满意的产品；在劳动力市场，公司能够雇佣到更符合职位要求的雇员，而劳动者也能匹配到更符合自己意愿的岗位。

除此之外，低搜寻成本在中观上催生了新的产业组织模式，对产业组织形式也产生了一定影响。如P2P平台的发展，这些平台致力于促进匹配供需双方，将烦琐的数据转化成有用的交易信息，降低供需缺口，提高匹配效率。例如，谷歌提供平台将广告商和潜在买家聚集在一起，Airbnb提供平台对租客与房东进行匹配，淘宝为买家和卖家提供平台，滴滴提供平台将乘客与车主联系在一起，这些市场中有一些被称为“共享经济”。当然，客户通常为“共享”服务付费，共享经济的本质是整合线下的闲散物品、劳动力、教育医疗等方面的资源，由此盘活闲置资源，以低搜索成本更大限度地开发闲置空间。

4.3.2 数字产品的复制成本

数字产品与传统产品的一个关键差异在于其复制成本，即边际成本趋近于零。正是此特性赋予了数字商品非竞争性的特质，非竞争性是指一个使用者对该物品的消费并不减少它对其他使用者的供应，而数字产品可以被一个人消费，而不会减少其他人可获得的数量或质量，比如某一个人观看网络电影，并不影响其他消费者在线同时观看该电影。因此，在没有严格的产权保护制度或相应的技术限制数字产品复制的情况下，不仅仅是生产公司，任何人都可以复制数字产品，成本几乎为零且不会降低初始产品的质量。

数字产品低复制成本、非竞争性的特征对传统的经济学提出了一定挑战。传统产品依据边际成本定价，但对边际成本接近于零的数字产品使用边际成本的定价方法显然不合理，关于这部分内容将在本书第五章进行详细分析。因此，零复制成本使得如何对数字产品进行合理的定价成为一个亟待解决的焦点问题。

数字产品的非竞争性也为政府提供数字公共产品提供了更大的动机。开放的信息将有利于资源的更充分供给与更平等的分配，比如发展中国家的消费者和发达国家的人民可以获得相同质量的信息，在教育领域，信息技术可以改善发展中国家的教育水平，非竞争性、非排他性的数字资源以及基于公共互联网的教育材料的发布将使发展中国家获得更优质的教育资源。相应地，国内落后地区也将获得与发达地区同样的资源，农村与城镇之间教育条件的差距也将大幅降低，数字教育将促使教育资源更平等分配，从而增进福利。当然，政府提供数字产品也会引发一些负面效应，比如授权数字产品免费地广泛复制将减少生产数字产品的激励；此外，开放意味着隐私的减少，政府授权开放数据的政策可能导致数据泄露（或隐私泄露），从而影响个人福利，比如使用在线公共数据可以预测个人的社会保险号码、邮箱、电话号码等，而零复制成本会加剧隐私信息的传播，这就使得消费者更频繁地收到垃圾邮件、垃圾电话等扰乱正常生活。总的来说，数据公共产品会改善消费者福利，但它也可能会导致数据安全实践问题，因此数字公共产品的提供还应考虑到产权制度与网络安全的配套发展。

4.3.3 数字经济的运输成本

根据毕马威发布的报告，2017年，中国的运输成本占中国GDP的18%，比发达国家普遍高出10个百分点，并且对于厂家来说，物流成本可以高达生产成本的30%～40%，由此可见，空间距离所导致的运输成本在一定程度上限制了生产力的发展。除了高昂的运输成本，传统产品的运输还受到先天自然条件和基础设施的限制，比如位于粤港澳大湾区经济腹地的贺州市，由于航道通航条件差，贺江扩能推进迟缓，水路运输的规模优势无法得到有效发挥等，不仅使得大宗货物企业的运输成本过大，库存也日益增多，投资积极性逐渐下降，这些制约了当地经济发展，成为贺州市融入粤港澳大湾区实现互联互通的痛点。

而在数字经济时代，数字产品以比特形式存在，通过互联网可以轻松实现快速传输且成本几乎为零，换言之，即数字商品的分销成本接近于零，而近距离通信的成本接近于零。此外，即使对于实物商品，数字采购技术也有效降低了运输成本；对于消费者来说，网上购物能享受送货上门的服务，降低运输成本；对于商家来说，不同的生产者可以通过同一家物流公司将产品运送到邻近区域的不同消费者手中，实现了范围经济，有效降低了商家的运输成本。

这种低运输成本的实现对经济市场也产生了一定影响。信息传输成本低意味着数字资源的零配送成本，并且近距离和远距离通信的成本差异也几乎为零，这意味着数字经济的低运输成本弱化了空间距离的重要性。因此，孤立的个人和公司将能够进入全球经济，知识将在全球范围内传播。当然，这种说法过于极端，因为他们只考虑了比特形式的数字产品，但即使在数字经济中，消费者除了会消费数字产品，还会消费实物产品，因此不能完全否定空间距离的影响，只能说空间距离在数字经济中对产品运输的限制降低了。但不可否认的是，对于只能线上购买的比特形式的数字资源则完全突破了地理距离的限制，可以以零成本进行传输。

4.3.4　数字经济的追踪成本

数字活动易于记录和存储，事实上，许多 Web 服务器会自动存储信息，从而使追踪数字活动变得更加容易。追踪成本的降低使个性化和一对一市场的创建成为可能，从而重新对信息不对称和存在差异化产品的既定经济模式进行创新，如价格歧视、广告模式等。

数字经济的低追踪成本为实现数字价格歧视提供了条件。在实际市场中，同一商品给每个人带来的效用不同，任何一个人能承受的价格也是不一样的，厂商为了实现利润最大化，往往会实行差别定价，即价格歧视。传统经济理论中，英国经济学家庇古（Pigou，1920）将价格歧视划分为三种最基本的形式：

一级价格歧视又称完全价格歧视，指厂商根据消费者愿意为每单位商品付出的最高价格而为每单位产品制定不同的销售价格，此时生产者成功地获取了全部的消费者剩余。由于企业通常不可能知道每一个顾客的保留价格，所以在实践中不可能实行完全的一级价格歧视。

二级价格歧视指垄断厂商根据不同的购买数量确定的价格，购买相同数量产品的每个人都支付相同的价格，价格依赖于购买数量，但不依赖于消费者，这种定价方式也被称为非线性定价方式。

三级价格歧视指垄断厂商对同一种产品在不同的市场上（或对不同的消费者群体）收取不同的价格，如学生乘火车享受半价优惠就属于这种情况。

依据以上三种价格歧视类型，数字产品的差别定价也可相应划分为个人化定价、版本划分定价以及群体定价三种类型。个人化定价就是以不同的价格向每位用户出售数字产品，相当于一级价格歧视；版本划分定价就是通过提供不同质量版本的同一个产品系列，让顾客选择最适合自己的版本，相当于二级价格歧视；群体定价是对不同的消费者群体设置不同的价格，相当于三级价格歧视。这部分内容将在第五章进一步阐述。

传统经济理论认为，歧视定价需要满足三个条件：第一，拥有一定的市场力量，能够将价格定在边际成本之上获利；第二，必须知道或能够推断出消费者对每一单价产价的支付意愿，而这个支付意愿是肯定会随着消费行为或销量的变化而变化的；第三，必须有能力阻止或限制支付低价的顾客将产品转卖给支付高价的顾客，即套利活动。结合上述三个条件，低追踪成本使得在数字经济中对数字产品实施价格歧视的条件更加成熟。

除了个性化定价，低追踪成本带来的另一个显著变化就是个性化广告的出现，即向这些不同的消费者展示更合适、相关性更强的广告。数字经济时代的在线定位技术使得广告商可以针对特定的消费者，在存在多个媒体渠道和消费者多归宿的情况下，在线广告价格可能比线下广告价格低很多，并且能获得更好的广告效果。在互联网模式下，人们上网的过程中会留下踪迹，而这些踪迹能够体现客户某种偏好，是用户行为习惯的一种潜在表现。这种浏览、点击等踪迹可以转化为用户的互联网行为数据，企业则可以利用现代信息技术对这些数据进行分析统计，把握客户的消费规律，以此来对客户消费进行预判，并针对客户购买特点推送与之相关的广告，从而实现销售目的。由此可见，数字经济的低追踪成本为个性化广告提供了条件，实现了“不同人看不同广告”的效果，避免了广告的盲目性，有助于企业实现精准营销。

4.3.5 数字经济市场

1. 数字经济市场的基本概念

随着数字技术的蓬勃兴起，传统市场交易正发生革命性转变，形成一种新的交易方式——数字经济市场。数字经济市场就是通过同一数字网络下的卖方终端和买方终端进行数字化信息处理、传递与控制实现的商品（或服务）的交易过程。数字市场的核心是通过数字化的信息处理和网络化的信息传递等数字化手段促成市场交易，交易的对象可以是比特形式的数字资源类产品，也可以是传统实物商品。BTB、BTC、PTP 等商业平台模式共同构成了数字经济市场的微观基础，相比于传统市场而言，数字经济市场具有以下特征：

（1）虚拟性。所谓数字市场的虚拟性，是指数字市场并非存在一个有形的市场交易平台，而是在特定数字化环境中形成的虚拟市场，当数字网络不存在时，这个市场也就相应消失。

（2）透明性。由于趋向于零的搜寻成本，数字经济市场实现了完全的透明，市场透明是指市场参与者观察交易过程信息的能力，这些信息可以是商品当前或过去的价格，也可能是时常参与者的动机。

（3）规模无限性。数字化市场架构在互联网络上，并随着互联网络的延伸而延伸。在互联网上，没有地域、国界、文化的界限，一般情况下，数字经济市场没有地域或政治边界，允许全球范围内的交易。

（4）开放性。数字市场是建立在网络平台的基础上的，网络特别是互联网是一个由一系列接入标准定义的开放的系统，数字经济市场建立在这样的开放系统上，就有了作为开放性的市场交易系统的技术基础，只要建立起一整套的市场进入规则和交易规则就可以形成一个开放性市场。

2. 数字经济市场的运行机制

传统经济市场一般具有信息流、资金流和物流三个过程。信息流是理性客户通过搜寻获得产品价格、质量和特征等信息的过程，这些信息多来自广告、杂志、朋友推荐或实体零售商等。资金流是指资金支付渠道，传统市场是传统的离线式支付，包括银行系统或者邮局汇兑和预付款等方式。物流通常是通过传统运输方式将产品传送给顾客。

数字经济市场是建立在数字化平台的基础上的。在数字化市场中，所有的市场参与者，无论是个人团体，还是政府企业，都是要借助于数字市场平台才能交易。数字经济市场的交易平台是个人、企业、机关团体进入数字化市场的代理者，代替传统市场上的交易者成为数字市场交易的基本单元，这种同传统市场的平台差异，使得数字市场运行机制发生相应变化。对于数字市场中交易的非数字产品而言，消费者在数字市场交易过程中的信息流完全数字化，这种信息流数字化为消费者提供一个减少搜寻费用机制，其结果是消费者能以较低的价格购买产品，一些中介（如批发商）从价值链中消失，资金流也从传统的离线支付方式转变为在线支付，物流仍然是通过传统的方式运输。对于数字市场中交易的数字产品而言，消费者在数字市场交易过程中实现了信息流、资金流和物流的数字化，该运行机制重要特征是卖方和客户活动能够融为一体，使得销售、订购、发送、付款等活动以较低的费用进行（图 4 - 4）。

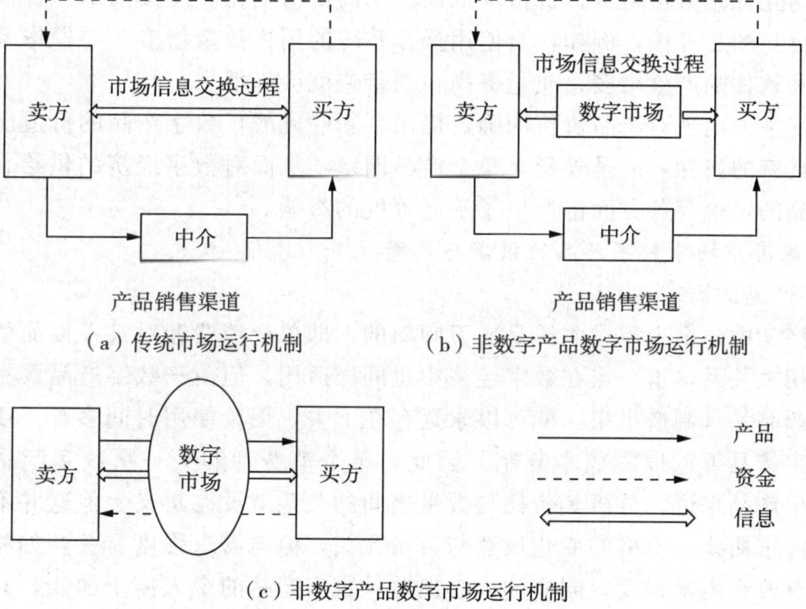

图 4 - 4　传统市场与数字经济市场运行机制图

资料来源：何枭吟．美国数字经济研究［D］．长春：吉林大学，2005.

由此可见，数字经济市场运行机制使得生产者与消费者之间存在着多个环节的“迂回经济”演变为“直接经济”。直接经济下的经济形式更为直接，如交易活动、组织结构、生产运营等方面更为直接。

3. 数字经济市场中数字产品的网络外部性

传统经济主要探讨生产行为对社会福利的影响，比如环境污染的负外部性，而数字经济中的外部性更偏向于虚拟网络外部性，是指连接到一个网络的价值，取决于已经连接到该网络的其他人的数量。当某数字产品的用户增加时，用户将会有更多的机会共享信息，从而使得数字产品的价值不断提升，产生正外部性，当前多数经济学家称其为网络外部性。因此，任何一个消费者在考虑购买、消费或提供数字产品时，都不仅要考虑该产品本身带来的效用，比如产品性能、价格等，还要考虑到将来可能使用相同数字产品的用户数量。由于网络外部性的存在，消费者更倾向于购买那些已经被广泛使用的产品，比如当使用微信的人越来越多时，那么人们在选择社交软件时可能会毫不犹豫地选择微信。

网络外部性分为直接网络外部性和间接网络外部性。直接网络外部性是指由于消费某一产品的用户数量增加而直接导致的网络价值的增大，比如在选择办公软件时，大多数人会倾向于购买微软提供的 Office 办公软件，而不选择其他商家的产品，即使其他商家的产品更具价格优势。直接网络外部性产生的原因是消费者对产品需求的互补性，由于消费者对产品需求存在互相依赖的特征，消费者获得产品的效用随着购买相同产品的其他消费者数量的增加而增加，梅特卡夫法则表明网络的成本会随着网络的规模呈直线型扩张，而网络价值以用户数量的平方的速度增长；间接网络外部性是指由于某一产品使用者数量的增加，该产品的互补品数量增多、价格降低而产生的价值变化。间接网络互补性产生的主要原因是产品自身的互补性，例如，当使用操作系统的用户数量增多，与操作系统相兼容和互补的硬件和软件的产量增多、质量提高，而价格就会降低。

网络外部性的出现对产品价值的确定提出了新的挑战，数字产品的价值已不再集聚于产品本身所具有的属性，而是外延至整个产品网络，从而对数字经济的供给、需求、均衡以及数字产品的定价等各方面都产生了不同程度的影响。

4. 数字经济市场中数字产品的供求与均衡

1）数字产品的需求

传统经济学中，个人需求曲线是向下倾斜的，即单个消费者对某一商品的需求量与产品价格呈负相关关系，这一点在数字经济中也同样适用。但由于数字产品具有不可破坏的特性，这种产品一旦制造出来，就可以永远存在下去，无论使用时间多长，质量都不会下降，并且数字产品可以以零成本复制。因此，单个消费者购买一次数字产品即可满足需求，对于数字产品来说，分析其价格与数量之间的关系就没有意义。但这并不代表数字产品没有个人需求曲线，价格的变化虽然与数量无关，但与需求强度有关，如将传统需求曲线中的需求量改为需求强度，同样可以绘出单一数字产品的个人需求曲线，只不过横轴的数量变成了需求强度（曹萍，2005），即价格与单个消费者的需求强度呈负相关关系，价格越低，需求强度越大；价格越高，需求强度越小，如图 4－5 所示。

但值得注意的是，在整个市场中，网络外部性的影响是一种内生变量，消费者的效用随着用户规模的扩张而增大，并且某个消费者的消费导致的其他消费者效用的增加抵消了该消费者的边际效用递减。因此，整个数字经济市场是边际效用递增的，其需求曲线不能

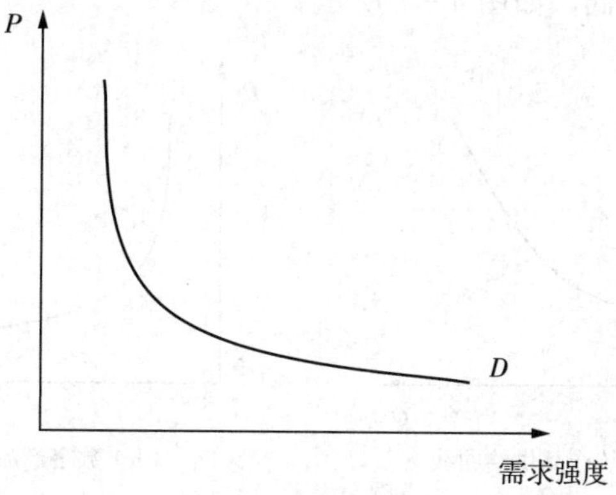

图 4－5　数字产品的个人需求曲线

像传统市场那样由个人需求曲线简单叠加而得到。边际效用决定需求价格，随着用户规模的增大，消费者愿意支付的价格也随之增加，由此可以推断数字产品的需求曲线是一条向右上方倾斜的曲线。但是，消费者对数字产品的消费是建立在其根据该产品的现有用户规模而产生的理性预期之上的，即如果当前用户规模没有大到让消费者觉得该产品能成为社会主流产品以前，消费者是不会因为用户规模的增加而愿意支付更高的价格的。也就是说，数字经济市场存在一个需求量临界值，在达到临界值以前，消费者边际效用递减，需求曲线向右下方倾斜，但一旦超过该临界值，网络外部性开始发挥作用，消费者边际效用递增，需求曲线向右上方倾斜，如图 4－6 所示。

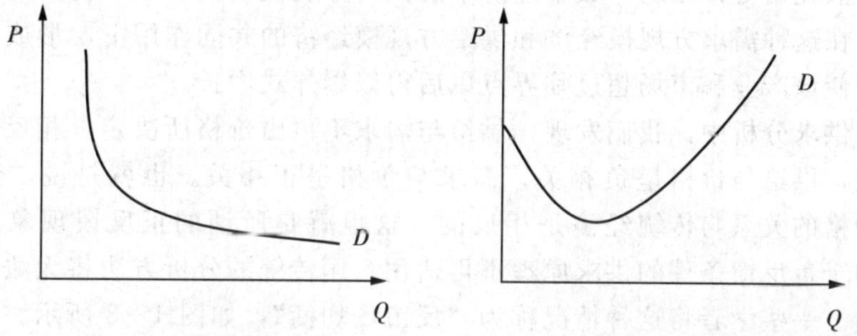

图 4－6　传统市场与数字经济市场需求曲线

2）数字产品的供给

数字产品的供给曲线也与传统经济市场有较大差异。传统经济学中，由于边际成本递增，供给曲线向右上方倾斜；然而在数字经济市场中，数字产品的成本结构比较特殊，固定成本高而边际成本低，且由于数字产品本身的可复制性，它的边际成本几乎为零且能够无限复制，这就意味着当数字产品产量趋向于无穷大时，平均成本也趋向于零。因此，对于厂商来说，价格对其愿意提供的产品数量的影响十分有限，即使产品售价很低，只要出售的数量足够多，厂商也能得到补偿。因此，在数字经济市场中不再是价格决定供给量，而是数字产品的市场规模决定产品的定价。正是由于数字产品特殊的成本结构，随着产量的增加，售价可以越来越低，如图 4－7 所示。

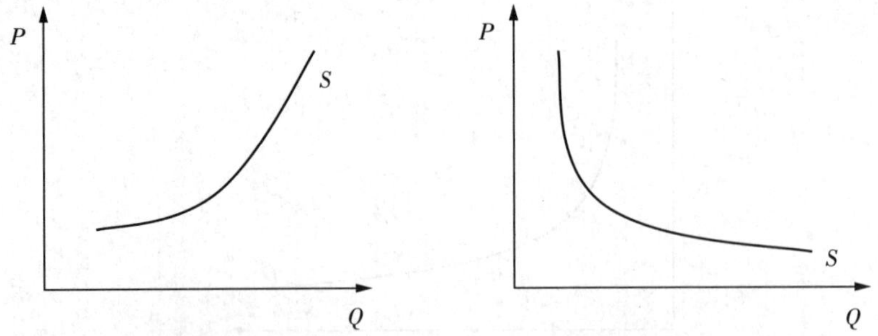

（a）传统产品供给曲线　　（b）数字产品供给曲线

图 4－7　传统产品与数字产品供给曲线

3）数字经济市场的均衡

均衡理论是传统经济学最基本的理论，经济学的各个领域都离不开均衡思想。在传统经济市场中，由于边际效用递减规律所以需求曲线向右下方倾斜，而边际成本递增效应又使供给曲线向右上方倾斜，需求曲线与供给曲线存在唯一的交点，即市场均衡点。而在数字经济市场中，起主导作用的是正反馈机制，即在数字经济市场中占主流地位的是规模报酬递增现象。规模报酬递增不仅来自供给方，更多的来自需求方。在需求方面，网络外部性实现了消费者边际收益递增，实现需求方规模经济；在供给方面，数字产品的高固定成本和低边际成本使网络经济中的供给方规模经济不会像传统经济那样在达到最优生产规模的时候就几乎消耗殆尽；相反，数字经济中的供给方规模经济可以在更大的市场上得以不断延伸。正是在这种需求方规模经济和供给方规模经济的共同作用下，形成了超强的正反馈效应，进而使该产业和市场超过临界点以后得以爆炸式增长。

在之前的供求分析中，我们发现，供给与需求不再由价格所决定，相反，价格由供给与需求所决定，供给与价格呈负相关，需求与价格呈正相关。也就是说，数字产品的供给、需求、价格的关系与传统经济是相反的，这也就是所谓的正反馈现象。在这种情况下，原来适用于负反馈条件的供求原理不再适用，用传统的分析方法将无法得出网络经济中的市场均衡。一些学者将这种情况称为“反市场均衡”，如图 4－8 所示。由于数字产品的供求曲线发生了变化，其需求曲线向右上方倾斜，供给曲线向右下方倾斜，基于传统经济学理论，此时市场均衡点应为 E 点，假设此时市场处于非均衡状态，价格为 P_1，供给量为 Q_{s1}，需求量为 Q_{d1}，供给大于需求，此时市场价格将会下降，而随着价格的下降供给增加需求减少，市场将更加偏离均衡点 E；同理，假设市场的初始价格为 P_2，此时市场的供给小于需求，价格会上升，从而使供给减少和需求增加，同样使供求之间的差距变得更大，更加偏离均衡点 E。由此可见，用传统的均衡理论来分析数字经济市场是不可行的，必须引入新的方法进行分析。

与传统经济不同，数字经济中的市场均衡遵循的不是一般供求规律，而是在正反馈机制作用下，呈现一种动态的非均衡状态。如图 4－9 中，Q 为自变量，P 为 Q 的函数，供给曲线和需求曲线相交。当市场规模 $Q<Q_1$ 时，消费者愿意接受的最高价格小于企业愿意接受的最低价格，此时企业要想把自己的产品销售出去，就不得不接受消费者愿意提供的

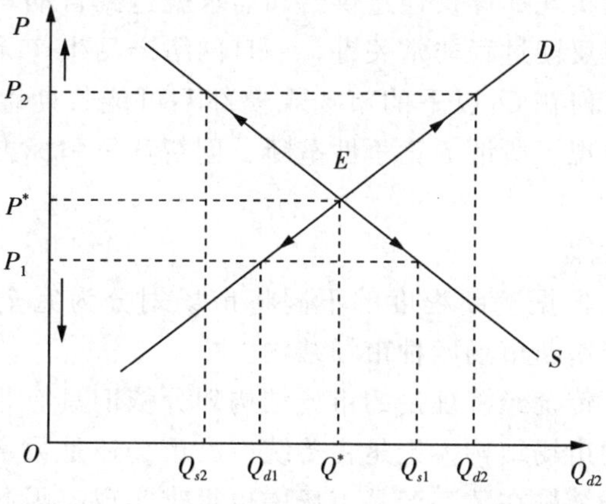

图 4－8　数字经济市场中的反市场均衡

最高价格，即使这个价格低于自己所愿意接受的价格，此时，企业处于亏损状态。随着市场规模 Q 不断变大，在网络外部性的作用下消费者所得到的效用会迅速增加，其愿意接受的最高价格越来越高。而企业由于边际成本递减，愿意接受的最低价格也越来越低。当到达临界点 E_1 时，消费者愿意接受的最高价格和厂商愿意接受的最低价格相等。但是 E_1 点并不是传统经济理论中的均衡点，随着新的消费者加入，网络的规模继续扩大，消费者内心愿意接受的最高价格就会提高，厂商意识到消费者预期的这种变化，就会依然按照消费者愿意接受的最高价格来定价，那么，网络的规模就会继续扩大，从而偏离 E 点。当 Q 超过临界点 Q_1 时，消费者愿意接受的最高价格远大于企业愿意接受的最低价格，此时将 Q_1 称为临界规模点，如果市场不存在竞争，追求最大利润的厂商依然会按照消费者愿意接受的最高价格定价，厂商将会提供越来越多的产品，市场规模将持续扩大，直至趋向饱和。网络达到饱和，实际上意味着新的技术所带来的新数字产品开始加入市场竞争行列，于是消费者对原有的数字产品的支付意愿开始下降，此时网络外部性不再发挥效用，以传统的消费者选择理论为基础的供求规律开始发挥作用，在负反馈机制的作用下达到市场均衡点 E_2。因此，可将 Q_3 所代表的饱和规模线称为技术分界线，在 Q_3 之前该网络产品属于新技术产品，在其之后则属于成熟技术产品。当一种网络产品发展为成熟产品之后，其市场均衡价格一般会低于临界规模时的价格水平。可见，网络产品市场均衡的实现并不像传

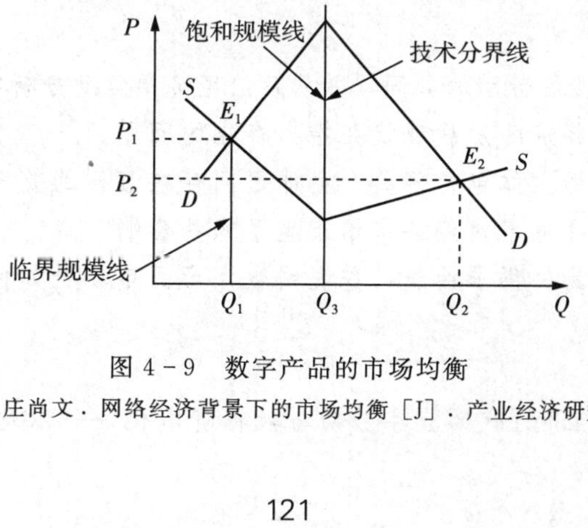

图 4－9　数字产品的市场均衡

资料来源：韩耀，刘宁，庄尚文．网络经济背景下的市场均衡［J］．产业经济研究，2007（4）：53－56.

统经济下产品的市场均衡实现那样仅通过供给和需求就达到自动均衡，而要先后经历正反馈和负反馈过程。其中正反馈过程非常关键，一旦网络产品生产无法突破临界规模，企业将长期处于亏损状态，任何在 Q_1 以下的市场规模都不可能长期存在，该数字产品被市场淘汰。正因为如此，才出现了所谓的竞争性垄断、创新竞争和标准竞争，从而使网络产品层出不穷。

5. 数字产品的市场结构

传统经济学理论往往根据垄断程度的不同将市场划分为完全竞争市场、垄断竞争市场、寡头垄断市场和完全垄断市场四种市场结构。

在数字经济市场中，传统经济理论的市场结构划分依旧具有指导意义。然而，在现实经济社会中，完全竞争的市场结构无论是在传统产品市场还是数字产品市场中都是不存在的。此外，完全垄断市场结构在数字产品市场中也很难实现。因此数字产品市场中排除了这两种市场结构。

垄断竞争的市场结构在数字产品的市场中是存在的。数字产品特殊的成本结构以及数字经济市场中的网络外部性等特点决定了垄断在数字经济中的必然性。消费者需求曲线的特殊性使得消费者更倾向于选择已经广泛使用的、标准化的数字产品，而数字产品标准化的要求只能容忍一种技术的存在，这就更有利于先期进入或占有技术优势的强者，同时也在一定程度上增加了其他后来进入者的竞争难度，从而助长了垄断趋势。但是，又由于数字经济市场的开放度较高，进退基本无障碍，竞争机制更易于发挥作用，只要新产品有技术优势且能为市场接受，就可淘汰其他技术和产品，占领整个市场而不仅是部分市场。这在客观上促成了竞争性越强反而越有利于垄断形成的特殊市场结构——竞争性垄断市场结构的出现。

共享单车

投资潮涌及产能过剩

寡头垄断在数字产品市场中也是常见的市场结构。数字产品市场并没有缓解竞争，垄断性竞争的市场结构往往存在的时间不长，即向寡头垄断转化，较少的大企业会控制整个行业。在网络经济的竞争性垄断市场结构中，竞争的结果必然形成垄断，但某种技术的垄断不是竞争的最后结局，而仅仅是新一轮更激烈竞争的开始。竞争—垄断—竞争的不断循环，使得数字产业里垄断地位的取得和失去越来越快。

思考题

1. 比较数字劳动与传统劳动的异同，并从政治经济学角度分析数字经济下的矛盾运动。
2. 试分析我国数字经济的发展现状并指出存在的问题。
3. 数字经济中的市场主体包括哪些？主体之间存在怎样的关系？
4. 数字经济的低搜寻成本对经济市场产生了哪些影响？
5. 做出数字产品市场的供求曲线，并说明数字产品市场是如何实现均衡的。

参考文献

[1] 刘璐璐．数字经济时代的数字劳动与数据资本化——以马克思的资本逻辑为线索

[J]．东北大学学报（社会科学版），2019，21（4）：404－411.

[2] 易宪容，陈颖颖，位玉双．数字经济中的几个重大理论问题研究——基于现代经济学的一般性分析 [J]．经济学家，2019（7）：23－31.

[3] 张昕蔚．数字经济条件下的创新模式演化研究 [J]．经济学家，2019（7）：32－39.

[4] 胡凌．分享经济中的数字劳动：从生产到分配 [J]．经贸法律评论，2019（3）：33－51.

[5] 乔晓楠，郗艳萍．数字经济与资本主义生产方式的重塑——一个政治经济学的视角 [J]．当代经济研究，2019（5）：5－15，113.

[6] 赵冬梅，王明．电商市场长尾现象的形成机理与实证研究 [J]．西安交通大学学报（社会科学版），2019，39（3）：32－40.

[7] 鲍勇剑，徐石，袁文龙．避免数字经济悲剧的政治逻辑——数字化转型中的"可视化管控"逻辑 [J]．清华管理评论，2019（Z1）：116－123.

[8] 许金叶，许玉琴．区块链"数字货币"的价值之谜——基于劳动价值论的价值分析 [J]．会计之友，2019（3）：149－153.

[9] 刘皓琰．玩劳动与玩工的剥削机制研究 [J]．天府新论，2019（1）：11－18.

[10] 裴长洪，倪江飞，李越．数字经济的政治经济学分析 [J]．财贸经济，2018，39（9）：5－22.

[11] 孔令全，黄再胜．国内外数字劳动研究——一个基于马克思主义劳动价值论视角的文献综述 [J]．广东行政学院学报，2017，29（5）：73－80.

[12] 杨新铭．数字经济：传统经济深度转型的经济学逻辑 [J]．深圳大学学报（人文社会科学版），2017，34（4）：101－104.

[13] 谢芳芳，燕连福．"数字劳动"内涵探析——基于与受众劳动、非物质劳动、物质劳动的关系 [J]．教学与研究，2017（12）：84－92.

[14] 中文互联网咨询中心．OpenSignal：全球已经有五个国家 4G 覆盖率超 90%．2018－3－05. http://www.199it.com/archives/694056.html.

第5章　数字资源的定价

5.1　数字资源与传统实物产品

5.1.1　数字资源的基本内涵

1. 数字资源的概念

数据是未经组织的数字、词语、声音、图像等，信息是以有意义的形式加以排列和处理的数据（有意义的数据）（World Bank，1998）。人类正处于一个信息大爆炸时代，据国际数据公司 IDC 预测，到 2020 年，全球大数据总量将达到 44ZB，我国数据量将达到 8060EB，占全球数据总量的 18%，而这些碎片化的海量数据并不完全具有利用价值，需要对其进行采集、存储、挖掘、加工和分析，而这超出了常规软件的处理范围。因此需要依靠分布式数据存储技术、云计算虚拟化技术及管理平台作为计算资源底层，去支撑大数据对海量数据的分析和挖掘，经过处理后的数据便成为数字信息产品，成为重要的数字资源。数字信息产品是指信息内容基于数字格式的交换物或通过因特网以比特流方式运送的产品，它的存在以网络和终端设备为载体。数字资源具有更广泛的内涵，是将计算机技术、通信技术及多媒体技术相互融合而形成的以数字形式发布、存取、利用的信息资源总和。数字资源本质上属于非物质形态产品，颠覆了传统的物质形态产品的定义，正成为当前经济形态下必不可少的投入品、中间产品和最终消费品。

2. 数字资源的分类

根据数字资源的用途和存在形式划分，目前较为普遍的分类方法有两种：

Son-Yong Choi（2000）是最早对“数字产品”进行分类的美国经济学家，在认为数字资源都是比特流、消除了生产和使用的物理界限的前提下，他将数字产品分为信息和娱乐产品，象征、符号和概念，过程和服务三个类别（表 5－1）。

表 5－1　数字产品分类及主要内容

类　别	内　容
信息和娱乐产品	纸类信息产品：报刊、书籍 产品信息：产品说明、用户手册、销售培训手册 图形图像：照片、卡片、日历、地图、海报 音频产品：音乐唱片、语音 视频产品：电影、电视节目
象征、符号和概念	购票：航班、旅馆、音乐会、体育赛事 金融工具：支票、电子货币、信用卡、有价证券

（续表）

类　别	内　容
过程和服务	政府服务：表格、福利金支付 电子传送：电子邮件、传真、电话 商业价值创造过程：订购、记账、盘点、签约 拍卖和电子化市场 数字咖啡馆和交互式娱乐

谢康（2003）则依据数字资源的用途性质，将数字资源分为内容性产品、交换工具、数字过程和服务等三种类型。

(1) 内容性产品。内容性产品是指表达一定内容的数字化产品，这类产品主要包括新闻、书刊（含报纸）、电影和音乐等，按载体形式可将内容性产品进一步分类，见表 5-2 所列。

表 5-2　内容性产品的分类及主要内容

载体形式	内容举例
数据、文字	各类数值数据，如统计年鉴等
图像、动画	各类图片、图表、地图、海报、网络广告等
音频、视频	各类数字广播、数字电视、视频会议、电影、网络电视、网络直播等

(2) 交换工具。交换工具是指代表某种契约的数字化产品，如网上支付工具、数字化门票、数字化预订等。人们通常使用纸质货币作为交换工具，但在网络环境下货币和传统的金融工具都可以被计算机编码程序转换成数字化产品。大多数的金融信息已经被数字化存储在计算机硬盘中，或者以数字化格式在因特网传播，随着因特网、个人电脑和网络银行终端的渗透和普及，数字化交换工具在现代金融体系中的作用越来越突出，数字化交换工具提高了社会运行效率，降低了社会交易成本。数字门票和数字预定是可用于身份识别的数字产品，因其具有某种契约性，所以是重要的交换工具，近年来随着国民经济的发展和管理水平的提高，影院、车站、公园、体育馆、展览馆、旅游景点等各种公共场所的门票已实现电子化管理。并且，数字预定所覆盖的范围已经涉及服务业的很多领域，如西餐厅座位预定，酒店、饭店、招待所、旅社预定，车、船、飞机票预定，专家门诊、手术预约等，数字预定可以最大限度地为服务对象提供方便，同时也可以使相关部门提高服务水平和服务质量。

(3) 数字化过程和服务。任何可以被数字化的交互行为都是一个数字化过程，数字化过程必须由软件来驱动，这是数字化过程与内容性产品的一个显著区别，它们之间的另外一个区别还在于数字化过程比内容性产品具有更大的交互性能。自 20 世纪 70 年代以来，许多公司或机构使用电子数据交换（Electronic Data Interchange，EDI）软件在客户、合作伙伴和供应商之间创建商务性的电子网络。随着因特网的商业化和个人电脑的普及，厂商或组织更多地依赖因特网作为数字化过程和服务的平台来开展商务活动。数字化过程与内容性数字化产品之间的第一个明显区别是，前者本身必须由软件来驱动，例如，当顾客用暴风影音播放器观看视频时，必须先启动暴风影音，启动的过程就是数字化过程。数字化过程与内容性产品的第二个区别在于数字化过程是交互式的，数字化过程往往不能依靠软件来单独完成，还需要人的参与。例如收发电子邮件、参与在线拍卖和参加远程教育等，都需要人作为主体来参加，软件不过是启动数字化过程的工具。在这数字化过程中，人的参与程度是不同的，网上服务往往是数字化过程与人的参与相互结合而发生的。

从数字产品传输方式的角度，将其划分为传送型数字产品和互动型数字产品（Choi，Stahl&Whinston，2003）。传送型数字产品是能够立即通过下载或分段下载（比如每日更新等）而获得的产品。目前互联网上的大多数数字产品都是递送式的，如数据库、印刷媒介的数字版（包括书籍、期刊、报纸和杂志），甚至网页浏览也是递送式的产品。互动型数字产品是远程诊断、远程教育和交互式游戏等产品或服务。互动是服务器与客户机间的简单通信，比如一个搜索请求，要经过发送信息的过程和接收应答的过程。在这种环境中，双方间的沟通是相互作用的。交互式产品基本上是个人化的产品，只对固定的个体才有消费价值，比如说交互式影视是观众可以根据自己的喜好选择情节和结局，随着不断兴起的在线消费，消费者越来越注重个性化消费，交互式产品越来越普遍。

除此之外，根据数字产品的适时性可以划分为时间依赖和非时间依赖型产品；从使用强度的角度也可以划分为一次性使用产品和多次性使用产品；等等。

5.1.2 数字资源与传统实物产品的联系

从经济学角度来看，需求与供给是市场经济下微观经济学的基本概念，数字资源与传统实物产品都是作为经济商品而存在，其需求与供给机制有很多共同之处，有市场的地方就存在着供求关系：一方面，需求是商品的原动力，是商品存在的价值体现，而供给是为了满足用户的需求，实现商品价值的唯一途径；另一方面，用户的商品需求具有被动性，有效的供给能够激发用户的需求，而无效的供给能够弱化用户的商品需求。因此，保证供给与需求的平衡是商品交易的基本前提。在传统的工业经济中，生产者与消费者都遵循“经济人”假设，即企业希望通过最小的成本实现利润最大化，消费者希望通过最少的支出获得效用最大化。同样在数字经济中，数字资源的提供者也是基于资源的成本和收益来进行商业化的操作，他们最终的目的是以最低的成本实现产品的最大价值，而数字资源的消费者也希望以合适的价格消费数字资源满足自身需求，实现最大效用。

根据信息不对称理论，我们知道在传统市场中交易双方存在信息不对称现象，这可能会导致“逆向选择”的出现，进而降低市场效率。具体地说，就是在市场交易过程中，相比于买方，卖方对产品的质量信息了解得更多，即卖方更占据信息优势，而买方则是占据信息劣势的一方。以旧车市场为例，市场中买卖双方获得的关于旧车的信息不对等，买方只能依据市场上的平均价格来判断旧车的平均质量，他们只愿意以平均价格来购买旧车，而一些质量好、价格高于平均价格的旧车会因为没有人购买而退出市场，市场中只剩下一些劣质的旧车。在这种情况下，市场中买方便会认为市场上交易的产品都是劣质品，就算面对一个价格较高的、质量较优的优质品，也会抱有否定或是怀疑的态度，为了避免上当受骗，最终还是会选择劣质产品而放弃购买优质产品，也就是“逆向选择”问题的出现。

在数字经济时代，数字资源市场和传统市场一样，也会存在信息不对称现象，最终导致“逆向选择”的出现。究其原因，其主要体现在三个方面：第一，数字资源的自身特性不同于传统产品，它的易复制性、共享性、网络外部性等使得商家无法提供数字资源的全部内容，而有限的信息使消费者无法准确地测度和判断数字资源的质量和价格。第二，数字资源提供商或是生产商会有隐藏信息的行为，由于网络的虚拟性和资源的广泛性，数字产品生产商或是提供商为了追求利润的最大化，可能会提供虚假信息或是隐藏对自己不利的信息，致使交易过程中交易双方之间信息不对称，导致消费者做出不合理的经济决策。第三，消费者的有限理性。虽然互联网上资源丰富，消费者可以主动搜寻到相关产品信息，但他们的信息处理能力是有限的，不可能浏览所有的信息和决策备选方案并比较一遍，相对于数字资源生产商或提供商来说，消费者仍然处于信息劣势地位，交易双方仍然存在信息不对称问题。综上所述，数字资源市场中同样存在信息不对称现象，并且相比于传统产品市场，由于网络的虚拟性以及其特殊的交易模式和自身的特性反而可能使得问题变得更加严重。

5.1.3　数字资源与传统实物产品的区别

1. 数字资源的物理特征

1）数字资源具有不可破坏性

数字资源以比特形式存在，是虚拟的产品，一旦生产出来，只要操作正确且物理载体没发生故障，就能永久保持其存在形式，永不变质，而传统的有形产品会随着使用时间和频率的增加慢慢磨损。数字资源的不可破坏性一方面增强了产品质量的稳定性，另一方面也使数字产品成了“耐用品”。由于用户不会像购买实物消费品一样经常购买数字产品，所以导致该产品的销售量难以增加，因此，数字资源制造商只有通过不断提高产品性能和扩充产品信息量来将产品升级换代，而竞争的加剧又迫使制造商加快新产品推出的步伐。

2）数字资源具有可改变性

数字资源的内容是可以改变的，该特征使得厂商可以对数字资源进行个性化定制。例如，一些管理系统的供应商可以根据用户要求，基于系统的基础功能，通过增加部分特殊功能来适应不同用户的具体业务需要。同样地，软件提供商可以通过软件包对现有用户的低版本软件进行升级。网络中被数字化的电影、音乐也可以利用特殊的软件修改它们的格式、内容，消费者甚至可以根据自己的需要而改变这些产品的风格。正是由于数字资源的可改变性，数字产品的差异化程度远高于传统实物产品，数字产品的出现也更好地适应了消费者的个性化需求。

3）数字资源易于复制和高速传播

虚拟的数字资源通过网络可以在极短的时间内，在不同地区、不同消费者之间进行交换和共享，具有传统实物产品无法比拟的速度优势，比如电子邮件，只要具备互联网和电子设备，数字资源可以在极短的时间内被传送。同时，消费者在线购买数字产品时，产品可以短时间内通过网络到达消费者手中，缩短了消费者等待产品的时间成本。

2. 数字资源的经济特征

数字资源作为可消费产品，从经济学角度分析，在以下几个方面与传统实物产品有很大区别：

1）数字资源的个人偏好依赖性更强

传统实物产品被消费的是实物本身，而数字资源被消费的是其所代表的思想和用处。任何产品的需求都随消费者的个人喜好差异而改变，而消费者对数字资源的需求差异化更加突出。因此，数字资源的销售更要依赖消费者信息，根据偏好来对消费者进行分类。有必要根据消费者类型或其他身份信息进行产品定制和差别定价，因为数字资源的用途和价值是相对不同的，对于差别化的数字资源，应根据消费者的评估意见或边际支付意愿而不是边际成本来制定产品价格。

2）数字资源具有特殊的成本结构

数字资源特殊的成本结构表现在生产第一个产品的成本非常高，但是用于拷贝生产的成本极其低廉。如拍摄一部大片需要花费几千万元甚至上亿元；研发一种软件需要几个月的时间，且还需投入大量的人力物力财力。但一旦母体（即第一个产品）成形之后，用于拷贝的成本是很少的。这就说明数字资源的固定成本很高，但可变成本（复制成本）却很低。其中，数字资源的固定成本大多属于沉没成本，即若停止生产，前期投入的固定成本将无法收回，不像传统实物产品那样，停止生产后可以通过折旧等方式挽回部分成本。对于数字产品的可变成本，即使生产了数量很大的拷贝，多生产一份，拷贝的成本也不会增加，即数字产品的边际成本几乎趋于零。这种特殊的成本结构产生了巨大的规模经济，即对于数字资源产品，生产得越多，平均总成本越低。

3）数字资源的产量不易受生产能力的限制

由于规模报酬递减规律，传统实物产品的生产往往都会受到生产规模的限制。而数字资源易于复制且复制成本很低，除了计算机病毒干扰或网络服务器崩溃等特殊情况，它的生产能力基本不会受到影响。

4）时效性

数字资源具有很强的时效性，尤其是内容性产品，如新闻、证券、外汇、股票信息等。通常网络上的某些实时信息，需要消费者通过付费来获取，而相对滞后的信息，则只需支付较低的费用，甚至免费就可获取。例如，PAWWS 金融网络公司提供证券信息组合服务，消费者每月支付 50 美元就可以使用即时指数，而对有 20 分钟延迟的指数的服务只索取每月 8.95 美元的费用，即部分数字资源的价值体现在时效性上，该特性也成为影响数字资源定价的一个重要因素。

5）先验性

数字资源的先验性指数字资源是一种经验产品。所谓经验产品是指消费者必须先尝试，在使用过产品或服务后才知道它们的性质和质量好坏，然后才能对其进行评价，判断其价值。也就是说，对于一种新的数字资源，在消费之前，用户很难判断其真正价值，因此往往不愿支付较高的价格。对于数字产品来说，它每次被消费的时候都是经验产品。一方面，数字资源的价值和载体相独立，用户不能根据数字资源的外观直接判断其真正价值；另一方面，数字资源的价值一般是体现在消费后由于对用户知识结构的补充或改变，对用户产生指导作用。数字资源对用户产生或正或负的效果的过程需要一定时间，使其经验性更为明显。例如，网络上提供的网上银行服务，了解该服务的唯一办法就是使用它。

同样的道理，如果顾客没有亲耳听过一首歌也不能对这首歌的好坏妄加评论。

数字产品的这一特征带来了很多经济学问题，其中最重要的问题在于数字产品消费偏好的确立。消费者必须事先对其进行使用，然后才能进行效用比较并进行选择，其价值才能被确定，这样消费者就会谨慎消费。对于数字产品提供商而言，只有主动采取各种手段来减少商品质量信息的不确定性和信息的非对称性，帮助消费者了解该产品的效用，消费者才能确定自己的购买偏好。比如厂商可以在网上提供测试版本，让消费者免费试用，这也是数字资源的免费定价的意义所在。

正是由于数字资源特殊的物理属性与经济属性，其生产、交换与消费也与传统实物产品呈现很大差别。从产业资本来看，传统产品主要靠固定资本投入，数字信息产品生产则主要靠信息通信技术这样的无形资本来实现。从交换环节来看，农业、工业时代的传统产品包括有形的商品和无形的服务，而无论是商品还是服务的交换都无法突破时间、空间的限制，也即必须在有形市场进行。数字信息产品是以比特的形式储存，并能以比特流形式在网络上传送的非物质形态产品，这种产品本身是看不见、摸不着的，不能被感知，只能通过终端设备识别。因此，只要具备了相关设施以及互联网环境，数字信息产品的交换双方就可以打破时间、空间的限制，随时随地进行交换，这意味着数字信息产品交换的市场是无形的、不固定的虚拟市场。从消费环节看，对于传统产品，消费者一旦消费，即获取该产品的所有权，其他人无法再对该商品进行消费，而对于数字资源产品，不同消费者可以突破时空的限制使用同一产品，比如消费者可以同时观看一部网络剧、阅读同一本电子书、玩同一款网络游戏等，互相并不影响，这也是数字资源消费的非独占性特征。

5.2　数字资源的成本分析

数字资源的成本核算与成本结构均与一般实物产品有很大差异。从数字资源在研发、生产和销售过程中所发生的各种费用去分析，可以把数字化产品成本分为以下几部分：生产成本（包含研究与开发成本）、保存成本和销售成本。

5.2.1　数字资源的生产成本

数字资源的生产主要包括小说、音乐、出版物、影视视频、创意等原始版权内容的生产，涵盖教育、文化、娱乐、艺术等多个领域。

在经济学基本理论中，产品的生产成本由固定成本和可变成本构成，并且在边际报酬递减规律的作用下，形成了“S 形”的总成本曲线，如图 5-1（a）所示。而数字资源具有易于复制且复制成本趋向于零的属性，因此数字资源的生产只包含固定成本，即使存在可变成本，也是极小的。

数字资源的固定成本主要包括前期的研究开发成本与生产过程中产生的费用，研发成本是指从数字产品开发之日起至取得技术可行性之日止所发生的费用，具体包括计划费用、产品设计费用、详细程序设计费用、取得数字产品技术可行性费用、取得技术可行性之前的数字产品测试费用和编译费用等。生产成本是指数字化产品在取得技术可行性之后发生的生产产品的费用总和，包括取得技术可行性之后发生的编译费用和调试费用。数字产品的生产成本结构很特殊，材料费用占的比重很小，主要是加工成本（即人工费用和制造费用）。

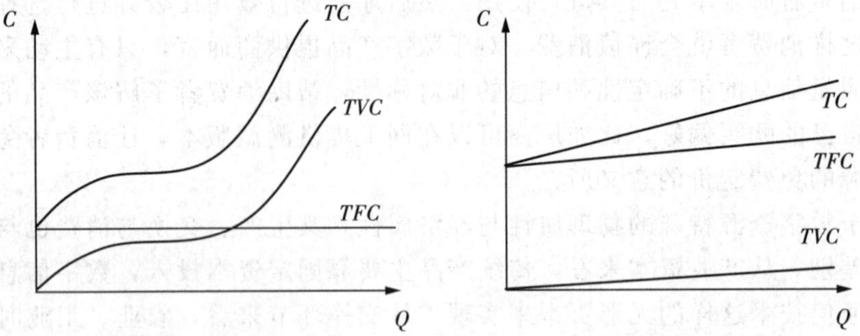

（a）传统实物产品成本曲线　　（b）数字产品成本曲线

图 5-1　传统实物产品与数字产品的成本曲线

虽然生产第一份产品的成本非常高，但是一旦制造以后就可以无限复制，复制成本则极其廉价。例如，一个数据库的出版商可能花费百万甚至千万的成本去征集、编辑和设计，但第一份生产出来后，其复制的成本就非常低。相比于传统实物产品的成本，数字产品具有更高的固定成本与极低的可变成本，因此，总成本曲线近似为一条向右上方倾斜的平缓的直线，如图 5-1（b）所示。图 5-1 中，*TC* 为总成本，*TFC* 为总固定成本，*TVC* 为总可变成本。*TFC*＝研发费用＋设备购置费用＋维护费用＋升级新增固定成本费用，其中维护费用和升级费用在生产过程中也会出现，因此 *TFC* 曲线向右上方倾斜。*TVC*＝产品的材料费用＋产品的产权费用＋管理费用＋操作费用，可变成本在规模经济下几乎为 0，*TVC* 呈现出一条较平缓的向右上方倾斜的直线。值得注意的是，传统实物产品的生产成本受到生产规模的限制，其总平均成本为一条“U”形曲线，即当企业生产规模扩大到一定程度后，单位产品的生产成本逐渐上升，如图 5-2（a）所示；而数字资源产品无论处于多大的产量水平，边际成本都很低且基本不变，如图 5-2（b）所示。因此，对于数字资源，其产量越高，单位产品的生产成本越低，规模经济显著。

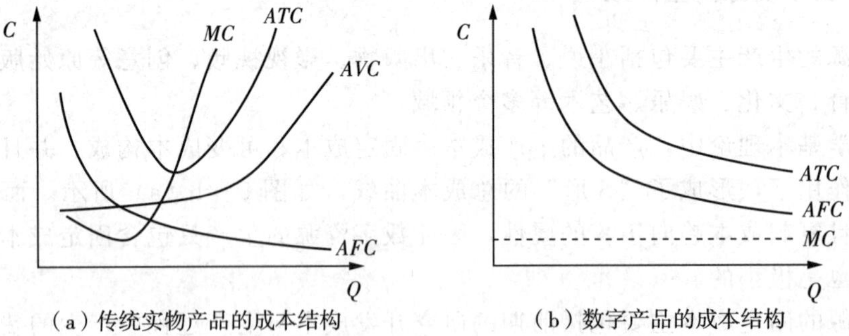

（a）传统实物产品的成本结构　　（b）数字产品的成本结构

图 5-2　传统实物产品与数字产品的成本结构

数字资源特殊的成本结构也使得数字经济下的知识产权管理成为焦点问题。一方面，数字产品高昂的固定成本属于沉没成本，一旦研发失败则无法收回，这促使商家不断进行知识创新，不断通过改进版本来降低其沉没成本，从而推动了技术的更新与进步。于是，商家使用知识产权对新技术和产品进行保护。知识产权保护可以在制度上保障支付了信息成本的商家获得相应的收益，从制度上推动技术的进步。这也促使了商家自觉地增强知识产权保护意识，使自身的合法权益尽可能不受侵犯。数字产品低廉的边际成本使商家可以大量地生产产品，形成规模经济，降低数字资源的平均成本；互联网的应用和普及与网络经济的兴起，使数字产品的传播和分销变得迅速且便捷。因此，有效的知识产权管理有利于形成对数字资源的创新激励。但与此同时，特殊的成本结构也会导致一些问题。数字资源生产的高固定成本使 IT 业形成了较高的进入壁垒，中小型企业很难进入数字资源的行业。同时，低边际成本与盗版问题的关系是比较直接的，在数字资源市场上，是一个原创者与多个盗版者共存的市场结构，数字盗版问题层出不穷。在所有的知识产权侵权案例中，电影和音乐行业的数字盗版问题造成的损失最为严重，因为人们可以自由地在网上发布受版权保护的商品，而一个发布的受版权保护的项目可能对数百万人有用，可能取代销售。例如，一人在某音乐平台购买一首音乐，但可以通过社交软件、网盘等各种方式免费拷贝或低价售卖给其他需求者，从而使大量的消费者无须购买即可获得所需的资源，大大降低了生产者的销售收入和创新动力。

5.2.2　数字资源的保存成本

数字资源保存的目的是保证未来用户可以检索、获取、浏览、了解各种数据和相关信息，在数字资源保存中，需要保存数据信息本身以及相关技术、方法和工具，包括数字比特流、数字格式与处理信息、数字信息处理环境、数字信息的验证和管理机制、数字信息的组织和利用环境等，因此这是一项长期需要大量投资的工程。

数字资源的保存成本主要存在于空间成本、硬件成本、软件成本及人员成本四个方面。

空间成本是指用于安放服务器和相关设备的空间以及相关的安全防护措施，如防静电地板、防盗装置、空调系统等。数字保存活动的费用是必不可少的，需要依托相关设备在一定的空间场所进行，对环境条件要求较高。若把开发、测试和生产等各种设备分开安装，可以减少风险、提高效率，但相应地也会增加保存成本。

硬件成本主要包括存储数字信息的服务器，磁带、磁盘或其他存储介质，备份设备以及网络通信费用等。数据的保存需要硬件设施，如果对需要存储的数据规模有大致的了解，就可以对购买存储介质的成本进行评估，以便有足够的预算来配置相应的存储设备。保存系统接收来自不同地方的大量数字信息，需要高速的线路或灵活的、能够容纳不同负荷的线路，因而网络设施也是很重要的、不容忽视的成本。

软件成本主要包括操作系统、安全管理软件、文档管理软件、新旧应用软件、显示程序、通信软件、数据库使用许可等费用。这一部分涉及购买操作系统的问题，同时需要系统保护软件（防止病毒以及未授权的获取等），也需要具体的软件来获取和存储数字记录。存储系统要提供对存储文档的获取功能，这就要求除了普通的存储软件外，还需要具体的应用软件或显示软件，以便用户能显示或使用存储的记录。另外，每一个进行数字保存的机构，不管其规模大小，都需要文档管理系统（Document Management System，DMS）

或文档管理应用软件（Records Management Application）。

人员成本是数字资源保存成本的最主要部分。人员是一个很大的成本影响因素，对不同的知识库进行成本分析的结果一致表明，人员成本占总体成本的69%～82%。数字保存的整个过程都离不开人员的参与，不同的工作需要相应的工作人员担负不同的任务。数字保存不仅需要专家，也需要管理人员、信息技术人员、服务人员等。

5.2.3 数字资源的销售成本

数字资源交易成本的构成与传统交易并没有本质的区别，仍然包括提供交易条件费用，寻找交易对象费用，讨价还价费用，签订交易合约费用，执行交易费用，监管违约行为并对之制裁的费用，维护交易秩序的费用，等等。根据数字资源的特点，可将交易过程大致分为交易前准备、贸易磋商及合同签订、合同履行等三个阶段，在每个阶段都会产生相应成本。

1. 交易前成本

在交易之前，交易双方都需要进行信息搜索，以找到合适的交易对象。现在随着全球一体化的发展、世界市场的形成，竞争日趋激烈，企业的交易前成本在总交易成本中占的比重越来越大。在传统交易中，交易双方的沟通需要经过很多中间媒介，进行恰当匹配的难度较大。但在数字经济下，网络作为众多企业和客户进行交易的平台，任何企业或客户都可以通过一些专门交易平台或网络搜索引擎，方便快捷地收集对方的信息，然后从中选择合适的进行交易。此外，广告可以向用户推送企业产品信息，企业也能够取得广告效果的反馈信息，从而可以更加容易地对客户的行为方式和偏好进行跟踪，改进生产或营销策略，在此过程中，交易双方的互动更加深入，互相选择机制也更加高效。由此可见，数字经济显著降低了搜索成本，缩短了搜索时间，促进了交易的快速达成。

当然，数字资源的交易前匹配虽然高效但也有其局限性，由于数字资源的可复制性，在消费者购买前，供应商并不能提供产品的全部信息，因此许多商品信息无法完整地在网上呈现，存在一定的信息不对称问题，必须借助其他方式替代。例如，上网买书不能翻阅书的内容，消费者无法得知书籍内容是否符合自己的需求，网络书店则通过提供目录、书评以及试读服务的方式，降低买书者的信息成本；除此之外，影视资源、音乐资源、游戏资源等的交易信息不对称问题，均可通过试用的方式解决。当然，为了建立数字资源的信息，企业也可以请专家学者对商品进行评估，降低商品信息的不足，从而产生一定的交易前成本。

2. 交易中成本

完成交易匹配后，交易双方开始接触，就交易的条款进行协商，最终达成合同。达成合同后，交易双方必须履行各自的责任，划拨款项，提供商品或服务。在传统交易条件下，交易过程烦琐且无法突破时间空间的限制，加大了签约过程中的成本。而数字资源的交易可以通过网络协商的各种条款，直接在网上签订合同，网络还可以实现数字资源的快速交付与款项的直接划拨，大大降低了销售成本与时间成本。

当然，数字资源的网络交易的一个突出问题是信息传输的安全性与隐秘性。数字资源交易通过网络传输信息，从而达成彼此对交易条件的共识。虽然使得交易更方便，但是若网络上的信息传输安全性不足，可能造成个人资料被窃取、滥用或信用卡被盗用，使消费者在网络交易中处于劣势。

3. 交易后成本

交易完成后，卖方还需要交货并提供售后服务，与传统实物产品的交付不同，数字资源最突出的特点就是可以通过网络技术直接传输，例如计算机软件、电子报、MP3音乐等，买方可以通过网络传输取货，降低了运输成本。

对于传统产品交易，在消费者取货后，还存在验货成本。一方面，若消费者对商品不满意，在一定时间内商家保证无条件退货、换货或退款，由此一来，消费者不确定商品品质的风险得到降低；另一方面，商家承担了相应的验货成本。而对数字资源交易而言，由于其特殊的性质，消费者一般不享有退换货的权利，这在一定程度上减少了销售者的验货成本。

此外，对于传统实物产品交易，如果商品使用期限长，需要定时保养，并且可能在使用寿命内出状况，消费者需要商家提供售后服务。售后服务的优劣能影响消费者的满意程度，在购买时，商品的保修、售后服务等有关规定可使顾客摆脱疑虑，下定决心购买商品。优质的售后服务可以算是品牌经济的产物，在市场激烈竞争的今天，随着消费者维权意识的提高和消费观念的变化，消费者们不再只关注产品本身，在同类产品的质量与性能都相似的情况下，更愿意选择这些拥有优质售后服务的公司。由此可见，售后服务是售后最重要的环节，已经成为企业保持或扩大市场份额的要件，同时商家在售后服务上投入的成本也会有所增加。与此相同的是数字资源的交易同样会产生售后服务成本，即维护与支持成本。维护与支持成本是指从数字资源销售给顾客开始直到数字资源的全部过程结束期间所发生的一切其他费用，包括数字资源维护费用和数字资源支持费用。数字资源的形成是一个不断完善的过程，许多公司几乎每年都要推出新版本产品。企业为了保持其数字资源的先进性，要不断地进行市场调研、数字资源功能扩展、开发工具升级。因此，数字化产品的维护及支持成本就必然要发生且占主要部分。

5.3 数字资源的定价策略

数字经济的市场环境与传统市场环境有很大不同，数字资源的特殊性和网络环境的变化使得传统的定价方法变得难以适用。一方面，数字资源成本结构特性以及对消费者个人偏好的依赖性给厂家的产品定价策略的选择提供了更广阔的空间；另一方面，传统定价方法的失效也使数字资源的定价变得更加复杂。

5.3.1 数字资源对平台的影响

数字资源的特殊性对数字经济中的平台企业产生了重大影响。

1. 平台企业的盈利模式发生变化

工业经济中，传统企业的利润来自传统实物产品的销售，主要受产品本身的价格、成本和数量的影响，但数字经济中平台企业的利润却并不单纯来自数字资源本身，因为很多平台企业提供的商品是免费的，其利润的一个主要来源是广告经济。虽然用户可以免费享受互联网平台企业提供的资源，但平台企业往往将广告与数字资源捆绑销售，从而从发布广告的企业获取利润，发布广告的企业则是通过出售相关产品从消费者处获取利润。据统计，广告收入在门户网站、社交网络、娱乐媒体、电子邮件的利润占比分别达到27%、21%、11%和10%。2017年，我国网络广告收入总额约为3262.65亿元，其中电商网站的广告收入为972.27亿元，占整体网络广告收入的29.8%；其次为搜索引擎广告收入占比为24.5%，收入规模为99.35亿元。

一般而言，平台企业在取得较大的市场规模以前是很难盈利的，所以平台企业一开始参与竞争时关注的焦点是市场规模，而不是利润，只有在占有足够的市场份额后才可能盈利。这也为数字资源的定价带来了更多的复杂性。

2. 追求市场垄断成为平台企业发展的主要动力

在传统经济中，提升市场占有率是企业追求市场垄断的主要途径。对于生产企业来说，谁率先实现规模经济，谁就会占据市场垄断地位。但随着经济进入新常态，人们的消费需求呈现多样化、个性化的发展趋势，所以在传统经济下某个市场区域的后进入者仍然可以通过产品差异化占有一席之地。在数字经济中，数字资源通常具有较高的固定成本和极低的边际成本、较高的初始投入成本和极低的复制成本，如果不依靠平台企业市场垄断的力量，生产企业可能由于产品定价太低而使收入无法补偿高昂的初始固定成本。因此，数字生产企业往往需要通过具有大量用户规模的平台企业获取更多消费者信息，实现精准生产、定向营销和差异化定价。因此，不断追求市场垄断力量就成了平台企业发展的主要动力，由于“先发优势”效应的突显，平台企业要想打破其他平台已经形成的垄断，必须进行新的创新，即在数字经济条件下，由创新获得的垄断必须依靠更新的创新才能予以击破，此即熊彼特的“创造性毁灭”理论。

3. 一体化并购成为获取竞争优势的重要途径

数字经济时代，中国互联网产业呈现“赢家通吃”的格局，简单地讲，网络企业要么获得整个蛋糕，要么一无所有。市场统治者获得了该产品总收入的绝大部分，而淘汰者由于其产品还没有达到主流地位，没有锁定消费者，所以不能获得足够的收益来弥补投入。纵观整个互联网行业：一方面，市场格局逐渐稳定，在搜索、社交、支付、电商、短视频、内容资讯等各大细分领域，均有相应巨无霸平台企业稳稳占据头部矩阵，但同时也遇到各种发展瓶颈，努力寻找新的增长点；另一方面，新晋独角兽企业不断崛起，瞄准下沉市场，创新获客方式，冲击着旧有市场格局。不管各互联平台所属的细分领域是否相同，它们都拥有共同的一项资产，即用户数据，尤其是用户关系链，因此，平台之间的竞争关系不单存在于同类企业之间，不同类企业对用户资源的争夺也非常激烈。

为了在激烈的竞争环境中获取优势，企业通过各种方式（如长期合同、兼并）扩大规模。中国互联网三巨头（百度、阿里巴巴、腾讯）正在推进行业的并购浪潮，据统计，三者参与的交易量约占全国并购总量的40%。比如阿里巴巴收购优酷土豆、百度收购糯米网、腾讯收购搜狗、滴滴打车与快的打车合并、美团与大众点评合并等，各互联网平台间无论是竞争关系还是互补关系，均试图通过一体化并购的方式保持或者获取新的竞争优势。

5.3.2　传统定价方法不适用于数字资源的原因

数字资源的特殊性使得其价格决定呈现了一些新的特点。首先，数字资源的价格无法依据价值量大小确定。按照马克思主义经济学原理，商品的价格由价值决定，并随着供求关系的变化围绕价值量上下波动，价值由劳动创造且价值量由单位产品社会必要劳动时间决定。数字资源的研发固然是投入了大量的物化劳动和活劳动，而且其活劳动还是复杂劳动，理应创造出更高的价值量。但一旦数字资源研发成功，就能轻易复制，投入的劳动几乎可忽略不计，并且产量不受限制，因此数字资源的单位产品的价值量很难确定。不能把研发时投入的所有劳动作为定价的基础，以后复制的产品都按照这个价格出售，这种做法明显是不合理的，而且价格会很高，以至于消费者难以支付，没人购买就没有市场，也就失去了意义。由于数字资源单位产品的价值量的难以确定，以价值量为基础的价格决定方式也同样受到冲击，即数字资源的价格无法以价值量来决定。

数字资源也不能以边际成本来定价。在传统西方经济学原理中，追求利润最大化的厂商的价格决定总是围绕边际成本进行，无论是处于完全竞争市场、垄断竞争市场、寡头垄断市场或完全垄断市场，企业实现利润最大化的条件都是边际收益等于边际成本，由此确定产量和产品价格。而对于数字资源来说，传统的价格取决于边际成本的定价方式，且面临巨大的挑战，由于数字资源在成本结构上具有高固定成本和低可变成本的显著特点，其边际成本约等于零，可以忽略不计，这就使得数字资源的价格不可能根据边际成本来确定。

成本加成定价法也不适用于数字产品。成本加成定价法是按产品单位成本加上一定比例的利润制定产品价格的方法，也就是在产品成本上增加一部分盈利的方法。大多数企业是按成本利润率来确定所加利润的大小的，即价格＝单位成本＋单位成本×成本利润率。成本加成定价法是企业较常用的定价方法，但对于数字资源产品，用成本加成定价法也是不准确的。若要使用这种定价方法必须较准确地判断单位产品的成本，而数字资源可以实现几乎零成本的多次复制，并且事先并不知道要复制多少。因此，虽然数字资源的固定成本可知，但单位成本是不可计算的，这一点与物质产品的生产不同，物质产品在生产结束时，产量是既定的，数字资源的产量却无法确定，从而无法事先按产量来分摊成本以确定其价格，所以这里的关键问题是产量如何确定。数字资源的销量就是它的产量，因此，产量的多少就是对其销量的预期。从某种意义上讲，在数字资源的开发成本既定的情况下，对市场需求量的预期就成了影响价格高低的一个重要因素。正如第四章分析的数字产品的供给曲线一样，市场需求量越大，价格才有可能越低，反之亦然。可以说，数字资源的价格决定是在开发成本的基础上，由市场需求来决定的。而其定价的正确与否取决于厂商对市场需求预期的科学性、合理性，这又决定于厂商获取信息的完全性及其采取的预期方法、个人的学识、心理因素等，因而这种预期与实际情况又或多或少存在着差异，使得这种定价方法在一定程度上不准确。

5.3.3　数字资源的定价策略

1. 影响定价的因素

价格决策具有高度的复杂性，需要考虑多方面的因素。在进行价格决策时，既受到企业成本和营销目标等内部因素的影响，同时又受到市场性质、竞争、顾客需求和其他外部因素的影响。

1）影响定价的内部因素

成本是影响定价的关键内部因素，决定了企业定价的底线。价格不仅应该能够弥补生产、分销及销售成本，而且应该包括因付出努力和承担风险而获得的正常利润。有些企业通过低成本生产而参与竞争，采取低价战略占据市场；另一些企业则通过生产独特的产品，以对质量和客户服务的承诺来参与竞争，这样，高成本必然要求采取高价策略。

交易成本作为成本的重要组成部分，它的变动必然影响企业的定价策略。一方面，交易成本在传统经济中占据很大比重，而在数字经济中几乎为零，为企业定价提供了更多空间；另一方面，低交易成本也有助于企业实现精准营销及差异定价，为数字资源的定价带来更多的策略可能性。

除了考虑产品成本，企业在为产品定价之前还必须确定它们的营销策略。企业在定价时通常采用营销组合策略，因为价格只是企业用来达到其营销目标的营销组合工具之一。如果企业想要组织一项有效的、协调一致的营销活动，则价格决策必须与产品设计、分销途径以及促销、广告活动等相匹配，营销组合其他成分的决策将影响到价格决策。

2）影响定价的外部因素

影响企业定价的外部因素有很多，包括市场和顾客需求、竞争对手以及其他外部因素。

成本决定价格的下限，而顾客愿意支付多少决定价格的上限，因此企业在定价之前必须弄清产品价格与需求之间的关系。当然，在数字经济时代，消费者的需求变得更加复杂，呈现一些新的趋势：第一，消费的个性化，数字经济时代的消费者表现出独立的个性，消费者开始制定自己的消费准则，个性化消费成为网络消费时代的主流。同时，互联网也为个性化提供了极大的方便，由于互联网强大的信息处理能力，使得数字资源的消费者可以实现更高程度的个人化，而且数字资源具备的可改变性使得其非常易于差别化，可以更大程度地满足个性化需要。第二，消费的主动性，在传统经济中，厂商往往是市场的推动者，其主动性更强、地位更显著，消费者不参与产品的设计和制造。而网络消费者不习惯被动接受，更习惯于主动选择，他们拒绝在信息沟通不充分、信息不对称的环境中购物，数字经济的低搜寻成本也为这种主动选择提供了条件。实际上，许多商品本身就是网络消费者提供和生产出来的，而不是由厂商发出的，数字经济的低追踪成本进一步促进了消费的主动性。第三，消费的理性化，网络巨大的信息处理能力为消费者挑选商品提供了前所未有的选择空间，消费者可以利用在网上得到的信息对商品进行反复比较以决定是否购买。第四，价格仍是影响消费心理的重要因素，从消费者角度看，价格不是决定消费者购买的唯一因素，却是消费者购买商品时非常重要的因素。尽管经营者都倾向于以各种差别化来减弱消费者对价格的敏感性，避免恶性竞争，但价格始终对消费者心理产生重要影响。由于消费者可以通过网络联合起来向厂商讨价还价，产品的定价逐步由企业定价转变为消费者引导定价。

除了解自身产品的市场需求以外，知道对手的成本和价格也很重要，当然，还要考虑到竞争对手将如何对价格变化做出反应。其他诸如经济状况、政府行为、技术创新等外部因素都将影响企业定价。

2. 数字资源定价策略

数字资源特殊的成本结构和其不同于传统产品的特征，使得数字产品在定价方式上与传统产品存在着较大的差异。对数字产品采用多重的定价模式也就成为必需。

1）免费定价策略

免费定价不仅仅是一种促销策略，它还是一种非常有效的产品和服务定价策略，一般应用于数字产品中工具类中的软件产品。比如 Sun Microsystems 公司把自己十年来最重要的技术产品 Java 软件免费开放；微软和网景为抢夺浏览器市场，争相抢着将自己的产品以各种各样的手段免费送给公众；目前，所有 E-mail 邮箱和网上新闻等信息服务均免费向社会公众提供；等等。

免费价格策略就是在不收取顾客任何费用的情况下，向他们提供全部或部分企业的产品或服务。免费定价适用于数字产品的经济学，依据是数字产品几乎可以以零成本复制这一特性。

当然，这里所指的免费并不是完全意义上的免费，而是有所限制的。免费定价的数字产品一般在其使用时间、次数或使用功能上有所限制，比如 WinRAR 解压缩软件，使用期限往往只有一个月，过了试用期限就需要付费；又如某些免费下载软件，消费者只能免费享受部分功能，要求消费者必须购买获得注册码后才能继续使用；等等。总之，任何企业采取免费都只是一时的战术，实施时不是迫于形势就是期望通过免费可以获取更大的利益，不可能成为企业长期的、全面的价格策略。

供应商通过提供这类免费产品，一方面可以快速占领一定市场份额，提高产品知名度，为发掘后续的商业价值奠定基础。当网站的知名度达到一定水平后，就可以通过刊登广告获取收益，如 Yahoo 公司前期免费建设门户站点，经过 4 年亏损经营后再通过广告收入等间接收益扭亏为盈，其免费策略恰好占领了未来市场，具有很大的市场竞争优势和巨大的市场盈利潜力。另一方面也利用这种形式锁定了用户。很多免费产品的背后，就可以发现大多数供应商提供免费产品的目的是最终锁定消费者，使消费者对公司的产品和服务产生依赖感，当这种对消费者的锁定变为普遍现实后，消费者转移到其他类似产品的可能性就很小了，就有可能产生垄断，为厂商带来高额的垄断利润。锁定用户后再通过产品升级、相关范围收费或收取会员费等形式来取得利润。如金山公司允许消费者在互联网下载限次使用的 WPS 2000 软件，就是想让消费者在使用习惯后再掏钱购买正式软件，这种免费策略主要是一种促销策略。但是，对一些先前实行了免费的数字产品，再实行收费，也有可能激发消费者的反感心理，从而转移到具有替代性的产品或服务中。除了占领市场、锁定用户之外，免费策略还有利于供应商获取消费者信息，一些网站提供免费信息的目的是交换顾客的个人信息，从而进行有针对性的广告投放，还有些站点出售顾客信息的调查报告，获得间接收益。

免费定价策略的具体形式主要包括限制免费策略、部分免费策略和完全免费策略三种：

数字资源限制免费策略是指消费者免费获取数字资源后，可以使用它的全部功能但要受到一定的限制，如通过限制使用时间或使用次数来实现。数字资源产品的不可破坏性使得它能恰到好处地使用这种策略，一方面对于数字资源产品这种“经验性”的产品，通过免费试用可以让消费者了解该数字产品的功能；同时也不会对企业和消费者的利益造成损害。

数字产品的部分免费策略是指这类产品或服务往往可以让消费者免费使用其中一种或几种功能，但是想要能够获得产品的全部功能则必须付费购买正式产品。如免费的杀毒软件只能处理一些简单的病毒而对真正影响计算机的较为关键的病毒往往起不到作用，这时就要求顾客去购买正版的杀毒软件，企业提供这类产品的免费功能主要是为了提升产品的知名度让顾客有先入为主的观念，利用免费功能来为产品做广告。

数字产品完全免费策略是指数字产品从购买、使用和售后服务所有环节都实行免费。完全免费的产品是无差异化的产品，也就是说各个网站上提供的基本相同，如果某个网站实行收费，那么消费者必然会转向别的网站。网络经营者们并不能在免费产品上直接获得收入，他们提供完全免费产品主要是为了招揽用户注意力，吸引足够的人浏览网站，增加网站的人气以建立企业品牌形象，免费产品就像是网站的广告，一样是提高网站知名度的手段。

2）差别定价策略

差别定价一般指同一产品以不同的价格卖给不同的消费者，数字产品的差别定价策略可以通过消费者差别和产品自身的差别来实现，即差别定价既包括产品差异化后形成的价格差异，又包括同一产品的不同定价策略。差别定价策略源于价格歧视理论，即以消费者的支付意愿为基础，运用有差别的价格来达到增加销量，进而实现利润最大化的目的。

差别定价已经成为数字产品市场中基本的定价模式，之所以如此，有其现实性和可行性。

首先，数字资源具有特殊的成本结构和个人偏好依赖等特性，这客观上要求数字资源定价应采用差别化定价。差别定价的最重要之处在于价格是建立在用户的评价而非产品的成本之上的，而数字资源的效用就具有主观性。其次，由于数字资源具有可改变性，厂商可以实现数字资源产品个性化和定制化。众所周知，对于不同的消费者，由于存在不同的喜好和价格敏感度，因此相同的产品在不同人的眼中可能具有不同的价值。这就要求商家必须根据顾客的主观价值，而不是生产成本来为数字产品定价，并且在数字经济条件下，追踪成本很低，可以轻松实现产品定制，因此，不管是销售商还是市场都不可能对所有的产品和所有的用户统一定价。此外，数字资源在进行差别定价方面的优势比传统产品要大得多，与传统销售商相比，数字经济固有的低搜寻成本和追踪成本能够增强网络销售商获取大量消费者信息的能力，网络销售商可以利用数字技术较容易调查出每位顾客对给定产品的支付意愿。

数字资源的价格歧视类型主要包括个人化定价、版本划分定价和群体定价三种形式：

个人化定价就是以不同的价格向每位用户出售数字产品，相当于一级价格歧视，以客户的最大支付意愿为基础。由于收集数字信息的成本较低，公司可以更容易通过注册了解顾客的个人信息，也可以通过跟踪他们的点击率和搜索行为了解他们的兴趣，从而分析这些信息，得出顾客的需求是什么以及他们对产品的评价，这样就可以根据顾客的价值取向和购买行为特征提供不同的价格。从心理学的角度来看，就是准确地估算出每个消费者的消费倾向，即需求函数，从而针对每个消费者收取不同价格。个人化定价使得数字产品的厂商与消费者的经济利益同时达到最大化，即实现帕累托最优。在传统市场上，完全价格歧视很难实现，在数字经济环境中，收集客户偏好信息的成本降低，厂商与个人进行复杂的一系列交易活动的交易成本降低，这些都使得个人化定价对于厂商来讲越来越成为可能和有效。

版本划分定价就是通过提供不同质量（包括及时性、用户界面、方便程度、使用灵活性、特征和功能、完整性、干扰和技术支持等方面的差别）的同一个产品系列，让顾客选择最适合自己的版本，相当于二级价格歧视，这是基于用户自愿选择的方式，即销售商不能识别不同用户时，可以利用用户的自选择机制。供应商可以根据不同顾客的需求提供不同的版本，这样一个完整的产品系列就可以使其数字产品的总价值最大化，同时供应商在设计这些不同版本时，还要突出不同顾客群体的要求，使每位消费者可以选择最适合其需求的版本。比如在数字产品市场中，通常存在性能理性型消费者和价格理性型消费者，当市场存在性能高、价格高的产品和性能低、价格低的产品时，性能理性型消费者倾向于选择前者，而价格理性型消费者倾向于选择后者。也就是说，性能理性型消费者对于数字产品性能的偏好高于价格理性型消费者，而价格理性型消费者对于数字产品价格的敏感程度高于性能理性型消费者。在这种情况下，针对那些价格理性型消费者，可去除某些功能，以较低的价格实现销售，或者通过限制产品的性能实现差别定价。这种情况下，数字产品的功能都将得到保留，但不同版本的性能会受到不同程度的限制。例如，网上免费的股票报价信息通常都是滞后的报价，如果消费者期望获得实时报价信息，就必须向服务商交纳费用；对于压缩软件供应商通常在压缩程度和速度上，针对高端和低端消费者提供不同版本，一种可以压缩 80％，而另一种压缩 10％。这种差别定价是基于不同的消费者获取报价的愿望不同而实现的。

群体定价是对不同的消费者群体设置不同的价格，相当于三级价格歧视。产生群体定价的一个前提是市场分割的存在。数字资源的市场分割得益于共享性、网络外部性和锁定效应。数字资源的共享效应是指，多数情况下，单个用户管理或组织其消费的所有数字产品很不方便，而像图书馆和系统管理员这样的信息中介可以完成这种协调工作，这种情况下可以进行群体定价。例如，在线厂商可以进行站点授权，也可以以高价向图书馆出售、以低价向个人出售学术刊物。网络的外部效应是指当一位用户对产品的评价取决于有多少其他人使用这种产品时，就产生了网络效应。这种效应的出现可以有许多原因，但是最主要的是组织内部标准化的欲望。数字产品的锁定效应指的是如果一个组织选定一种产品作为标准，由于协调和重新培训的成本较高，即该产品转移成本高，导致很难甚至无法选择其他信息产品，这就适宜进行三级价格歧视。例如，无论是企业还是个人消费者一旦选用微软的 Windows 操作系统后，如果想要另外采用其他操作系统，都不得不重新学习使用新的系统及软件，而原先同 Windows 系统配套的硬件（网络设备、打印设备等）因新操作系统不兼容都必须重新更新，这些都是原操作系统留给用户的锁定成本。

在数字产品市场中，通常存在两种消费者，一种更重视产品性能，一种更重视价格。前者倾向于选择性能高、价格高的产品，后者倾向于选择性能低、价格低的产品。此时，则可以采取差别定价策略。

3）捆绑定价策略

数字产品捆绑定价策略是指消费者在购买某产品或者服务时，也必须购买其他产品和服务的方法。数字资源低边际成本的特点决定了数字资源比实物商品更加适合于捆绑定价。对数字资源供应商而言，厂商开展业务的运作成本或交易成本跟提供产品服务的数量没有太大关联，也就是说，在捆绑销售的数字资源中增加组件几乎不会增加成本，厂商提供一种产品跟提供 10 种产品进行捆绑销售没有太大的成本差异。相反，在捆绑销售的实物商品中增加组件则会使生产商的成本增加而不得不提高产品的价格。正是这种成本优势激励厂商实行捆绑定价策略。在数字经济中，对一些数字资源进行捆绑销售的目的是推广新产品或扩大市场份额。例如微软的 Office 软件，由 Word、Excel、Access 和 PowerPoint 等捆绑而成，成功的捆绑销售使其取得了全球办公软件市场 90%的份额；微软将 Windows 操作系统与 IE 浏览器捆绑销售也是同样的道理，通过捆绑让购买了 Windows 的顾客拥有 IE，以便迅速占领浏览器市场。

Adams 和 Yellen 在 1976 年首次提出捆绑是一种很有用的差别定价的方式，捆绑策略是一种提高厂商利润的定价方法，特别是当被捆绑的产品间存在非竞争性的时候。虽然由捆绑销售增加的利润可能在两种产品需求的关系不很明显的情况下才能实现，但是研究证明这种不明显的关系并不是捆绑获利的必要条件。McAfee Etal.（1989）指出，在多数情况下，与单纯的捆绑或不捆绑相比，混合式捆绑将给销售商带来更多的利润。

比如假设厂商提供两种产品 A 和 B，对消费者甲来说 A 产品值 10 元，B 产品值 2 元，对消费者乙来说 A 产品值 2 元而 B 产品值 10 元。假设厂商不采取捆绑定价，将产品 A、B 均定价为 10 元，那么将获得 20 元收益，但若厂商将 A 和 B 捆绑销售，定价为 12 元时，收益则会变为 24，因此捆绑销售给厂商带来了巨大收益。

此外，捆绑销售还可以克服消费者对商品偏好的过度分散，降低消费者支付意愿的分散程度。一般来说，消费者的支付意愿是比较分散的，尤其是在产品间相关度较低的情况下，证明过程如下：

设消费者对 A 产品的支付意愿是等概率的，则根据中心极限定理，所有消费者对该产品的支付意愿 V_1 服从正态分布；同理，B 产品的支付意愿 V_2 也符合正态分布。假设两种产品的支付意愿满足独立正态分布，支付意愿的均值为 μ，方差为 σ^2，可得：

$$V_1 \sim N(\mu,\ \sigma^2),\ V_2 \sim N(\mu,\ \sigma^2) \tag{5-1}$$

此时若将 A 产品与 B 产品进行捆绑销售，则消费者的平均支付意愿满足：

$$\frac{V_1+V_2}{2} \sim N\left(\mu,\ \frac{\sigma^2}{2}\right) \tag{5-2}$$

假设市场上有 n 种产品，且消费者对所有产品的支付意愿均服从独立正态分布，则对这 n 种产品进行捆绑销售后，消费者的平均支付意愿满足：

$$\frac{V_1+V_2+\cdots+V_n}{2} \sim N\left(\mu,\ \frac{\sigma^2}{n}\right) \tag{5-3}$$

由此可见，随着捆绑数量的增加，产品的支付意愿将更加集中分布在均值的区域。换句话说，具有过高支付意愿和过低支付意愿的客户被捆绑平均化，从而客户对捆绑产品的支付意愿更加中等化。图 5－3 展示了产品捆绑前后消费者的支付意愿分布。

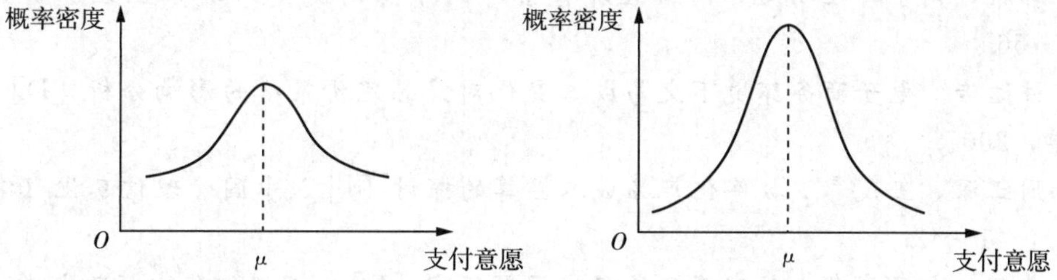

（a）单个产品支付意愿分布　　（b）产品捆绑后的单位联合分布

图 5－3　产品捆绑前后消费者的支付意愿分布

因为消费者对于不同产品有不同的主观评价，而且它们之间的差异往往很大，因此厂家无法对每个产品进行精确定价。而若对产品进行捆绑销售，消费者对捆绑产品中各个组件估价的平均值越来越接近于对各个组件估价的期望值，并且捆绑组件数量越多越接近。因此捆绑销售将使销售商定价更为容易，并且与单独出售数字产品相比，销售商因为销量增加会获得更高的利润。

捆绑是厂商销售数字化产品和服务时的一项重要策略，并在网络环境中日益变得重要。数字资源实行捆绑销售的定价策略，可以充分发挥数字资源低边际成本的优势以及各组件间的互补性特点，从而最大限度地获取消费者剩余，减少产品销售的无谓损失。此外由于数字商品属于“经验性商品”，消费者只有在使用后才能评价其质量．确定其价值。如果供应商把新产品与消费者熟悉的产品捆绑销售，就可以降低消费者的购买风险，提高新产品的知名度。此外，还能够弱化产品间的可比性，使消费者难以转向其他厂商，从而能够占有更多的市场份额。

生活中的“捆绑销售”例子

思考题

1. 数字资源与传统实物资源的不同之处有哪些？
2. 举例说明数字资源成本结构的特殊性。
3. 为什么传统定价方法不适用于数字资源定价？
4. 数字资源的定价策略有哪些？请结合现实中的案例说明。
5. 请分析对数字资源进行差别定价的现实性与可行性。

参考文献

[1] 郑兴碧．数字资源的价格决定及其启示——基于价格决定特点的数字资源购买策略［J］．贵图学刊，2013（4）：46－48.

[2] 史丛．网络经济中的需求和供给分析［J］．情报杂志，2009，28（S2）：284－

285，292.

[3] 曹萍，张剑. 数字产品定价中传统经济学方法失灵原因及定价策略 [J]. 经济与管理，2008 (10)：68-72.

[4] 韩耀，刘宁，庄尚文. 网络经济背景下的市场均衡 [J]. 产业经济研究，2007 (4)：53-56.

[5] 许达专. 电子商务环境下交易成本变化对产品定价策略的影响分析 [D]. 厦门：厦门大学，2007.

[6] 周正深，王茂春. 数字化产品成本核算的探讨 [J]. 中国管理信息化（综合版），2006 (1)：41-42.

[7] 曹萍. 电子商务中数字产品的定价问题研究 [D]. 武汉：华中师范大学，2006.

[8] 孙凯，王振飞，鄢章华. 共享经济商业模式的分类和理论模型——基于三个典型案例的研究 [J]. 管理评论，2019，31 (7)：97-109.

第 6 章　数字经济的统计核算与测度

6.1　数字经济统计的争论

6.1.1　数字经济统计范围的界定

在比较某国或某地区数字经济发展水平或进行度量时，首先要给出数字经济统计上的范围的界定，如果该国或该地区对数字经济的内涵和范围不明确、不统一，很难说明或比较数字经济的发展程度或速度。然而，国际上仍然没有对数字经济的统计口径给出统一标准。根据数字经济界定范围的不同，其统计口径从小到大可分为三大类：核心内涵、狭义内涵和广义内涵（图 6－1）。

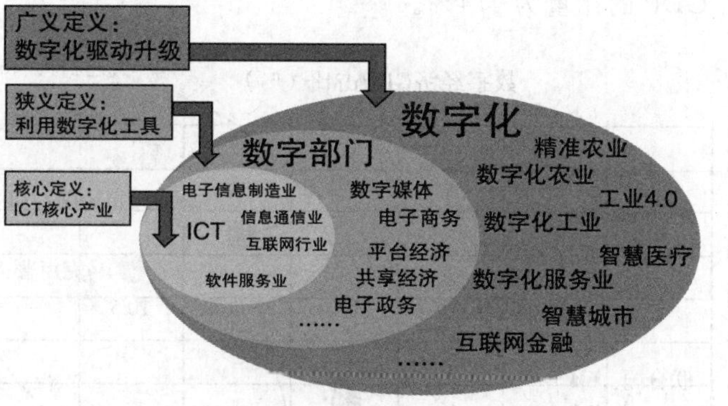

图 6－1　数字经济的三种内涵界定

核心内涵认定数字经济是数字经济活动的核心部门，即 ICT 产业。ICT 是信息、通信和技术三个英文单词的开头字母的组合（Information and Communications Technology，ICT）。它是信息技术与通信技术相融合而形成的一个新的概念和新的技术领域。以往通信技术与信息技术是两个完全不同的范畴：通信技术着重于消息传播的传送技术，而信息技术着重于信息的编码或解码，以及在通信载体上的传输方式。随着技术的发展，这两种技术慢慢变得密不可分，从而渐渐融合成为一个范畴。ICT 对经济增长的促进作用首先表现在 ICT 产业的自身发展，即 ICT 产品和服务部门的生产率首先增长；其次，表现在 ICT 产品在各个行业的应用，促进了国民经济各个部门中企业的 ICT 投资；再次，表现在 ICT 产业的发展和 ICT 技术的广泛应用，改进了国民经济各部门的结构；最后，表现在 ICT 技术的广泛应用促进了社会劳动生产率的提高，例如作为互联网应用的电子商务，改进了市场交易的效率，信息化程度的提高，降低了组织监督与管理成本，这些都提高了企业和社会的劳动生产率。这里 ICT 产业主要包括电子信息制造业、信息通信业、互联网行业和软件服务业等几个主要的核心部门，称为数字经济的核心内涵。

狭义内涵认为数字经济是利用数字工具进行经济活动，即以生产数字产品和服务为主导工作的数字部门，显然含义要比核心内涵广泛得多。这不仅指基于数字格式的交换物或通过互联网以比特流方式运送的经济活动，也指基于数字技术的电子产品或将其转化为数字形式通过网络来传播和收发，或者依托于一定的物理载体而存在的产品。狭义的数字经济包括数字媒体、电子商务、平台经济、电子政务、共享经济等经济形式。

广义内涵认为数字经济是数字化驱动产业升级产生的经济效应，即数字产业化和产业数字化，只要整合了数字技术的经济部门都可称为数字经济，都是需要统计的范围。

核心内涵测算 ICT 产业，数字经济的测算规模普遍偏小。联合国、经济合作与发展组织（OECD）、麦肯锡、布鲁塞尔等组织或机构，使用生产法测算的增加值表明，数字经济核心产业 GDP 占比在 4.4%～6.4%（图 6-2）。OECD 发布的《测算数字经济报告》指出，2015 年 OCED 国家信息产业 GDP 占比近 6%。2017 年世界银行发布的《信息经济报告》指出，2014 年全球 ICT 部门产品和服务 GDP 占比 6.4%。欧洲智库布鲁盖尔（Bruegel）发布的《中国数字经济有多大?》指出，2016 年中国 ICT 规模的增加值占 GDP 的比重约为 5.6%。麦肯锡咨询公司在其《中国的数字化转型》报告中指出，2016 年中国互联网经济规模占 GDP 的比重为 4.4%。

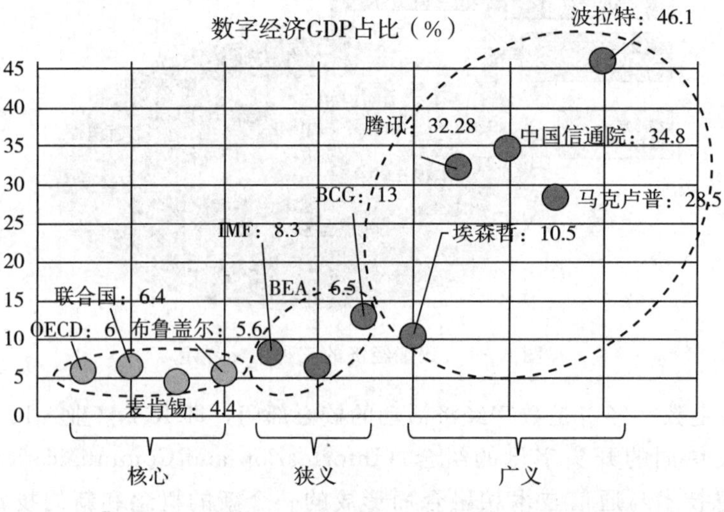

图 6-2 数字经济不同界定下的数字经济占 GDP 的比重（%）

狭义定义度量的结果相对适中。应用狭义定义测算机构包括波士顿咨询公司（BCG）、国际货币基金组织（IMF）、美国经济分析局（BEA）等，测算结果数字经济占 GDP 的比重为 6.5%～13%。BEA 在其《数字经济定义及测算》论文中，定义数字部门包含数字基础设施、电子商务、数字媒体，利用生产法测算 2016 年美国数字部门占 GDP 的比重为 6.5%。IMF2017 年发布的《数字经济测算》报告，定义数字部门包括数字化活动、ICT 产品和服务、在线平台和平台支持活动，利用生产法加总计算增加值，并利用回归结果补充遗漏部分，测算表明绝大多数国家数字部门经济附加值约占 GDP 的 9.75%。BCG 在其《迈向 2035：4 亿数字经济就业的未来》的报告中，提出了 ICT 部门和 C2C 消费等的 e-GDP 指标，利用支出法计算 2015 年 e-GDP 占 GDP 的比重为 13%。

广义内涵测算数字经济规模，覆盖面最广。马克卢普（Fritz Machlup）和波拉特（Marc U. Porat）等经济学家以及埃森哲（Accenture）咨询公司、腾讯研究院、中国信息通信研究院等机构都对此进行过研究。马克卢普利用支出法测算数字经济规模，发现其对 GDP 的贡献高达 28.5%。波拉特则借助生产法和收入法测算一级信息部门和二级信息部门，测算数字经济活动对于 GDP 贡献达 46.1%，被 OECD 等众多国际组织认可和应用。埃森哲咨询公司在《数字化增长乘数》一书中，测算数字经济对金融服务业、医疗保健业等 13 个产业的贡献，认为 2015 年中国数字经济大约占 GDP 的 10.5%①。2019 年初，腾讯研究院发布《中国“互联网＋”指数报告（2018）》，利用多期 GDP 季度数据、数字经济指数等进行面板固定效应回归测算数字技术及活动的渗透规模，计算发现 2018 年中国数字经济规模占 GDP 比重为 32.9%。中国信息通信研究院则利用数字产业化和产业数字化的定义，测算数字经济直接贡献和间接贡献，测算数据影响较广，被 G20 峰会、数字中国建设峰会等广泛引用。通过测算，他们认为 2018 年中国数字经济规模占 GDP 比重约为 34.8%。

6.1.2　数字经济的主要统计核算方法

合理完善的数字经济的统计核算是加强数字经济产业的规范管理、促进数字经济高质量发展的重要基础和支撑。由于数字经济的新颖性和渗透性，传统统计手段不能科学准确地统计数字经济，适应数字经济特点的统计方法和体系亟待建立。从目前国际和国内研究人员和机构的核算方法来看主要有生产法、支出法和回归分析法等几种模式。

1. 生产法

从生产者的角度出发对数字经济发展进行的核算，把一国一年内各数字生产部门生产出的最终产品和劳务的市场价值进行加总即是数字经济水平，可称为数字产业化。所以事先需要对数字经济涵盖部门进行认定，比如中国信息通信研究院对数字经济部门的认定范围包括电子信息设备制造、电子信息设备销售和租赁、电子信息传输服务、计算机服务和软件业、其他信息相关服务，以及由于数字技术的广泛融合渗透所带来的新兴行业。即便如此，由于数字经济部门的交叉性，也不太容易分离出相应的数字经济增加值。中国信息通信研究院先通过生产函数法计算 ICT 投入要素的贡献，与 ICT 投入的量相乘，进而估算出数字经济核心产业 GDP 总量；对于数字经济融合部分，则通过投入产出表中各行业 ICT 产品和服务的投入与行业产出的对应关系进行核算。根据测算得出我国 2017 年数字经济规模高达 27.2 万亿元，同比名义增长超过 20.3%，占 GDP 比重为 32.9%。

生产法较难核算的部分是产业数字化，表现为技术进步贡献，技术进步对经济的贡献体现在以下方面：一是经济运行成本大幅降低，具体表现在可大幅降低信息获取成本；大幅降低资源匹配成本，打通线上线下两个空间，大幅降低资源发现、契约签订、监督实施费用，并解决主体间信息不对称问题；大幅降低资本专用性成本；有效降低制度性交易成本。二是经济运行效率显著提升。具体表现在不断深化产业专业化分工；提升企业间生产

① 测算仅包括 13 个产业，其他众多行业受数据所限，并没有包含在测算结果内，所以这个结果相对较小，应谨慎使用。如果纳入其他行业，那么占比应该会大幅度上升。

协同水平；助力实现供需精准匹配。

2. 支出法

与生产法相反，支出法是从对最终产品和劳务支出者（购买者）的角度出发对数字经济规模进行的核算。部分统计学者认为，从购买者角度区分什么是数字经济产品或服务要比从生产角度更为容易，所以一些著名的国际机构通常采用支出法进行数字经济的核算，如波士顿咨询公司和麦肯锡咨询公司等。波士顿咨询公司提出了 e－GDP 的概念①，从支出角度进行统计核算，涵盖所有与 ICT 设备创造生产、服务提供和应用相关联的活动。类似地，麦肯锡咨询公司提出了 iGDP 的概念，即互联网经济的增加值，从支出法角度核算认为中国 iGDP 指数（互联网 GDP 占 GDP 比重）已经超过美国。

3. 回归分析法

回归分析（Regression Analysis）是研究变量之间作用关系的一种统计分析方法，其基本组成是一组自变量与因变量之间的关系。回归分析研究的目的是通过收集到的样本数据用回归的统计方法探讨自变量对因变量的影响关系，即原因对结果的影响程度。利用这种方法建立的数学模型称为回归方程，它实际上是相关变量或现象之间的不确定、不规则的数量关系的一般化表达。

由于数字经济的渗透性和交叉性的特点，生产法和支出法都不能“干净”地核算数字经济的规模，在生产法或支出法的基础上辅以回归分析法能够较好地补充生产法和支出法核算不准确的问题。腾讯研究院曾采用的一元回归分析法，用我国生产法或支出法数字经济 GDP 对“互联网＋”指数进行回归后得到统计关系，并基于“互联网＋”总量来测算和校正数字经济 GDP 总量。经测算和校正，2017 年我国数字经济规模为 26.7 万亿元，同比增长 17.24％。埃森哲公司则采用多元回归分析法测算数字经济规模，不仅测算了 ICT 硬件、软件等数字经济核心产业的总量，也测算了数字经济融合部分的经济总量。根据埃森哲的研究报告，到 2020 年，数字经济对中国 GDP 产值的贡献将达 3.5 万亿元。

6.1.3 美国数字经济统计核算办法

2018 年 3 月，美国商务部下属的经济分析局（BEA）首次发布了有关美国数字经济规模和增长率的研究报告，从中可以发现美国对数字经济的核算程序和办法。

1. 美国数字经济核算范围的界定

1）计算机网络存在和运行所需的数字基础设施

计算机硬件。构成计算机系统的实体要素，包括但不限于显示器、硬盘、半导体、无线通信设备以及音视频设备。

软件。个人电脑和商业服务器等设备所使用的程序和操作系统，包括商业软件、企业自行设计和使用的软件等。

通信设备和服务。通过电缆、电报、电话、广播、卫星远距离传输数字信息所需的设

---

① eGDP 是 BCG 主导开发的衡量互联网经济规模的指标，作为数字经济规模的代替，在 2012 年 BCG 联合谷歌(Google) 公司联合发布了《The Connected World－G20 国家互联网经济》系列报告，其中首次使用了 eGDP 的概念。其计算办法包含互联网零售、接入、设备相关的消费、投资、政府支出和进出口。

备和服务。

建筑。数字经济厂商提供数字经济产品或服务所在的建筑物、提供数字产品辅助服务的建筑；数据中心建筑、半导体工厂、光缆、开关、中继器设施等。

物联网。如家用设备、机器和汽车等可彼此通信并连接到互联网的互联网设备。

支持服务。如数字咨询服务和计算机修理服务等数字基础设施发挥功能所必需的服务。

2）通过网络系统发生的数字交易

数字交易指的是广义上所有通过计算机网络进行商品和服务的购买和销售行为，包括电子下单、电子交付和平台支持交易等。

B2B 交易。企业和企业之间通过互联网或其他电子方式进行产品、服务或信息的交易。制造商、批发商和其他企业参与公司内或公司间产品和服务的交易。

B2C 交易。企业和消费者之间利用互联网或其他电子方式进行产品、服务或信息的交易。

P2P 交易。共享经济，也称为平台数字交易，指的是消费者之间通过应用程序进行商品和服务的交换，包括但不限于共享出行、共享住宿、送货和速递服务、食品准备、消费品租赁、洗衣服务和家政服务等。

3）数字经济用户创造和访问的内容

它主要指数字媒体业务。由于消费者逐步远离纸质书籍、报纸、实体音乐等实物载体，而更多地读取数字形式的媒体内容，所以通过电子设备创造、访问、存储或阅读的电子媒体内容即是数字媒体。包括：

直接销售的数字媒体。生产者直接向消费者出售的数字产品，收取订购费用。

免费数字媒体。一些主体免费向消费者提供的数字媒体，例如 Youtube 或 Facebook 等。这些供应商会通过在数字产品的边缘提供广告空间来获取收入。此外，一些消费者也会自行创造一些在线内容供其他人观看，这被称为“P2P 数字媒体”。

大数据。一些企业或机构的日常业务会创造大量的数据。数字媒体可能成为收集消费者行为或偏好的一种机制。这些公司可以通过出售这些信息来获取收入，这被称为“大数据”。

需要说明的是，由于基础数据获取困难，BEA 在目前的数字经济核算实践中，并没有包括上述所有内容。具体来说，在数字基础设施中未包括物联网和建筑物部分，在电子商务中未包括 P2P 部分，在数字媒体中未包括免费数字媒体服务和大数据服务部分。

2. 美国数字经济的基本核算方法

BEA 在供给使用框架下核算数字经济。供给使用表是美国国民经济核算的基准，可以作为编制各种经济账户的基础。BEA 供给使用表的分类使用北美产业分类体系(NAICS)，主要利用普查局的年度行业调查和其他部门的行政记录数据进行编制。供给使用表包含了产业和最终使用交易的完整信息，可以刻画不同行业间产出和消耗的关系。

BEA 从产品的角度界定数字经济核算范围。首先是在供给使用框架下确定数字经济相关的产品目录。目录中有些产品类别只有部分产品属于数字经济，需要对其评估以确定其中属于数字经济的产品比例，但由于基础资料所限，实际核算中仅包括以数字经济产品为主的类别，比如 BEA 目前的数字经济核算未包含数字经济基础设施中的建筑和物联网。NAICS 共包括约 5000 种产品，BEA 的数字经济核算包含其中的 200 余种产品。确定产品目录后，进一步确定生产这些产品的行业，并最终核算出数字经济的产出、增加值、劳动者报酬、就业等指标。在计算某行业中属于数字经济部分的增加值时，BEA 假设数字经济部分与全行业有相同的增加值率。劳动者报酬和就业计算采用与增加值相同的思路，即某行业中属于数字经济部分的劳动者报酬和就业的占比等于数字经济部分产出的占比。

1）名义增加值和总产出核算

BEA 对美国数字经济规模的核算主要是在北美产业分类系统（North American Industry Classification System，NAICS）及供给使用表基础上进行的。BEA 首先对供给使用表中 200 多种数字产品和服务进行识别和分类。在识别分类的基础上，BEA 计算得到了美国所有产业对数字商品的总产出数额，计算出细分产业生产的各类数字产品的总产出，得到其占该产业总产出的比重和每个产业中间消耗占比，最后假定这一占比等于该产业数字产品中间消耗比重，用每个产业生产各类数字产品的总产出分别占该产业总产出的比重乘以产业的增加值即为该产业数字产品生产的增加值。

2）实际增加值和总产出核算

为了能够进行年度比较和考察增长速度，在得到现价的数字经济总产出和增加值后，BEA 以 2009 年为基准，构建了对应的价格指数进行平减后得到可比价格的总产出和增加值，即数字经济的实际增加值和总产出。数字商品与服务的总产出指数主要从供给表得到，从使用表中主要构建中间使用品的价格指数，最后合成为费氏（Fisher）理想指数框架得到不变价格的数字经济的 GDP。

6.1.4 OECD 数字经济核算办法

1. OECD 对数字经济内涵的界定

目前对于数字经济内涵的理解与界定不一而足，对数字经济的定义也未达到有效的共识，其中 OECD 给出了两个基本统计视角界定，一是基于包容性发展的视角界定，二是基于卫星账户设计的统计界定。此外，美国 BEA 也给出了数字经济产品和产业的界定。比较起来，OECD 的两个界定属于对数字经济内涵的广义界定，而美国 BEA 的界定则属于相对较为狭义的界定。

1）基于包容性视角的内涵界定

2007 年亚洲开发银行首次提出“包容性增长”的概念，世界银行随后延伸为“包容性发展”。包容性是指人与人、人与社会、人与自然的和谐；包容性发展是指以人为中心的，人与人、人与社会、人与自然的和谐发展，是包括 GDP 增长指数、人类发展指数、社会发展指数、社会福利指数、幸福指数在内的全面发展。OECD 基于此指出，数字技术的深入发展不应只针对经济增长，更应该以公平性、普惠性、平衡性、稳定性等为主要目标，让更多的参与者享受到发展的好处，让数字经济的发展推动人类社会的进步。因此，OECD 对数字经济内涵的界定拓展了应用边界，更多地包含了对数字技术影响力的把握和对未来经济社会转型的愿景。

基于这一思路，OECD 在《数字经济展望 2017》研究报告中将数字经济定义为一种动态过程，指经济社会发展的数字化转型，强调数字化和互连性对传统组织和生产生活模式的冲击，应充分运用互联网和通信技术，挖掘数字经济对创新发展和包容性增长的驱动。

OECD 基于包容性视角给出了数字经济特征的三个维度：一是规模、范围和速度，主要识别规模扩张、范围和时间动态的性质，用来说明数字经济的低成本化、标准化和动态性特征；二是所有权、资产和经济价值维度，反映数字经济数据驱动的特征，识别软性资本和价值移动；三是关系、市场和生态系统，反映数字经济的分散性结构特征的维度，用来识别智能化平台和生态系统。

2）基于卫星账户核算视角的内涵界定

OECD 依据数字交易的特征对数字经济的主体和客体等进行了界定。OECD 统计司以并集的方式基于数字交易的数字化订购、交易平台、数字化传输三大特征识别数字经济活动，构建概念框架。这里，数字交易的主体主要有生产者、撮合者和使用者三类，而客体即是参与数字交易的数字产品（图 6-3）。

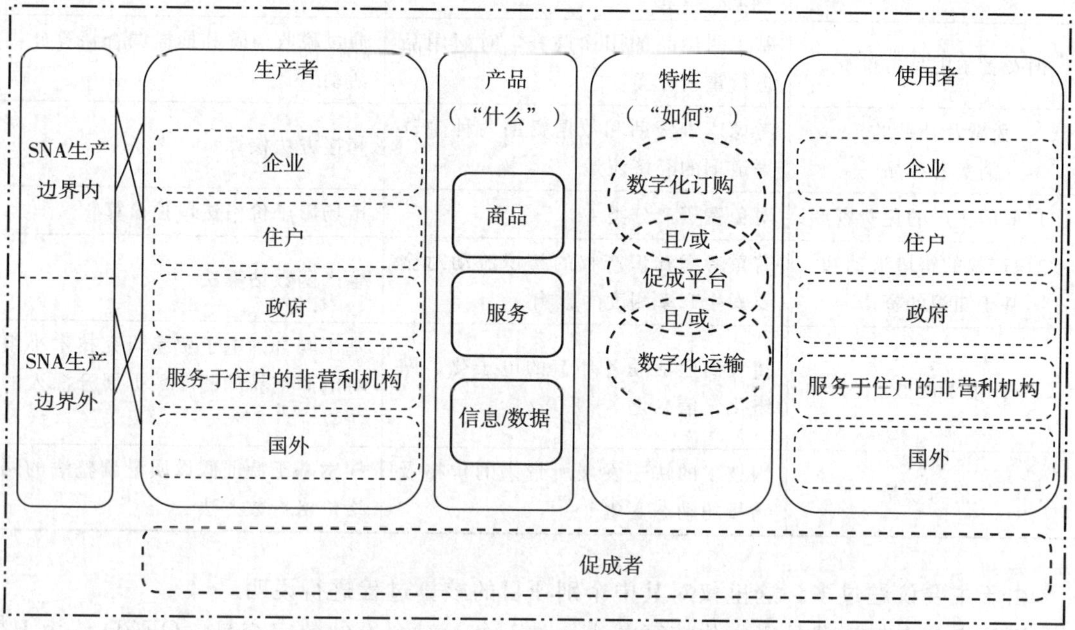

图 6-3　OECD 数字经济卫星账户概念框架

OECD 基于卫星账户的数字经济概念界定与传统的 SNA（国民经济核算体系）核算体系有明显的区别：一是对于生产者主体，SNA 强调企业部门等主体，而 OECD 考虑了住户部门，力求使用者和生产者相互转换，保持一致，主要应对数字经济中住户也会成为生产活动的一部分，比如 Uber（优步）业务既可以是消费者，也可以是生产者；Airbnb（爱彼迎）短租等新型业态，成为核算的难点。二是对于数字经济交易的辅助性主体部门，OECD 列为促成者（平台）（Enablers），用来说明数字经济的辅助支撑性部门，如 ICT 行业的光纤或基站等辅助性服务平台等。另外，数字经济交易的客体，传统的 SNA 核算主要指有形的商品或无形的服务，数字经济增加了数据产品，用来核算数字经济中常见的免费服务或体验等非货币化交易的数据价值交易。

2. OECD 数字经济核算的主要议题及核算办法

对于数字经济核算的重点和难点，OECD 提出了核算亟待解决的前沿议题，主要包括新型 P2P 服务、消费者作为生产者、消费者耐用品与投资、免费及补贴的消费者产品、住户部门生产的免费资产、知识产权的跨境流动和基于知识的资产、电子商务、价格与物量以及其他附加信息核算等，OECD 数字经济统计核算所列主要议题见表 6－1 所列。

表 6－1 OECD 数字经济统计核算所列主要议题

主要议题	具体内容	核算办法
新型 P2P 服务	对住房、商业与交通运输、分销服务、金融中介服务等各数字经济业态的数据来源进行更新	通过税收、企业和调查数据捕捉
消费者作为生产者	重新审视自给性产品和服务是否纳入生产边界	通过税收监管此类活动
消费者耐用品与投资	基于耐用品的用途调查，对耐用品进行重新分类	通过税收监管和抽样调查核算此类活动
免费及补贴的消费者产品	考虑广告资助和数据资助两种融资渠道下的经济流量	间接方法核算
住户部门生产的免费资产	对免费资产分类	市场影子价格法单独核算
知识产权的跨境流动和基于知识的资产	着重考虑知识产权的跨境流动对全要素生产率测度的影响	生产函数估算法
电子商务	传统商业活动各环节的电子化、网络化、信息化	基于联合国电子贸易研究技术小组对电商交易的测度数据展开深入的研究
价格与物量	因技术的快速发展所带来的价格及物量的动态变化	探索基于特征假设质量调整法的网络价格指数方法

由于主要议题过多，这里仅对其中个别项目的核算过程进行说明。

P2P 交易中的消费品资本化核算办法。对于个人对个人的数字交易，OECD 认为 P2P 交易中消费者往往保留个人耐用消费品所有权为他人提供使用权（例如租用），从而使数字经济中存在消费品也具有资本品的可能，如 Airbnb（爱彼迎）通过数字交易平台向消费者提供住房的分享服务，Uber（优步）提供租车分享服务等。对于此类消费品资本化，OECD 以优步为例，说明了个人汽车作为资本品的数字经济核算程序。第一步，OECD 根据优步平台注册车辆给出所在区域平均优步司机的比重；第二步，通过调查 OECD 居民用车个人平均消费时间约为 7 小时/周以及司机的平均营运时间（15 小时/周），预计了 Uber 的原始价值以及作为家庭最终消费和固定资本形成的最终价值，采用 PIM（永续盘存法）估计了其 6 年服务期的资本存量；第三步，基于先期的调查数据和 SNA 核算的经济产出、增加值、劳动投入等的结构分析数据库，预计了优步司机年收入及资本回报程度。

数字经济中免费价值核算。数字平台在为消费者提供大量免费信息资讯和娱乐产品时，实际上包含着消费者为此所付出的大数据痕迹和广告流量等。对于这类免费数字经济价值问题，OECD 主要从数据价值和广告融资两个角度去核算。数据价值的核算，一般将其识别为数字身份（个人数据）和数字足迹（利用数据）两类，根据网络使用对数据的价值进行估算，已经有学者对此进行了深入研究，如 Emily 2013 年在金融时报上发表系列文章，并开发了“数据价值计算器”。对于广告流量的核算，OECD 的主导思想是将免费的非货币化交易虚拟为住户部门的易货交易，基于投入产出表虚拟处理，使用广告和营销收入的免费内容测算其相应的价值。

价格和物量的核算。基于 OECD 各国间生产和消费的构成以及市场结构和竞争特点，假定各国市场结构和竞争不存在显著性差异，选取 2010—2015 年相对 ICT 投资价格下降或上升幅度最大的国家作为参照国；然后采用参照国通胀率的平减方法构建价格指数的上下限，在参照国 ICT 和非 ICT 间相对价格对其他国家 ICT 价格进行调整，使其具有可比性；最后对以 ICT 投资和信息电信服务为代表的数字经济产品和服务的增长进行了估计。

6.2　数字经济规模的测度

6.2.1　麦肯锡（McKinsey）的测度方法——iGDP

麦肯锡全球研究所（McKinsey Global Institute，MGI）提出了“iGDP”的概念，用以定量评估数字经济（用互联网代替）在特定经济体中的影响。它使用一般核算 GDP 的支出方法，评估与互联网网络和互联网服务的创建和使用相关的所有活动①。这个方法考察了四个因素：私人消费、公共支出、私人投资和国际贸易差额（净出口），将这些因素中的每一个归因于互联网的因素都包含在内，包括互联网所支持的所有种类的商品和服务。他们的测度最初主要针对 OECD 13 个国家，并尽可能多地使用相同的数据源来提供可比较的数据，目前逐步扩展到其他国家或地区。

1. 私人消费

消费者通过互联网或获得互联网接入的商品和服务的总消费量，包括硬件、软件、宽带、移动互联网接入、智能手机消费和电子商务等的私人支出。

2. 公共支出

政府用于消费和投资的互联网支出，包括软件、硬件、服务和基础设施等项目支出。

3. 私人投资

企业对互联网相关技术的投资，包括电信、外部网、内部网和网站以及相关基础设施等的投资。

---

① 可参考 Internet matters：The Net's sweeping impact on growth，jobs，and prosperity，McKinsey Global Institute，2011 年 5 月。Online and upcoming：The Internet's impact on aspiring countries，McKinsey & Company High Tech Practice. 2012 年 1 月。

4. 国际贸易差额（净出口）

国际贸易差额（净出口）包括业务流程外包的出口，电子商务，国际货物、服务和设备，减去所有相关进口的差额项。此外，MGI 根据相关学术研究提供的数据对 B2B 电子商务进行了评估，并根据电子商务的总体规模、一个国家的互联网成熟度和线下贸易平衡提供了估计 B2B 和 B2C 贸易方法。

虽然 iGDP 能够度量与互联网经济相关的产出，但是这个指标并不能直接把所关联的互联网事项转化为 GDP 的一部分，原因在于 iGDP 中可能包含着互相关联的中间投入而不是最终消费。不过，iGDP 确实是一个特定地区互联网经济规模和增长的良好的代理指标。iGDP 的构成要素，其测度办法如下。

对于电子设备（计算机和智能手机），MGI 根据在互联网上花费的总时间与使用该产品的总时间的比率来估计其贡献。对于在互联网上销售的商品和服务，MGI 以其全部电子商务价值予以认可，因为它们表明了互联网行业在分销链中作为一个环节的重要性，即使在没有互联网的情况下，某些互联网交易也可能发生。对于互联网移动订阅服务和固定订阅服务，MGI 假设个人支付了全部的费用，不考虑免费的情况。对于 ICT 商品和服务投资以及贸易差额，MGI 使用了一个自下而上的分析，该分析基于麦肯锡 TMT 数据库 2009 对每个子类别（软件、硬件、服务和电信）进行统计。

2014 年 MGI 发布《中国的数字化转型：互联网对生产力与增长的影响》的报告，在报告中指出，随着中国迈向数字化新时代，预计 2013—2025 年，互联网将占到中国经济年增长率中的 0.3%～1.0%。这就意味着，在这十几年中，互联网将有可能在中国 GDP 增长总量中贡献 7%到 22%。

MGI 估计到 2013 年中国的网民规模已经达到 6.32 亿，已经形成了一个庞大而快速发展的互联网经济。2010 年中国的 iGDP 指数为 3.3%，即互联网 GDP 占 GDP 的 3.3%，落后于大多数发达国家；但到 2013 年，中国的 iGDP 指数已经升至 4.4%，达到全球领先国家的水平，高于美国、法国、德国等发达国家。

6.2.2 波士顿咨询（BCG）的测度方法——e－GDP

波士顿咨询（BCG）在 2011 年 G20 峰会上首次提出 e－GDP 概念，目前仍然持续在修正其内涵。与 iGDP 相同，也是采用支出法进行核算和测度，其评估范围包括所有与数字设备创造生产、服务提供和应用相关联的活动。e－GDP 包括个人 ICT 消费支出、企业和个人 ICT 投资支出、政府 ICT 支出、ICT 设备出口净值以及 C2C 消费支出。

1. 消费支出

消费支出指个人通过互联网购买的商品和服务或获取互联网接入的全部消费，包括消费者获得互联网接口的费用以及购买这些互联网设备的支出，包含硬件、软件、宽带、移动互联网接入费用、智能手机的消费等。

2. 企业和个人 ICT 投资支出

所有电信公司的资本支出和所有与互联网相关的 ICT 的私人投资总额。

3. 政府 ICT 支出

所有政府花费在 ICT 基础设施建设上的公共开支以及其中所需要的软件和支持服务费

用，包括政府政策补贴支出等。

4. ICT 设备出口净值

所有与 ICT 相关的商品、设备和服务的进出口差值。

5. C2C 消费支出

BCG 还认为，考虑到中国数字经济的复杂性和数字经济形态的多样性，还包括 C2C 等内容，即借助网络实现商品或服务从个人卖家转移至个人消费者的交易总额。目前中国 C2C 的主要贡献来自如淘宝、京东、苏宁等电商平台的交易。

与 iGDP 比较，两者虽然都是采用支出法，但 e-GDP 的概念核算范围比 iGDP 要大得多，它评估了与 ICT 设备创造生产、服务提供和应用相关联的所有活动，具体包括个人 ICT 消费支出、企业和个人 ICT 投资支出、政府 ICT 支出、ICT 设备出口净值以及 C2C 消费支出。研究表明，2015 年中国 e-GDP 规模为 1.4 万亿美元，占 GDP 比重的 13%。经预测，到 2035 年中国整体数字经济规模接近 16 万亿美元，数字经济渗透率为 48%，总就业容量达 4.15 亿。

6.2.3 埃森哲（Accenture）的测度方法——多元回归法

埃森哲采用多元回归分析法测算数字经济规模，不仅测算了"直接贡献"，即 ICT 硬件、软件等数字化产品和服务的价值，还测算了"间接贡献"，即数字化产品和服务在生产过程中产生的价值。由于数据原因，埃森哲只对金融、保险、通信、医疗、装备制造等 13 个行业进行了测算。研究表明，2015 年这 13 个行业的数字经济总和占 GDP 的比重为 12%。如果考虑全行业口径，则数字经济规模占 GDP 的比重将更高（图 6-4）。

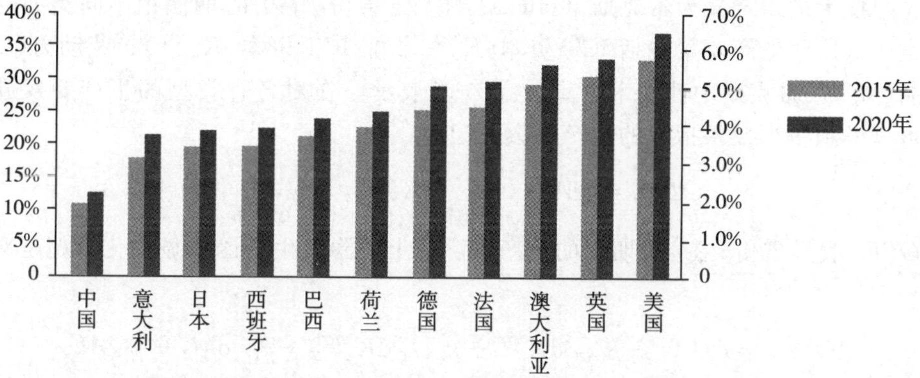

图 6-4　埃森哲测算结果：2015 年和 2020 年数字经济规模占各国 GDP 比重

6.2.4 中国信息通信研究院的测度方法

中国信息通信研究院把数字经济分为两个紧密相连的部分：数字产业化和产业数字化两大部分①，按 GDP 生产法的核算办法分别进行测度。

① 测算办法参照中国信息通信研究院：中国数字经济发展白皮书（2017 年），附录方法部分 http://www.caict.ac.cn/kxyj/qwfb/bps/201804/t20180426_158452.htm.

1. 数字产业化的核算方法

数字产业化的行业主要包括电子信息设备制造、电子信息设备销售和租赁、电子信息传输服务、计算机服务和软件业、其他信息相关服务以及由于数字技术的广泛融合渗透所带来的新兴行业，如云计算、物联网、大数据、互联网金融等。

根据国家统计局一般增加值计算方法，即数字产业化相应产业增加值按照国民经济统计体系中各个行业的增加值进行直接加总，所以从生产法角度来说，数字产业化的核算相对较为简单。

2. 产业数字化的测算方法

产业数字化则要考虑到传统产业中与数字技术相关的部分，它是指数字技术对传统产业增加的边际贡献。数字技术具备通用目的技术（GPT）的所有特征，对传统产业的广泛融合渗透，对传统产业增加产出和提升生产效率具有重要意义。对于传统产业中数字经济部分的计算思路就是要把不同传统产业产出中数字技术的贡献部分剥离出来，对各个传统行业的此部分加总得到传统产业中的数字经济总量，这是核算产业数字化的关键和难点。

3. 增长核算账户模型

产业数字化部分的测算，中国信息通信研究院采用了增长核算账户框架（KLEMS），将国民经济分为139个行业，并针对每个省区计算ICT资本存量、非ICT资本存量、劳动以及中间投入。定义每个行业的总产出可以用于最终需求和中间需求，GDP是所有行业最终需求的总和。对于非ICT资本存量，采用GoldSmith的永续盘存方法（PMI）进行测算，这在测度资本存量等存量性资产方面使用最为广泛。测算模型的解释核心在于两大部分：增长核算账户模型和分行业ICT资本存量测算。

首先把技术进步定义为希克斯（Hicks）中性。省份 i 在 t 时期使用不同类型的生产要素进行生产，这些生产要素包括ICT资本(K_{it}^{ICT})、非ICT资本(K_{it}^{NICT})、劳动力(L_{it})以及中间产品(M_{it})。希克斯中性技术进步由(HA_{it})表示，在对各种类型的生产要素进行加总之后，可以得到单个投入指数的生产函数，记为：

$$OTP_{it}=HA_{it}f(K_{it}^{ICT},\ K_{it}^{NICT},\ M_{it},\ L_{it}) \tag{6-1}$$

其中，OTP_{it} 表示省份 i 在 t 时期内的总产出。把上述隐性生产函数显性化为超越对数生产函数：

$$\mathrm{d}OTP_{it}=\mathrm{d}HA_{it}+\beta_{K_{it}^{ICT}}\mathrm{d}K_{it}^{ICT}+\beta_{K_{it}^{NICT}}\mathrm{d}K_{it}^{NICT}+\beta_{M_{it}}\mathrm{d}M_{it}+\beta_{L_{it}}\mathrm{d}L_{it} \tag{6-2}$$

其中，$\mathrm{d}X_{it}=\ln X_{it}-\ln X_{it-1}$ 表示增长率，β_X 表示不同生产要素在总产出中的贡献份额。$\bar{\beta}_{it}=(\beta_{it}+\beta_{it-1})/2$，且有以下关系：

$$\begin{aligned}
\beta_{K_{it}^{ICT}}&=P_{K_{it}^{ICT}}K_{it}^{ICT}/P_{OTP_{it}}OTP_{it}\\
\beta_{K_{it}^{NICT}}&=P_{K_{it}^{NICT}}K_{it}^{NICT}/P_{OTP_{it}}OTP_{it}\\
\beta_{M_{it}}&=P_{M_{it}}M_{it}/P_{OTP_{it}}OTP_{it}\\
\beta_{L_{it}}&=P_{L_{it}}L_{it}/P_{OTP_{it}}OTP_{it}
\end{aligned} \tag{6-3}$$

其中，P 表示价格，$P_{OTP_{it}}$ 表示生产厂商产出品价格(等于出厂价格减去产品税费)，$P_{K_{it}^{ICT}}$ 和 $P_{K_{it}^{NICT}}$ 分别表示 ICT 资本和非 ICT 资本的租赁价格，$P_{M_{it}}$ 和 $P_{L_{it}}$ 分别表示中间投入产品的价格和单位劳动报酬。根据产品分配净尽定理，所有生产要素的报酬之和等于总产出：

$$P_{OTP_{it}} OTP_{it} = P_{K_{it}^{ICT}} K_{it}^{ICT} + P_{K_{it}^{NICT}} K_{it}^{NICT} + P_{M_{it}} M_{it} + P_{L_{it}} L_{it} \tag{6-4}$$

假定在完全竞争市场下，每种生产要素的产出弹性等于这种生产要素占总产出的收入份额。在规模报酬不变(CRS)的情况下，各种生产要素的收入弹性之和为 1。

$$\begin{aligned}\ln(OTP_{it}/OTP_{it-1}) = &\bar{\beta}_{K_{it}^{ICT}} \ln(K_{it}^{ICT}/K_{it-1}^{ICT}) \\ &+ \bar{\beta}_{K_{it}^{NICT}} \ln(K_{it}^{NICT}/K_{it-1}^{NICT}) \\ &+ \bar{\beta}_{M_{it}} \ln(M_{it}/M_{it-1}) \\ &+ \bar{\beta}_{L_{it}} \ln(L_{it}/L_{it-1}) \\ &+ \ln(HA_{it}/HA_{it-1})\end{aligned} \tag{6-5}$$

全要素生产率(TFP)可以表示为：

$$\begin{aligned}TFP = &\ln(OTP_{it}/OTP_{it-1}) - \bar{\beta}_{K_{it}^{ICT}} \ln(K_{it}^{ICT}/K_{it-1}^{ICT}) \\ &- \bar{\beta}_{K_{it}^{NICT}} \ln(K_{it}^{NICT}/K_{it-1}^{NICT}) \\ &- \bar{\beta}_{M_{it}} \ln(M_{it}/M_{it-1}) \\ &- \bar{\beta}_{L_{it}} \ln(L_{it}/L_{it-1})\end{aligned} \tag{6-6}$$

4. ICT 资本存量测算

在“永续存盘法”的基础上，考虑时间-效率模式，即资本投入的生产能力随时间而损耗，相对生产效率的衰减不同于市场价值的损失，在此条件下测算出的则为生产性资本存量。

$$K_{i,t} = \sum_{x=0}^{T} h_{i,x} F_i(x) I_{i,t-x} \tag{6-7}$$

根据 Schreyer(2004) 对 IT 资本投入的研究，其中，$h_{i,x}$ 为双曲线型的时间-效率函数，反映 ICT 资本的相对生产率变化，$F_i(x)$ 是正态分布概率分布函数，反映 ICT 资本退出服务的状况。

$$h_{i,x} = (T - x)/(T - \beta x) \tag{6-8}$$

其中，T 为投入资本的最大使用年限，x 为资本的使用年限，β 值规定为 0.8。

$$F_i(x) = \int_0^x \frac{1}{\sqrt{2\pi \times 0.5}} e^{\frac{(x-\mu_i)^2}{0.5}} dx \tag{6-9}$$

其中，μ 为资本品的期望服务年限，其最大服务年限规定为期望年限的 1.5 倍，该分布的方差为 0.25。i 表示各类不同投资，分别为计算机硬件、软件和通信设备。关于基年 ICT 资本存量，本研究采用以下公式进行估算：$K_t=\frac{I_{t+1}}{g+\delta}$。其中，$K_t$ 为初始年份资本存量，I_{t+1} 为其后年份的投资额，g 为研究期投资平均增长率，δ 为折旧率。

5. 产业数字化的测算步骤

首先，定义 ICT 投资。为了保证测算具有国际可比性，同时考虑中国的实际情况，剔除了“家用视听设备制造”“电子元件制造”和“电子器件制造”等项目，中国 ICT 投资统计涉及内容见表 6－2 所列。

表 6－2　中国 ICT 投资统计涉及内容

计算机	通信设备	软件
电子计算机整机制造	雷达及配套设备制造	公共软件服务
计算机网络设备制造	通信传输设备制造	其他软件服务
电子计算机外部设备制造	通信交换设备制造	
	通信终端设备制造	
	移动通信及终端设备制造	
	其他通信设备制造	
	广电节目制作及发射设备制造	
	广播电视接收设备及器材制造	

其次，确定 ICT 投资额的计算方法。其思路是以投入产出表年份的固定资产形成总额为基准数据，结合 ICT 产值内需数据，分别计算出间隔年份内需和投资的年平均增长率，二者相减求得转化系数；然后再与内需的年增长率相加，由此获得投资额的增长率，在此基础之上计算出间隔年份的投资数据。具体公式为：

$$IO_{t1}\times(1+INF_{t1t2}+\gamma)=IO_{t2} \qquad (6-10)$$

$$\dot{\gamma}=\dot{IO}-\dot{INF}$$

其中，IO_{t1} 为开始年份投入产出表基准数据值，IO_{t2} 为结束年份投入产出表基准数据值，INF_{t1t2} 表示开始至结束年份的内需增加率(内需＝产值－出口＋进口)，$\dot{IO}$ 为间隔年份间投入产出表实际投资数据年平均增长率，$\dot{INF}$ 为间隔年份间实际内需数据的年平均增长率，$\dot{\gamma}$ 表示年率换算连接系数。在此，ICT 投资增长率＝内需增长率＋年率换算连接系数(γ)。

再次，确定硬件、软件和通信设备的使用年限和折旧率。仍采用美国的 0.3119，使用年限为 4 年；通信设备选取使用年限的中间值 7.5 年，折旧率为 0.2644；由于官方没有公布软件折旧率的相关数据，同时考虑到全球市场的共通性，使用年限为 5 年，选择 0.315 的折旧率。

计算中国 ICT 投资价格指数。通常以美国作为基准国。

$$\lambda_{it} = f(\Delta \ln P^{U}_{i,t} - \Delta \ln P^{U}_{K,t}) \tag{6-11}$$

其中，λ_{it} 为美国 ICT 资本投入与非 ICT 资本投入变动差异的预测值序列；$\Delta \ln P^{U}_{i,t}$ 表示美国非 ICT 固定投资价格指数变化差；$\Delta \ln P^{U}_{K,t}$ 表示美国 ICT 价格指数变化差。

对价格差进行指数平滑回归，获得 λ_{it}，然后将其带入下式即可估算出中国的 ICT 价格指数。

$$\Delta \ln P^{C}_{i,\ t} = \lambda_{it} + \Delta \ln P^{C}_{K,\ t} \tag{6-12}$$

本书将依据此方法来估计中国的 ICT 价格指数，所有数据为 2000 年不变价格。

最后，计算 ICT 的实际投资额，测算中国 ICT 的总资本存量和地区资本存量，加总网络基础设施、硬件与软件、新兴产业及传统产业中数字经济部分得到我国数字经济总体规模。

中国数字经济
市场规模与结构分析

根据上述核算办法测算发现，2016 年中国数字经济总量达到 22.6 万亿元，同比名义增长超过 18.9%，显著高于当年 GDP 增速，占 GDP 的比重达到 30.3%，同比提升 2.8 个百分点。数字经济已成为带动经济增长的核心动力，2016 年中国数字经济对 GDP 的贡献已达到 69.9%。中国数字经济对 GDP 增长的贡献不断增加，接近甚至超越了某些发达国家的水平，数字经济在国民经济中的地位不断提升（图 6-5）。

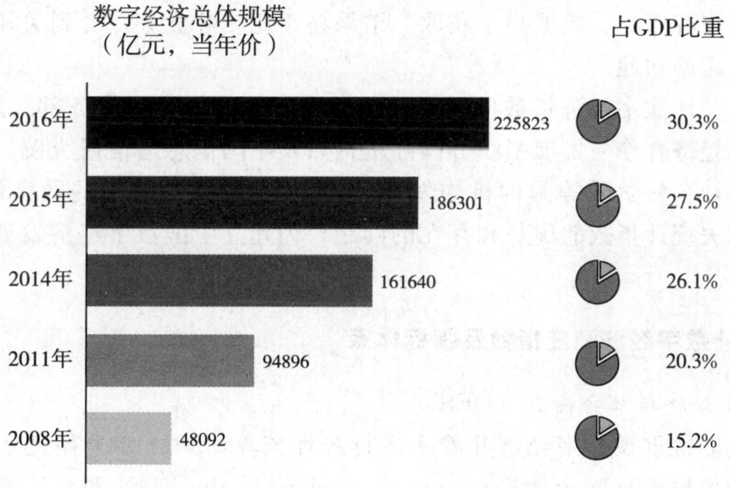

图 6-5　中国信息通信研究院测算的中国数字经济总体规模及占 GDP 的比重

测算还发现，2005—2016 年，产业数字化占数字经济比重由 49%提升至 77%，占 GDP 比重由 7%提升至 23.4%。2016 年数字经济 GDP 中，数字产业化的规模为 5.2 万亿元，同比名义增长 8.7%，占同期 GDP 的比重为 6.9%；而产业数字化规模为 17.4 万亿元，同比增长 22.4%，融合部分占数字经济比重高达 77.2%，同比增长 2.7 个百分点，对数字经济增长的贡献度高达 88.2%。

6.3 数字经济测度的指标体系

6.3.1 数字经济的相对测度

对数字经济的测度学界一般有两种方法：一是直接法，即在界定范围之下，统计或估算出一定区域内数字经济的规模体量。上述各国的核算办法及核算过程均是直接法。直接法在比较该国或该地区数字经济发展水平或进行度量时，要给出数字经济统计上的范围，识别国民经济中哪些部门属于数字经济产业，按 GDP 生产法核算办法对其增加值进行加总即为数字经济规模。也可以从支出角度，按数字经济的消费、投资和净出口几个方面分别进行核算，最后加总即为数字经济总量。但是这些方面也同样存在许多问题，如生产法无法对数字经济与产业融合部分，即产业数字化部分进行精确度量，或忽略了产业数字化部分，核算的数字经济规模偏小；支出法存在着对数字经济资源或产品的识别问题，这对认定哪些是数字产品的投资和消费产生困难；其他的估算方法，如回归法也只是粗略地统计核算办法，存在着基础数据难以收集、核算难度高、结果争议大等问题。二是指数比较法，即基于多个维度的指标，合成一个或几个可比较的数字经济指数，对不同地区间的数字经济发展情况进行对比，得到数字经济或具体领域发展的相对情况。与直接法相比，指数比较法主要基于可得的数字经济的统计指标数据，从多维度、多层面、多角度反映数字经济发展的状况，再根据主观或客观的权重，合成一个可比较的综合指数，因此具有核算办法简便、涵盖内容广泛、数据易于获取、结果易于比较等优势，受到关注数字经济发展的政府或研究学者的欢迎。

本部分重点关注数字经济指数问题，并梳理参考欧盟、美国商务部、国际电信联盟、世界经济论坛、经济合作与发展组织等国际机构以及中国信息通信研究院、赛迪顾问股份有限公司、上海社会科学院等国内机构发布的 12 个有较高相关性的数字经济指标体系，展示各个机构相关统计指数的优势和存在的问题，为建立中国数字经济发展指数提供理论依据。

6.3.2 国外数字经济测度指数及指标体系

1. 欧盟数字经济与社会指数（DESI）

欧盟很早就非常重视数字经济并着手进行统计核算，2014 年开始逐步发布《欧盟数字经济与社会指数报告（Digital Economy & Society in the EU》和数字经济与社会指数(Digital Economy and Society Index，DESI)，从中可以观察欧盟的数字经济统计和数字经济指数的制作。

DESI 主要根据欧盟内部各国人力资本、互联网应用程度、数字技术应用度和数字化公共服务、宽带接入量五个方面共 31 项二级指标合成计算而得，主要用来衡量和刻画欧盟内部数字经济发展程度的综合指数。从指标大类上可以发现，DESI 指数的指标体系不仅包含互联网和数字经济内容，还涵盖了人文和社会指标，复合性较强。其构成办法还参照了 OECD《复合指数构建：方法论与用户手册》的内容，因此具有较高的理论水平、科学性和可持续性等特点。DESI 是探究欧盟成员国数字经济和社会发展、总结数字经济发展经验的重要窗口。另外，DESI 的数据来源于欧盟家庭 ICT 调查、企业 ICT 调查等专项统计调查，具有充分的数据支撑和研究积累。欧盟 DESIA 指标体系见表 6－3 所列。

表 6－3　欧盟 DESI 指标体系

一级指标	二级指标
宽带接入	固定宽带 移动宽带 速率 可支付能力
人力资本	基本能力和使用情况 高级技能及发展
互联网应用	内容 交流 交易
数字技术应用	企业数字化 电子商务
公共服务数字化程度	电子政务

2. OECD 数字经济的指标体系

作为对数字经济研究较早的国际机构之一，OECD 官方相继出版了《互联网经济展望（Internet Economy Outlook）》（现为《数字经济展望（Digital Economy Outlook）》）、《衡量数字经济——一个新的视角》等一系列对数字经济有长期的跟踪和前瞻研究的出版物，前文也列出了其详细的 iGDP 的核算办法。在《衡量数字经济——一个新的视角》中 OECD 主要采用了对比法，构建的数字经济指标体系涵盖具有国际可比较性的 38 个指标，具有较好的普适性特点，其中一些指标对于观察数字经济的关键领域和收集都具有较高的参考价值。

在构建指标体系的理念上，OECD 强调应重点关注六大领域的度量指标：一是提高 ICT 投资与宏观经济表现之间关系的指标数量；二是注重和度量数字经济技术需求方面的指标；三是关注 ICT 发展的社会目录或数字经济对社会影响力方面的指标；四是建立综合性和高质量的数据基础设施来提高数字经济的统计能力；五是构建互联网作为数字经济统计来源的质量评价框架；六是注重数字经济度量安全、隐私和消费保护方面的相关指标。显然，OECD 关于数字经济的统计指标体系不仅仅是关注数据经济本身，还关注对社会的影响、统计质量，甚至消费者隐私保护等方面，具有很高的全面性和前瞻性，值得各国借鉴。表 6－4 为 OECD 数字经济指标体系。

表 6－4　OECD 数字经济指标体系

一级指标	二级指标	一级指标	二级指标
投资智能化基础设施	宽带普及率	赋权社会	互联网用户
	移动数据通信		在线行为
	互联网发展		用户复杂性
	开发更高速度		数字原住民
	网络连接价格		儿童在线
	ICT 设备及应用		教育中的 ICT
	跨境电子商务		工作场所中的 ICT
	网络安全		电子商务消费者
	感知安全和隐私威胁		内容无边界
	完善网络安全和隐私证据基础		电子政府应用
			ICT 和健康
创新能力	ICT 与研发	ICT 促进经济增长与增加就业岗位	ICT 投资
	ICT 行业创新		ICT 商业动态
	电子商务		ICT 附加值
	发挥微观数据的潜力		信息产业劳动生产率
	ICT 专利		测度经济服务质量
	ICT 设计		电子商务
	ICT 商标		ICT 人力资本
	知识扩散		ICT 工作岗位及 ICT 行业工作岗位
			贸易经济与 GVC

3. 美国商务部关于数字经济评测建议

2016 年，美国商务部数字经济咨询委员会（DEBA）在其发布的《数字经济委员会第一份报告》中，提议衡量数字化对经济指标（如 GDP、生产力水平）的影响、数字化对跨行业的扩展作用，并提出衡量数字经济的四部分框架：一是各经济领域的数字化程度，如企业、行业和家庭等；二是经济活动和产出中数字化的影响，如搜索成本、消费者剩余和供应链效率等；三是实际 GDP 和生产率等经济指标的复合影响；四是监测新出现的数字化领域。报告中首次估算出美国数字经济的规模。2016 年，美国数字经济规模达到 1.2 万亿美元，占美国 GDP 总量（18 万亿美元）的 6.5%。

美国商务部（BEA，2018）提出数字经济估算的三个步骤：一是建立对数字经济概念性的解释；二是在供给-使用的框架下，确认哪些货物和服务是与衡量数字经济相关的；

三是利用供给-使用框架，识别出生产货物和服务的相关行业，并估算相关经济活动中的产出、增加值、雇佣情况、补贴以及其他因素。

美国商务部现有的数字经济测度方式更多的是直接法，即通过对美国数字经济范围的界定、分析数字化对经济的影响路径来测算数字经济的规模、影响。由于美国数字经济的发展较早，相关的政策研究将近 20 年，理论体系相对成熟，依然值得我国参考借鉴。

4. 世界经济论坛网络准备度指数（NRI）指标体系

世界经济论坛（WEF）从 2002 年开始发布网络准备度指数（NRI），重点分析全球信息化领先国家和地区的排名、主要经验和做法，NRI 在信息化领域的国际测评中具有相当的权威性。NRI 指数由多达 53 个三级具体指标构成，不仅包括数字或网络经济的核心指标，也包含诸如营商环境、政治环境、网络经济对经济和社会的影响等层面，具有广泛的覆盖面。但一级、二级指标非常简洁、科学：一级指标只有环境、准备度、应用和影响 4 类，二级指标也只有 9 类。在动力机制方面，NRI 认为信息化准备度、应用情况以及大环境共同构成发展的驱动力，并产生经济和社会影响。相比于其他指数，NRI 重点关注信息技术领域，但是信息化能力是发展数字经济的前置条件。其指标选取、构成办法和对经济的影响机制都值得参考（表 6－5）。

表 6－5　世界经济论坛网络准备度指数（NRI）指标体系

一级指标	二级指标
环境	政治与治理环境 营商与创新环境
准备度	基础设施 可支付能力
应用	个人使用 商业使用 政府使用
影响	经济影响 社会影响

5. 国际电信联盟 ICT 发展指数（IDI）指标体系

1995 年至今，联合国国际电信联盟已发布第 9 版《衡量信息社会报告》和 ICT 发展指数（IDI），有长期的研究积淀和专业性，2017 年的测评对象包括世界 176 个经济体，为各国政府和各部门广泛采用。IDI 针对 ICT 接入、使用和技能设立了 11 项指标，可对不同国家和不同时段进行比较。IDI 虽然对经济相关的内容测量较少，但是对信息通信技术相关领域的基础设施建设、产业应用、人力资本情况都有全面的衡量，对于我国在数字经济的测评中衡量信息技术方面的产业定位、指标选取乃至参考值设立都有重要的参考价值（表 6－6）。

表 6-6 国际电信联盟 ICT 发展指数指标体系

一级指标	二级指标
ICT 接入	固定电话覆盖率 移动电话覆盖率 用户平均国际互联网带宽 家庭电脑普及率 家庭互联网接入率
ICT 使用	互联网用户率 固定宽带使用率 移动宽带使用率
ICT 技能	入学年限中位数 初中入学率 高等教育入学率

6.3.3 国内数字经济测度指数及指标体系

1. 中国信息通信研究院数字经济指数（DEI）

2017 年 7 月，中国信息通信研究院发布的《中国数字经济发展白皮书（2017）》中采用了直接法，对中国数字经济的总量进行估算，观测全国数字经济发展状况，在国内对数字经济的研究中具有较高的影响力。中国信息通信研究院在测算数字经济规模的同时也用对比法提出数字经济指数（DEI），与其他相对数字经济指数有较大差别的是，DEI 为景气指数，包括先行指数、一致指数和滞后指数三大类。可以通过与基期对比，反映不同时期的经济景气状态（表 6-7）。

DEI 指数最主要的优点是它充分考虑了数字经济发展的各个方面，如基础条件、数字产业化、产业数字化、数字经济的宏观经济社会影响力，还选取了具有一定中国特点的、具有当代特色的统计指标，相对而言，DEI 是一个大而全的指数。但 DEI 也有其重要缺陷，如理论框架不完善，指标之间缺乏紧密的逻辑关系，其科学依据不清晰，有些指标当前较为恰当，也是热点，但长期看不一定具有可持续性。

表 6-7 中国信息通信研究院数字经济指数指标体系

先行指标	一致指标	滞后指标
大数据投融资	ICT 主营业务收入	第一产业增加值
云计算服务市场规模	ICT 综合价格指数	工业增加值
物联网终端用户数	互联网投融资	第三产业增加值

（续表）

先行指标	一致指标	滞后指标
移动互联网接入流量	电子信息产业进出口总额	信息消费规模
移动宽带用户数	电子商务规模	
固定宽带接入时长	互联网服务市场规模	
固定宽带用户数	“互联网＋”协同制造	
	“互联网＋”智慧能源	
	“互联网＋”普惠金融	
	“互联网＋”高效物流	

2. 赛迪工业和信息化研究院中国数字经济指数（DEDI）

2017 年底，工业和信息化部直属的赛迪工业和信息化研究院发布了《2017 中国数字经济指数（DEDI）》白皮书，白皮书分析了数字经济的发展现状、演变规律，讨论了中国数字经济的发展问题。白皮书将数字经济划分为基础型、资源型、技术型、融合型和服务型五大类型，对全国 31 个省区的数字经济进行了测度和比较（表 6－8）。

表 6－8　赛迪中国数字经济指数指标体系

一级指标	二级指标
基础型数字经济	电子信息制造业规模 信息传输业规模 软件和信息技术服务业规模 互联网普及率 固定宽带签约 宽带用户平均下载速率 移动电话普及率
资源型数字经济	上市大数据企业数 数据交易中心数量 政府数据开放水平 移动互联网接入流量 移动宽带用户数 固定互联网宽带接入时长 固定宽带用户数
技术型数字经济	高技术产业 R&D 人员折合全时当量 高技术产业 R&D 经费内部支出 高技术产业专利情况 高技术产业技术获取与技术改造支出

（续表）

一级指标	二级指标
融合型数字经济	农业互联网平台数 有电子商务交易活动企业占比 两化融合国家级示范企业数 数字化研发设计工具普及率 关键工序数控化率 智能制造就绪率
服务型数字经济	即时通信——微信用户分布 旅游——携程用户分布 生活服务——新美大用户分布 网上购物——网络零售额 互联网金融——支付宝用户分布 娱乐——爱奇艺用户分布 教育——中小学互联网接入率 互联网医疗——平安好医生用户分布 出行——滴滴出行用户分布 政务——我国分省（市、区）.gov.cn域名分布

一方面，DEDI指数能够兼顾全国不同地区的五个维度数字经济的评测，主要使用了互联网企业用户的数据，来反映数字经济在服务领域的渗透，这是DEDI相比较其他指数最突出的特点，具有一定的创新性；另一方面，DEDI指数主要针对中国区域的特点，还无法进行国际比较。此外，测度中的数据来源并不清晰，其长期监测的持续性受到质疑。

3. 上海社会科学院全球数字经济竞争力指数

上海社会科学院于2017年底首次发布了《全球数字经济竞争力指数（2017）》报告，报告把数字经济明确地分为数字经济的主体产业部分和融合应用两部分，类似于中国信通院的产业数字化和数字产业化的概念。全球数字经济竞争力指数通过采集全球120多个国家的数字经济基本统计指标，形成了综合性和多维度的对比评价（表6-9）。

指数由四个基本的维度构成，即数字基础设施、数字产业、数字创新和数字治理部分，下辖具体的二级指标体系，报告认为数字基础设施、数字产业发展和数字创新是一国或地区数字经济竞争力的三大支柱，而数字治理能力则是这一体系健康运行必不可少的保障。

表6-9　上海社科院全球数字经济竞争力指数指标体系

一级指标	二级指标
数字基础设施竞争力	云 管 端

（续表）

一级指标	二级指标
数字产业竞争力	经济产出 国际贸易 平台企业
数字创新竞争力	技术研发 人才支撑 创新转化
数字治理竞争力	公共服务 治理体系 安全保障

全球数字经济竞争力指数在编制上主要选取了联合国电子政务调查等的统计和调查数据作为比较的基础，考察各国政府服务、数据开放水平等内容，因此这一指数更加强化数字治理的作用，在数字治理层面具有较好的前瞻性和完备性，对我国建立类似数字治理评价指标体系具有较强的参考意义。但是这一指标需要收集的数据量大，涉及国家多，而且由于数字经济是新兴事物，更多的发展中国家统计体系要么没有纳入统计，要么相关指标统计不可靠，数据缺失问题严重，后续能否持续发布成为问题，对我国不同地区虽然具有一定的参考价值，但也可能面临着统计口径差异的问题。

4. 腾讯“互联网＋”数字经济指数

2015 年起，腾讯研究院联合国内互联网公司的研究机构如京东、滴滴等统计了涵盖腾讯公司的微信、手机支付、城市服务、众创空间等十余个核心平台的大样本数据，联合了京东、滴滴、携程等企业的互联网大数据，共同构建了“互联网＋”数字指数（表 6 - 10）。

“互联网＋”数字指数包括四类分指数，分别是基础、产业、创新创业和智慧民生等四类，合计囊括 14 个一级指标和 135 个二级指标体系，内容涉及新闻、社交、云计算、视频、其他服务等 17 个主要子类别行业，用来反映“互联网＋”数字经济在全国各地级市的发展情况。

“互联网＋”数字指数的主要优势在于，其很容易地获取包括腾讯在内的国内主要互联网公司的大数据，数据资源异常丰富，采集方便；随着“互联网＋”的发展，这些一手数据可以随时更新，指数的可持续性能够保证，这是腾讯研究院牵头制定此类指数的核心优势，是其他机构无法比拟的。另外，由于数据采用相关企业的大数据，自然指数所反映的范围足够广泛，行业渗透率高，可以更为准确、及时地反映市场活力和真实的数字经济发展的概况。但也有其较为明显的缺陷，“互联网＋”数字指数由于主要由腾讯研究院牵头制定，其所涉及的互联网业务仅限于自身和其合作伙伴的大数据，未能涵盖如阿里巴巴等其他公司的业务，受限于相关企业或行业的市场份额和业务，也不能代表数字经济在全国的整体发展水平；指数对宏观指标涉及较少，如信息基础设施和传统制造业转型或智能制造等内容都没有涉及（表 6 - 10）。

表 6-10 腾讯"互联网+"数字经济指数指标体系

分指数（一级指标）	二级指标
基础分指数 （市场基础、 技术基础）	微信的 7 个二级指标 手机 QQ 的 15 个二级指标 数字内容产品的 5 个二级指标 云计算平台的 4 个二级指标
产业分指数 （各行业分类）	分行业微信公众号的 10 个特征值 分行业移动支付的 2 个特征值 零售、餐饮住宿、旅游、交通物流、生活服务等 重点行业加入京东、滴滴、携程、新美大等行业领先 互联网公司的 14 个特征值
创新创业分指数	App 数量 有效创业项目数
智慧民生分指数	服务项目价值分、服务质量星级分、月活跃用户数、 用户回流率、用户满意度、重点行业丰富度

5. 财新智库中国数字经济指数（CDEI）

中国数字经济指数（China Digital Economy Index，CDEI，现为 DEI 指数）是由财新智库联合其他机构发布的数字经济发展指数。DEI 指数主要关注数字经济产业发展、融合能力、溢出效应以及数字经济全社会利用能力等四个层面，更注重数字经济对整体社会效率提升的作用（表 6-11）。

表 6-11 财新等中国数字经济指数指标体系

一级指标	二级指标
数字经济产业指数	大数据产业 互联网产业的劳动投入 人工智能产业
数字经济融合指数	工业互联网 智慧供应链 共享经济 金融科技
数字经济溢出指数	制造业占比 其他行业对数字经济的利用率（共 8 类） 其他行业分别占比（共 8 类）
数字经济基础设施指数	数据资源管理体系 互联网基础设施 数字化生活应用普及程度

DEI 指数与腾讯研究院的“互联网＋”指数一样都是由智库或媒体发起的指标体系，特点是亮点突出、创新性强、时代特征明显，能够反映当前数字经济市场的活力和重点领域的发展情况，逐月发布，时效性好。但 DEI 体系的建立尚缺乏较强的理论基础，对宏观数字经济某些方面的反映不足。

6. “新华三”集团城市数字经济指数（DEI）

2017 年 4 月，紫光旗下新华三集团（以下简称“新华三”）数字经济研究院首次发布《中国城市数字经济指数白皮书（2017）》，是首个针对中国城市数字经济发展水平的评估指标体系（表 6－12）。此指数主要结合城市发展和城市热门前沿技术的应用状况，从城市基础信息建设、城市服务水平、城市现代化治理、产业融合发展程度等多个角度，对比评估中国城市数字化发展进展，首次评估中共覆盖了全国 40 个城市[①]。

表 6－12　新华三集团城市数字经济指数指标体系

一级指标	二级指标
城市信息基础	信息基础设施 数据基础 运营基础
城市服务水平	政策规划 智慧民生 应用成效
城市现代化治理	政策规划 智慧治理 应用成效
产业融合发展程度	“互联网＋”农业 “互联网＋”工业 “互联网＋”服务业

该指标的特色之处在于考察城市热点数字化发展及应用情况，并与国家或地方的相关发展规划和政策要点相结合，重点关注城市数字化技术创新的应用层面的具体实施及效果。把其成效分为直接成效和间接成效两类，直接成效主要关注城市数字经济规模、数字经济综合水平以及数字经济的优势标杆等；间接成效则指发展数字经济过程中衍生出来的其他影响，包括城市生活品质的提高、营商环境的改善以及产业发展质量的提升等。所以，此指数目标明确，评估越来越接近城市发展内涵，具有综合性、内涵性发展的特点，获得城市管理者的认可。但是，由于我国区域差异巨大，城市发展的特点各有不同，目前该指数涵盖的城市仍然有限，代表性有待进一步提高。需要因地制宜，提高该指数的数字经济的代表性和内涵性。

① 2018 版白皮书则将研究范围扩大到 100 个城市。经过持续的沉淀积累，2019 年，“新华三”重磅推出涵盖 8 个城市群＋113 个城市＋50 个县市的白皮书，构建“城市群—城市—县市”三位一体的立体研究体系。

7. 苏州数字经济指数

“基于大数据的苏州数字经济指数研究”项目由苏州大学东吴智库、国信优易数据有限公司、苏州市发展规划研究院合作推进，通过对268.4亿条来自互联网、政府、企业等渠道的数据分析与测算，来刻画苏州数字经济的发展。由于该指数专门反映苏州城市数字经济发展指数，故称为“苏州数字经济指数”（表6－13）。该指数于2007年12月首次发布，数字经济已经成为苏州整体经济运行中的新引擎，是苏州引领新经济、壮大高质量经济体系、打造新动能的主要力量。苏州数字化融合发展正在不断缩小与北京、上海、杭州和深圳的差距，存在巨大的发展潜力。

表6－13　苏州数字经济指数

一级指标	二级指标
发展环境	信息基础设施 知识产权 核心政策推动
信息产业	ICT硬件产品制造业 ICT软件和信息服务业
数字化融合发展	电子政务 数字消费 社交媒体

该指数采集的数据是互联网等二百多亿条大数据信息，代表了此指数的特色和利用大数据计算数字经济指数的先驱性，作为首个以城市发起的针对地方城市数字经济发展水平的度量体系，具有较好的代表性和引领性。该指数主要依赖于3种一级指标和8种二级指标计算而来，从发展环境、信息产业发展状况到数字化融合发展层面，基本能够反映数字经济的主要特征；而且所选指标可获得性强，并兼顾未来的可扩展性，能够随着数字经济的发展进行相应的调整和完善。此外，该指数基于大数据的分析和窥探具有较高的先进性，也代表着未来统计指数监测的趋势。但是如何保证大数据采集的稳定性，如何对采集的大数据进行大范围的清洗、加工和进一步优化解读都是需要研究的问题。

2019年长三角
数字经济指数

思考题

1. 请结合本章所学，阐述数字经济核算的难点以及与传统经济核算的区别。

2. 对数字经济规模的核算方法及所代表的研究机构中，你认为哪个指标和核算办法更能体现数字经济的内涵？解释其理由。

3. 建立数字经济指标体系的目的是什么？相较于直接对数字经济规模的核算，数字经济指标体系的优势是什么？

4. 试着收集相关数字经济指标，完成某城市数字经济发展状况的评估。

参考文献

［1］刘昌新，吴静，王晓明．数字经济国民经济核算应顺势而为［N］．经济日报，2019 - 6 - 21（8）．

［2］李相龙．美国数字经济核算理论与实践［J］．中国统计，2019（4）：47 - 48.

［3］OECD. OECD Digital Economy Outlook 2017［R/OL］．［2017 - 10 - 10］．https：/ /www. oecd. org /internet/oecd - digital - economy - outlook - 2017 - 9789264276284 - en. htm，2017 - 10 - 11. 24 - 26.

［4］Nadim Ahmad，Jennifer Ribarsky. Towards a Framework for Measuring the Digital Economy［R/OL］．［2018 - 09 - 21］. Working Paper，https：//www. oecd. org/iaos2018 /programme /IAOS - OECD2018 _ Ahmad - Ribarsky. pdf.

［5］Nadim Ahmad，Paul Schreyer. Measuring GDP in a Digitalized Economy［R/OL］．［2016 - 06 - 09］. Working Paper，http：//www. oecd - ilibrary. org /economics/measuring - gdp - in - a - digitalised - economy _ 5jlwqd81d09r - en.

［6］波士顿咨询．迈向 2035 的数字经济：迎接 4 亿就业的未来［R/OL］．［2017 - 06 - 06］. http：//www. sohu. com/a/146583826 _ 640189.

［7］中国信息通讯研究院．中国数字经济发展白皮书（2017 年）［R/OL］．［2017 - 07 - 14］. http：//www. caict. ac. cn/kxyj/qwfb/bps/201804/t20180426 _ 158452. htm.

［8］中国信息通信研究院．中国数字经济发展与就业白皮书（2019 年）［R/OL］．［2019 - 04 - 19］. https：www. caict. ac. cn/kxyj/qwfb/bps/201904/t20190417 _ 197904. htm.

第 7 章　数字经济与社会治理

本章主要介绍数字经济与社会治理层面的内容，基本思路是从政府规制和市场监管出发，试图回答数字经济条件下政府规制和市场监管将如何发挥效用？政府和市场应该做些什么？

当前，以智能化、网络化、数字化为核心特征的新一轮工业革命正处于由导入期向拓展期转变的关键阶段，新工业革命是未来全球经济增长的重要动能，是影响国家间产业竞争格局的主要因素。伴随着数字经济的发展，人类社会进入一个崭新的时代。在这个时代里，从经济结构到社会结构，从生产方式到生活方式，从组织行为到公众观念等，皆在发生着一系列重要的变革。数字经济的兴起，对于政府和市场来说，既带来了新的发展机遇，又提出了严峻的挑战，在机遇和挑战共存的时刻，如何有效发挥政府规制和市场监管对数字经济发展的效用，将直接关系到国家未来的前途和命运。

数字经济是这样一个经济系统，在这个系统中，数字技术被广泛使用并由此带来了整个经济环境和经济活动的根本变化。它可表现为企业、消费者和政府间通过网络进行的交易迅速增长，并主要研究生产、分销和销售都依赖数字技术的商品和服务，数字经济的商业模式创建了一个企业和消费者双赢的环境。

7.1　面向数字经济的政府规制

当前，全球已进入数字时代，数字化为人们的工作和生活提供了新场景、新业态和新模式，为企业生产和经营增添了新动力，为国家运行和管理构造了新格局。但不容忽视的是，数字化转型必然会带来结构性的变化，将产生行业利益之争的新矛盾、平衡安全与发展的新困境以及大国竞争的新挑战。面对如此形势，政府需要充分认识数字化对科技、经济、文化与社会带来的全方位影响，理顺自身在数字经济变革中所扮演的角色，以加快推动国家数字化转型。

7.1.1　数字经济挑战与政府行为思考

要想厘清数字经济中政府的责任与职能问题，首先必须洞悉数字经济时代的到来对传统经济发展的全方位影响，尤其表现在产业、贸易、投资、社会、就业、文化、治理和政策等层面，这对政府的执政能力和责任提出了严峻的考验。

具体而言，数字经济的发展造成了产能的过剩和产业结构的调整。进入数字时代以后，工业发展的重心发生变化，规模与成本不再是制胜的法宝，产能过剩问题集中爆发。中国多年来积累的优势和竞争力被大打折扣，传统工业亟待开展数字化改造，政府必须把握好传统工业与新兴产业之间的平衡，稳步推进供给侧改革。一是数字贸易与规则体系建设。数字贸易将是未来国际贸易的重要形式，政府需积极推动贸易结构调整，提前做好准备，构建新型的贸易规则体系。二是脱虚向实与投资方向引导。投资是反映数字经济发展的“晴雨表”，对数字化转型起到重要的影响作用。面向数字化转型，如何形成合理的投资结构成为关键问题。政府要积极引导未来投资方向，推动脱虚向实，实现数字经济与实体经济的紧密结合。三是人口变化与网民心理疏导。网民的学习、生活、工作的大部分时间都在网上，在互联网内容良莠不齐的情况下，政府需要针对网民特征，传播正能量，加强心理疏导。四是人工智能与劳动力升级。伴随数字化的深入，自动化及人工智能的发展将对劳动就业产生深远影响。智能工具的使用将大大提高劳动效率，或将导致很多就业岗位的消失，人与动物的本质区别就在于劳动，因此，政府需要高度关注人工智能可能引发的劳动力结构变化，进行前瞻性的部署。五是文化冲击与网络空间净化。进入数字时代，网络文化盛行，网民受到互联网上异端文化的冲击比较大。政府需要采取适当的网络空间净化行动，既要促进文化多元化，又要避免恶俗文化的泛滥。六是平台经济体与合作式治理。近年来，以阿里巴巴、腾讯、百度为代表的互联网企业崛起，在数字时代，对于平台经济体，政府既不能放任，又离不开其支持，需要在监管与治理中把握平衡，形成良性互动、公平合理的治理结构。七是数字创新与政策法律准备。现有的法律政策体系仍是面向工业时代，适用于数字时代的相关政策、法律和制度保障还没有及时跟上。例如，虽然共享单车方便了人们出行，但车辆的乱停乱放、报废车辆的任意丢弃给城市管理带来了安全隐患，影响市容市貌。

正是由于数字经济已经渗透到经济发展的方方面面，因此数字经济条件下政府行为面临着诸多问题和挑战，具体可分为以下三点：

1. 治理手段的发展滞后于数字经济的发展

一是监管数量的急剧增加。互联网相关技术快速迭代，行业竞争格局瞬息万变，面对海量市场主体涌入，传统的“以批代管”“重审批轻监管”的管理方式已跟不上数字经济时代创新发展的节奏和步伐。二是条块分割的垂直管理体制与跨界融合发展态势不适应。互联网平台上商家的经营活动往往是跨领域、跨地区的。现有条块化和属地化的管理体制造成政出多门，部门之间协调不够，甚至存在不同部门之间的政策、标准要求等相抵触的现象，已不能满足“互联网＋”跨界融合发展的需要。三是监管对象从线下转向线上。随着互联网特别是移动互联网的发展，监管对象线上化趋势明显，呈现出虚拟化、隐蔽化等特点，加大了线上和线下管理部门划分职责和实现协同监管的难度。

2. 经济主体经营活动的外部性凸显

数字经济时代，个人、企业、政府间的关系日益复杂，个体活动透过网络可能会对外部市场环境产生广泛影响，加大了监管权责认定的难度。现有依靠政府自身力量的单边监管模式显然不足以应对新的形势，平台的崛起、社群的崛起都是对政府监管权威的挑战。未来，平台、社群等将在规则的制定、行为的监管中发挥越来越重要的作用，如何利用和引导社会力量参与治理是必须面对的新课题。

3. 平台利益平衡的问题

平台兼具市场参与者和平台管理者双重角色，使得平台管理者很难从整个市场发展的角度制定平台规则，不利于健康包容市场秩序的形成。近年来，一方面，我国互联网行业出现的很多现象都被归结为互联网平台企业滥用市场支配地位的结果；另一方面，超大型互联网平台企业依托核心优势，在众多“互联网＋”领域广泛布局，打造生态系统，掌握越来越多的数据资产，进一步形成难以超越的市场地位。因此，如何重新认识和合理规范互联网平台经济的“一家独大”现象是平台治理面临的重要议题。

数字经济的发展对传统治理模式提出了严峻的挑战，大数据时代缺的不是数据，而是开放的思维、有效的数据共享和精准的数据应用。首先要改变传统思维模式，形成大数据思维，建立起用数据来说话、用数据来管理、用数据来决策、用数据来创新的数据文化和数据理念；还要盘活信息资源，完善基础性数据库，将重要领域的资料电子化，并逐步建立和完善政府部门间信息资源的交互转换和共享平台，追求政府治理过程中的信息时效性，实现治理资源共享，精准地应用数据挖掘、分析技术，能在庞大数据中剔除劣质、虚假信息，深入区分人类态度和行为的细微差别，形成精准的分析报告，以提高政府治理能力。在此情况下，要充分发挥互联网大国的优势，走出一条具有中国特色的数字化转型之路，引领世界潮流。

7.1.2 数字经济政府规制的制度架构

数字经济变革对传统经济发展模式所提出的挑战引发政府治理行为的诸多思考，立足于政府数据治理的制度架构和逻辑框架，不只是对于这个命题的全面把握，更主要的是对于我们所处的新时代，甚至是对未来发展的综合权衡。在这个理论框架下看政府数据治理，不禁发现，数字经济的政府规制需要从政府、市场、社会三维的角度来思考它内在的逻辑。

1. 政府数据纵横结构的复杂性逻辑

政府数据的纵横结构是由行政结构决定的，通过纵向权力线和横向关系线组成的是网络状结构。伴随互联网时空的压缩以及人机交互的影响，公众对政府管理行为复杂性的关注也要转移到对政府数据治理复杂性的关注上。具体到数据治理，政府数据治理的复杂性逻辑究竟能给予哪些启示呢？这主要包括以下几点：

一是数据治理框架表现为全面性管理。相对于信息管理而言，信息管理的要素可能更加宏观，数据治理是信息管理的延续和扩展，数据治理更加微观；相对于信息管理的要素来说，数据治理的要素是比较具象的，它是从文件命名约定到创建元数据和长期文档的统称，是对组织可用数据的完整性、可用性和安全性的全面管理。这种具体到数据标准、安全以及主数据的管理层面，对政府数据治理本身就提出了很大的挑战，政府本身既要做好宏观的一些把控，也要做好微观数据的一些控制。

二是数据治理与业务活动。整个数据治理的内容现在更加复杂，它涉及数据的所有环节，诸如数据架构管理、数据开发、数据库操作管理、数据安全管理、主数据管理、数据仓库管理、文件与内容管理以及数据质量管理等。政府的数据治理在业务层面首先要做到安全、许可、隐私保护，并要确定数据的开放格式、利用条件。简言之，通过对数据微观活动以及知识信息的一体化管理，建立完善的政府数据管理体系，借助数据流程优化与控制来提供标准化、高质量的政府数据，并借助信息共享机制和市场机制来降低数据维护与获取成本，避免不良数据对下游政府数据再利用的负面影响。

三是治理主体表现为有所为、有所不为。政府数据治理的复杂性决定了治理过程中需要吸收和注入多种治理主体，这里面要思考一破一立。首先破除全能型政府数据管制，说清楚政府在公共数据治理中的职能与作用边界；其次是建立好机制，要根据政府数据流程，基于不同类别的利益相关者的价值诉求与价值实现方式，建立多元数据治理与合作机制。

2. 政府数据治理与市场经济发展的适应性逻辑

党的十八届三中全会提出“使市场在资源配置中起决定性作用和更好发挥政府作用”。市场经济的“基础性作用”意味着政府仍然扮演重要角色，“决定性作用”则意味着政府仅仅是弥补市场失灵的角色。这给如何界定政府与市场的定位和角色提供了整体和宏观层面上的依据。接着将从数据应用角度来阐述政府数据治理与市场经济发展的适应性逻辑具体是如何操作的，具体包括数据公平、数据安全和数据主体。

一是数据公平。这主要关注政府与市场如何交易。分两个层面理解：一个是数据交易的公平性，根据预估，目前国内正规数据交易市场的规模约 100 亿元，但数据黑市的交易规模比正规市场高出一个数量级，而且大多盈利情况良好；另一个是政府公开数据的公平性，政府数据原则上经过脱敏以后，应该要向社会开放，变成公开数据集，然后大家在公开数据集的基础上完成市场活动，而不是变成一些大公司、大机构与政府数据之间的一种交易行为。

二是数据安全。这主要着眼于数据与市场如何交流。去标识化成为一个重要的步骤，主要是对一些个人隐私信息的脱敏，或者在不同的应用领域，对相关隐私信息的脱敏，俗称给数据“加一件衣服”。在政府应用层面，公安部第三研究所（以下简称“公安三所”）与上海数据交易中心共研共建“数据流通 xID 标记技术”（图 7－1），实现个人数据去标识化，保证流通安全；在企业应用层面，京东集团信息安全部相关负责人介绍，京东专门制定了数据脱敏规范，要求使用数据前必须首先对敏感数据脱敏，避免因环境等不安全因素而导致用户隐私信息泄露。

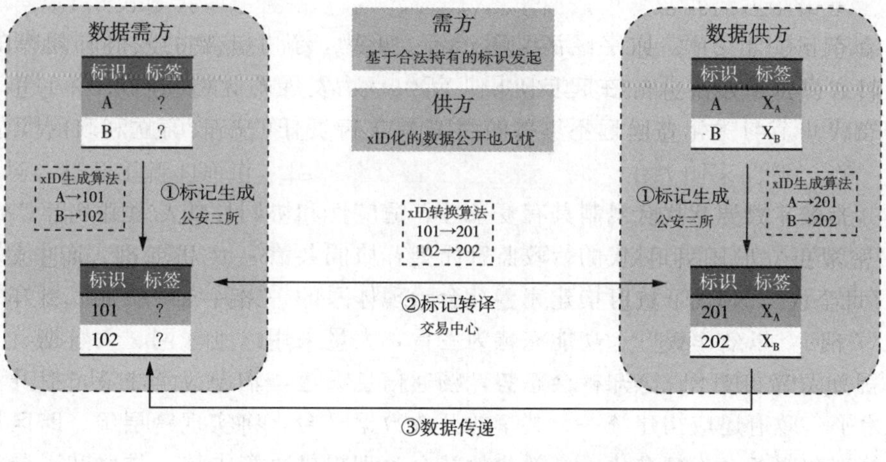

图 7－1　数据流通 xID 标记技术

三是数据主体。它主要回答的是政府与不同主体之间如何共融的问题。除了提供开放数据的政府机构外，特定领域的专家和社区、软件和系统开发人员、内容和服务提供商、平台和应用程序管理人员、公共用户和社会团体等开放数据服务链中的利益相关者，都可以参与并分享政府数据的加工、生产与再利用。这些多元主体的介入，对政府部门传统的信息垄断地位形成了挑战。

从国外的经验来看，在数据治理项目中，至少需要在领导层面设有数据治理指导委员会（开展数据治理规划与项目审核批准），在管理层面设有数据治理协商委员会（加强不同部门间的沟通协调）以及员工层面的数据治理工作组（负责界定、管理、控制和保存部门数据资源的完整性等），这个对政府的数据治理也有一定借鉴意义。

3. 政府数据治理与社会治理体系的协同性逻辑

一般来说，协同治理水平的程度首先来自政府治理能力，然后才是发展的程度。按照这个逻辑，可假设政府整体治理能力强、数据治理能力弱或者两者治理能力都弱，政府将顺其自然地或者竭尽全力地采取管控手段面对社会，价值判断主要是全社会数据的稳定与秩序。又可假设政府治理能力强、数据治理能力也强，那么，将出现政府与市场平等地位、对等对话，从而构成多元主体协作框架，形成协同治理的局面。

那么，面向社会治理体系的政府数据治理，应该向一个什么方向演变？本书可总结出两个转变：第一，单一技术向技术辐射转变；第二，硬实力向软实力转变。政府数据治理能力的提升必须“软”“硬”结合，硬实力是支配力、控制力，软实力是影响力、感染力。从影响政府数据治理能力的逻辑来看，最里层的是信息社会的核心价值：“互联网＋”、大数据、智能终端；中间层是影响力要素，包括“互联网＋”对机构与流程的改造，大数据对资源和技术的赋能，智能终端对主体和工具的作用；最外层是表现层，在机构要素中，政府横纵都在开展资源整合，实施机构再造；在流程要素中，主要是推进网上办理；在资源层面中，包含数据中心、资源包等；在技术层面中，实现数据采集、存取、处理、挖掘等。

7.1.3 数字经济中政府的责任与职能

面对经济与社会变革，数字经济又属于新生事物，新生事物的发展和规模的壮大离不开政府的大力扶持，尤其是在起步阶段，新生事物发展的脉络和轨迹并不明朗，完全靠市场自发的调节与优化是远远不够的，更需要政府责任的有效确立和政府职能的高效发挥。

正是由于数字经济下政府规制具有复杂性、适应性和协同性的治理逻辑，因此鼓励创新、包容审慎应是数字经济时代的行政监管原则，协同共治应成为数字经济时代的社会治理机制。在数字经济时代，政府构建完善社会治理体系的一大特征，就是以更好的服务和管理公众为导向，以效率提升、功能完善为主旨，大量采用以互联网、大数据、人工智能为代表的新一代信息技术，感知社会态势，畅通信息渠道，辅助科学决策，提升治理能力的现代化水平。政府还应构建统一、共享的开放数据平台，将实现跨层级、跨区域、跨行业的协同管理和服务，为精准化、高效化的社会治理提供决策支持，鼓励和引导社会公众积极参与治理过程，逐步形成共策共商共治的良好生态。

此外，从政府治理层面来说，协同共治也是适应变革的需要。当前经济生态日益丰富多元，催生了数据智能、网络协同等不同于以往的治理模式。这些新治理模式，与行政机关传统的许可、审批、处罚的监管方式，存在着衔接和协同的磨合。在此背景下，就需要政府与社会力量形成合力。正如习近平总书记指出的，社会治理模式正在从单向管理转向双向互动，从线下转向线上线下融合，从单纯的政府监管向更加注重社会协同治理转变。

为实现上述协同共治的整体思路，在社会协同治理的过程中，平台正在发挥着越来越重要的作用。其实，政府与平台利用各自优势协同共治，可以收到事半功倍之效。政府监管是国家机关依法行政，可以依法采取强制措施和处罚，具有很强的合法性与公信力；而平台治理则能利用技术优势，最大限度地提高治理效率、降低治理成本。当前，国家赋予了平台越来越多的依法行使治理权限的职责，平台应从主动治理、数据共享、技术手段等方面，实现与政府监管的协同治理。加强政府与社会的协同共治，不仅有助于数字经济安全健康可持续发展，也会为推动国家治理体系和治理能力现代化贡献力量。具体而言，数字经济中政府责任与职能的确立可从以下三点入手：

第一，规划多层次数字产业新格局。以数字经济生态环境建设为抓手，政府提供数字经济最基础的产业政策、人才政策、土地政策，形成物理上交互（如特色小镇）、信息基础共享（如数据中心、云计算）和人才集聚与良性流动。政府在促进数字经济加快成长中，并非简单的产业规划，而是通过信息技术深化应用，找出阻碍传统产业发展的症结，既包括产业关键技术、组织方式，也包括文化理念等软环境建设。随着数字经济的深入发展，越来越多的政府部门会与之相关，这需要对数字经济的政府管理职能内容进行再设计。进一步完善数字经济的考核，强调对增加经济新动能和提高传统经济动能两方面的贡献，并兼顾社会治理和公共服务价值。

第二，加强数字经济主体的产业组织建设。政府应以培育经济新动能为判断准则，达成对数字经济的科学认识。积极应对数字经济带来的治理挑战，通过大数据深入掌握各类主体在数字经济中的经营活动，尤其是平台上个体的经营数据必须与政府监管部门连接，完善针对数据真实性、有效性、隐私性相关的法律法规建设。确立由数字经济所产生的新从业者的职业地位，建立具有中国特色的政府监督、平台负责、社会协调、公众参与的市场多元共治新格局，探索从业群体的组织建设工作，重视对从业者的保护与规范引导。

第三，打造公平有序的市场。进一步重视信息技术对市场资源配置的重要影响作用，重视数字经济领域对资源配置是否优化、是否公平的分析与监督。建立政府管平台、平台管从业者的双层管理体系，形成新的数字经济产业治理结构。除了进一步发展消费领域的数字经济以外，还要重视对信息基础建设和公共领域数字服务的投入，探索混合制建设和运营方式，避免市场失灵。

7.1.4　政府数据治理框架及其影响因素分析

政府数据治理责任与职能的有效发挥需要合理构建政府数据治理框架，政府数据治理主要是通过实现数据价值来提升政府治理能力。这一过程需要创建一个有效的政府数据治理框架，以确保应用的合法性，保障数据质量的完整性、保密性，减少风险，最终降低数据治理的成本与复杂性。政府数据治理框架可以为政府数据治理过程中的决策者和参与者提供一个多角度、多层次的行动指南和价值评价体系。依据价值、结构、功能、环境四个维度构建政府数据治理模式框架，政府数据治理模式应该是一个相互关联、有序组合的多层次结构体系（图 7 - 2）。

核心层。政府数据治理权为核心的数据治理法律关系及社会关系，这部分牵涉政府数据治理的定位问题。

结构层。政府数据治理体系构建，基于优化政府治理运行的逻辑，围绕数据的获取、管理和利用体系建设，打通政府数据治理体系纵横向关系，构建系统、动态的治理结构体系。

运行层。政府数据治理运行机制建设，建立可供政府治理主体操作的具体准则和运行领域，构建共享、开放的数据治理运行体制。

外围层。互联网时代政府数据治理系统的外部环境和文化因素对政府治理的影响，营造符合数据治理文化的外部支撑环境。

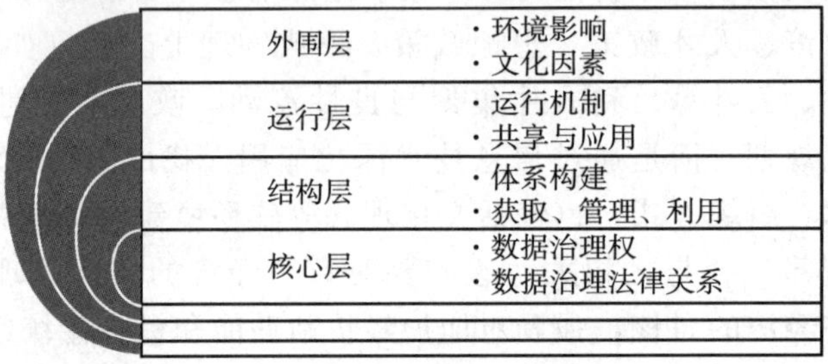

图 7 - 2　政府数据治理模式框架图

政府数据治理框架确立以后，更为重要的是构建合适模型对政府数据治理成效的影响因素进行全面分析，政府数据治理成效是技术设施、人员感知、人力资源和法规标准等要素交互作用的结果，其中技术设施和人力资源直接影响数据治理成效，而法规标准和人员感知则是通过影响技术设施和人力资源来间接影响数据治理成效。据此可构建政府数据治理成效的影响因素模型，如图 7 - 3 所示。

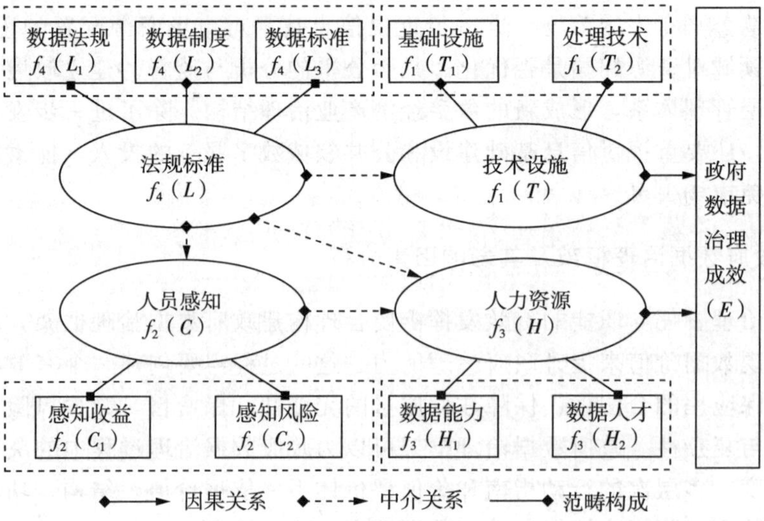

图 7 - 3　政府数据治理成效的影响因素模型

7.1.5　政府数字化转型的路径

1. 政府数字化转型路径的国际经验

1）美国

美国是硅谷和许多变革性技术公司包括苹果、Facebook、谷歌、微软和优步等的诞生地，是数字经济中无可争议的领导者和开拓者。数字化增强有利于美国振兴传统制造业和鼓励商品出口，数字经济与传统产业深度融合成为美国经济增长的有效路径和缩减美国贸易逆差的有效保障。

美欧间在未来数字经济发展与壮大的过程中应努力促成以下合作：第一，提升网络安全标准以保护物联网。无论是电网与控制、分配机制的连接，家用电器和娱乐系统连接到手机，还是将侵入式医疗设备连接到监控设备，互联网都将日益成为连接各种智能设备和相关数据信息的高速公路。然而，这条高速公路也容易受到那些试图扰乱社会或窃取重要数据的人的破坏。美国和欧盟都将致力于为物联网从关键基础设施到个人网络的网络安全保护标准的建立。通过美国国家标准与技术研究所和欧盟网络与信息安全局之间日益增加的合作来实现标准的兼容，将有助于使美国和欧盟更加安全，免受犯罪和恐怖袭击的破坏。

第二，防止恐怖主义和犯罪对互联网的滥用。在美国和欧洲，情报部门和执法部门都试图限制网上的恐怖主义和犯罪活动，在这些问题上，美欧双方已经开始了重要的信息共享，但是在法庭上及时收集数字证据（或电子证据）在实际操作中要复杂得多。依靠现有机制，通过司法协助条约（MLATs）将电子证据从美国（或美国公司）转移到欧洲的程序烦琐。政府迫使科技公司将相关数据交给执法部门的努力遇到了法律障碍。欧盟委员会将提出旨在减少欧盟成员国跨境收集电子证据障碍的立法。

第三，协调区块链的监管方法。区块链是跟踪交易的领先新兴技术。虽然一些观察家认为区块链会扰乱现有的机构，但大型银行也成为那些将最多研究经费投入这项技术的机构之一。区块链的吸引力之一就是它不受监管。但随着技术的普及，人们对消费者保护、发生纠纷的管辖权以及区块链用于非法行为等问题产生了疑问。欧盟委员会已开始探讨是否需要监管，并宣布成立欧盟区块链观察站和论坛的计划，以确定该技术的潜在用途，达成电子商务协议。在美国和欧盟，商品和服务越来越多地在网上购买，这特别有利于中小企业，通过互联网极大地扩大了对本国市场以外客户的访问。美国和欧盟都试图制定跨越国界的电子商务规则。欧盟在世界贸易组织的服务贸易协定（TISA）谈判期间提出了此类规则的提案，美国已与包括澳大利亚、哥伦比亚和韩国在内的国家针对若干自由贸易协定中的电子商务章节进行了谈判。这些工作侧重于信任认证、电子签名、消费者保护和电子合同等措施。鉴于中小企业在发展美国和欧洲经济中的关键作用，应该有动力就一些相当简单和技术性的规则达成一致，这些规则将使跨大西洋的电子商务顺利进行。建立美国-欧盟数字委员会，针对美国-欧盟数字议程上不断出现新的困境和问题，可以通过更积极地讨论这些问题来消除许多差异。此类讨论应该在高级政治层面进行，美国联合主席为美国总统工作，欧盟联合主席为欧盟委员会主席工作。只有这种结构才能提供必要的政治影响力，使不同的部门和机构能够承担相关的责任。即使这个数字委员会没有成为决策机构，它也可以确定问题并澄清观点。它还可以帮助建立一个对平台的共同定义和理解，在某些情况下检查公司自我监管的有效性，并就人工智能的影响制定战略。

综上所述，全球经济越来越受数字化的推动，数字化服务将是美国经济的增长领域，也是未来繁荣的关键。为了使美国继续成为数字经济的领导者，它必须与欧洲接触。欧洲是美国最大的数字市场，欧洲也在迅速成为全球数字经济的监管超级大国。美国尽早加强与欧盟合作制定数字经济监管方法有助于缓和极端的欧洲政策，同时确保整个大西洋地区的兼容性更强，且双方的这种兼容性在欧美成功应对网络攻击、网络恐怖主义和犯罪网络方面非常必要。

面对数字经济的蓬勃发展，美国只有积极进取地在全面数字议程上与欧洲再度联合，主打“美欧合作牌”，才能在未来全球数字经济竞争格局中赢得突破，毕竟美国想争取成为第一，但不可能是唯一。

2）英国

据英国相关负责人介绍，在过去的近二十年里，原有的《1998 年数据保护法》发挥了重要的作用，但技术和社会发展都在不断变化，特别是物联网、社交媒体等技术和应用产生了越来越多的数据。与此同时，数据收集、存储、处理成本的降低以及计算能力的增强使得数据成为重要的原材料，这些伴随而来的新机会深刻影响并改变了创新、商业、消费服务等方方面面的活动，也进一步增强了数据安全威胁，因此对个人数据的保护也应该与时俱进。

新数据保护法案的推出是为了支持和推动英国数字经济的发展。波士顿咨询公司的数据显示，英国是 G20 国家中互联网经济渗透率最高的国家，2016 年互联网经济占 GDP 的比重达到了 12.4%，是 G20 国家平均值 5.3%的两倍多。英国政府的目标是要将英国打造成最安全的开展在线商业活动的国家，数字经济的发展推动个人数据不断增长，而对个人数据保护的水平也应该同步提高。

除此之外，推出新的数据保护法案也是为了配合欧盟于 2018 年 5 月正式实施的《通用数据保护条例》（即 GDPR）。虽然英国在 2016 年 6 月 23 日公投脱欧，但目前并未完成退欧的法定程序，英国还是欧盟的成员，依法享有欧盟成员国的权利和义务。因此，制定新数据保护法案也是欧盟 GDPR 在英国落地的需要。

2. 中国有特色的政府数字化转型路径

构建多主体参与的综合治网格局。一是形成党委领导、政府管理、企业履责、社会监督、网民自律等多主体参与的多元化、立体化的治理体系，跳出行业垂直管理和属地化管理的思维禁锢，根据自身职责定位，充分发挥各自优势，形成协同管理合力。二是建立以信用为基础的事中、事后监管手段。加快市场经营主体的信用体系建设，建立互联网企业信誉评价机制。三是探索符合数字产品、服务、技术进出口特点的监管制度，按照发展的客观规律，从产品和消费端发力，提高数字要素市场化配置效率。

提升政府数字治理水平。一是提高政府数字化监管水平。将新一代信息技术手段广泛运用于监管治理各环节，特别加强大数据在行业管理中的运用。对互联网企业采集、加工与应用这些宏观、微观数据加以规范，并逐步地将其纳入国家统计服务范畴并服务于国家宏观与行业经济分析、预测、管理，提高社会治理的精准性和有效性。二是提高政府数字化服务水平。创新政府服务模式，实现政务服务跨部门“一号申请、一窗受理、一网通办”，实现高效政府运作与在线业务协同；推进政务大厅与网上服务平台融合，整合业务系统，统筹服务资源，统一服务标准，打破“信息孤岛”和数据壁垒；优化政府公共服务渠道，有效利用政府网站、社交媒体、手机 App、城市服务热线、便民服务终端等多元化手段。

压实平台企业的主体责任。强化平台企业与政府协作治理机制。充分利用平台积累的消费者评价数据与现有政府管理效果对接来促进管理创新。一方面鼓励数字技术企业加强事中监测手段建设和企业诚信体系建设，政府通过购买服务，实现主动发现和技术取证功能，提高监管能力；另一方面推动各类信用信息平台的对接，建立平台之间的信息交换共享机制。

加强顶层设计。推动制定国家数字化转型战略。一是突出前瞻性，不是考虑三五年而是三十年、五十年，深入思考数字化转型对科技、经济、文化、社会带来的影响；二是强调全局性，不是仅从经济出发，而是纳入社会、安全等视角进行综合考量；三是考虑可操作性，针对上述结构性失衡问题，画出路线图，列出任务清单，推动问题逐条解决。

推动机制创新。在战略指导下，推动机制创新，实现结构调整。一是创新合作机制，探索政府与平台经济体良性互动的合作关系，实现优势互补，理顺治理结构、政策结构，打造包容共治的生态；二是建立协调机制，平衡各方利益，推动产业结构、贸易结构、劳动力结构调整；三是强化监管机制，构建良好的投资结构、文化结构。

建立公共平台。推动相关部门以问题为导向，以技术为核心，以产业为依托，以关键工程和重大项目为抓手，加大投资力度，加快公共平台建设。比如搭建舆情监控平台、数字技能培训平台、社会治理平台、网络安全监测平台等，从国家层面解决数字化转型过程中的关键和共性问题，促进其发展。

福州市深入开展
数字经济领跑行动

完善规则体系。填补网络空间“规则空白”。推动相关部门加快制定数字经济关键规则，包括数据的权属、流通、跨境、数字版权、数字货币以及隐私保护等方面的规则。研究人工智能、物联网、区块链等领域的规则，参与全球数字贸易规则制定，配合国家“一带一路”倡议的实施，提升中国在数字经济时代的国际竞争力。

数据治理资源体系建设是数据时代实现政府现代化的重要基础设施和关键任务。从治理的内在需求出发，建立系统集中、标准规范、安全有序、运行高效的数据资源体系，提升政府数据资源活化和管理能级，为实现数据跨系统共享交换、创新应用提供好底层逻辑框架和规则体系，乃是结构层建设的重中之重。基于此，政府数据资源体系建设可以进一步分为政府数据获取、政府数据资源管理和政

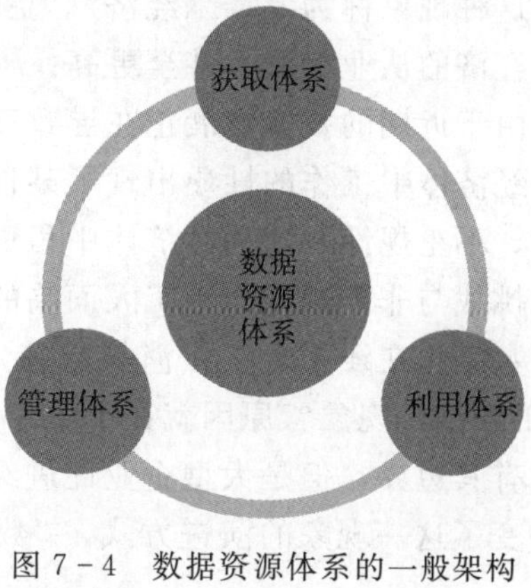

图 7-4　数据资源体系的一般架构

府数据资源利用体系建设（图 7－4）。

7.2 面向数字经济的市场优化

7.2.1 数字经济对市场监管的挑战与应对

数字化转型与社会治理创新的杭州实践

在全球化遭遇严峻挫折的现实情况下，数字经济该如何突围？联合国使用了“数字合作”一词，是为了在合作框架内对数字问题进行讨论，通过鼓励跨领域思考和行动破除孤岛意识，并在各利益相关方之间建立信任。数字技术使人们比以往任何时候都更加相互依赖，它们的影响独特地跨越了国际和部门界限，没有任何政府、公司、国际或民间社会组织能够单独管理它们。同时，数字技术带来的变化的规模、传播和速度是前所未有的，发达国家和发展中国家的政府、公司、国际组织和民间社会组织都在努力把握数字技术的政治、社会、文化和经济影响并加以管理，然而数字技术的国际合作和治理机制并没有跟上步伐，人们需要迅速提高合作和治理机制的灵活性、反应能力。

如果分工和合作是市场的本质，那么为什么要特别强调“数字合作”，以至于需要发表数字相互依存宣言？这是由数字经济的特点所决定的。每次技术变革都会通过改变生产过程、挑战企业的传统界限并让整个社会受益。第一次工业革命实现了农业生产的机械化、制造业的自动化，扩大了出口，从而促使劳动力大规模从农业部门转移到城市中，越来越多的人到公司中就业。甚至在很多时候，正规化就是经济发展的同义词。非正规就业指标是区分发达国家和发展中国家的一个重要标准，越是发达国家则非正规就业比例越低；反之则越高。国际劳工组织最近的研究表明，在东亚和东南亚迅速增长的经济体中，非正规经济出现逐渐减少的迹象。在其他增长缓慢的国家，尤其是非洲和拉美，就业增长主要集中在服务业，尤其是非正规的小商品贸易，非正规就业的下降对一个国家的经济增长至关重要。但是数字经济的兴起在很大程度上改变了这个趋势。随着数字技术的引进，很多地区的非正规就业并未大规模下降，甚至在某种程度上出现了非正规就业的上升，学界将这种现象称为“零工经济”。更为重要的是，零工经济的从业者，他们的收入并不比正规经济的从业者低，甚至更高。

由于近期的技术发展正在导致正式工作与非正式工作之间的界限模糊，发达经济体和新兴经济体中工作的性质出现了某种趋同。发达经济体中的劳动力市场流动性增加，与此同时，不正规性在新兴经济体中积重难返。在发达经济体中，短期工或者临时工面临的大多数挑战与非正规部门中工人面临的挑战如出一辙。

数字化在线平台正在消除与特定工作相关的地理障碍，那么究竟是什么因素导致了“零工经济”现象？原因就在于数字经济时代的市场组织形态发生了微妙变化。虽然企业规模有其边界，但是大型企业促进经济增长的重要作用并不是新生的观点，数字平台的出现改变了这一现象的演进方式。“数字平台正在取代实体购物中心，平台将购物者与不同的品牌商店联系起来，为品牌创造效率，并为平台所有者创造收入。通过平台收集的数据同样被用于提高企业的效率，有时候其他非平台收集的数据也被用于提高企业效率。”例如在线零售所熟知的代表是阿里巴巴，其实并非只是零售业在使用数字平台，数字平台几乎是往衣食住行各个行业渗透。《工作性质的变革》一书中提到了印度的 Indiez，这是创建于 2016 年的人力外包服务公司，它采用团队方法来运作自由职业者的在线工作。它为来自印度、东南亚和东欧地区的人才提供了一个远程分布的人才社区，从而使他们通力协作，为世界各地客户的技术项目提供服务，它的客户包括印度达美乐披萨连锁店以及印度跨国大企业埃迪亚贝拉集团。在这里，数字化在线工作平台正在消除许多从前与特定工作任务相关的地理障碍。平台之所以能够发挥这么大的作用，原因是平台给用户和经营者创造了价值，平台通过减少阻碍供应商和消费者进行交互的障碍与壁垒来创造价值，为消费者和供应商服务，同时消费者还能够获取提高交互质量的内容管理机制。好的服务获得了更多的用户，而更多的用户反过来又丰富了平台的生态，吸引了更多的用户。

由于有了平台这一数字基础设施提供的各项服务，很多人不再像以往一样成为某个公司的员工，而是直接成为平台的供应商来提供服务，而且依赖于这种方式建构的服务扩张速度远超过前数字时代。

“零工经济”的盛行更加凸显了合作的意义，然而在发展中世界的大部分地区中，自就业、未签署书面劳动合同或者没有获得社会保障的非正式领薪就业以及低生产率工作是常态。这些工人在监管的灰色地带工作，大多数劳动法关于雇主与雇员角色与责任的规定不够明确。这部分工人往往缺乏获得福利的途径。那些对零工经济的歧视，实际上反映的是对前数字经济时代工作方式的迷信。事实上，早在 50 多年前，科斯就在其《企业性质》一文中指出，是从市场上采购服务，还是作为公司内部员工，其决定性因素是成本。既然有这么多公司和个人都愿意采用零工经济，那么自然有其逻辑。

不过从另一个层面看，也正是因为零工经济的盛行，更加凸显了合作与监管的意义。面向数字经济的市场监管要注意以下几个方面：

第一，监管机构和平台合作，创新监管方式。传统的监管模式是当监管机构直接面对市场主体，当货物销售者或者服务提供者提供了违反约定或者违反法律规定的服务时，监管机构直接处罚市场主体。但是在平台经济下，效率最高的监管模式可能是和平台合作，而不是绕过平台和数量庞大的市场主体。因为所有的服务都在平台上留痕，那么借助平台的技术就更能跟踪和发现侵害用户权益的行为。2019 年，《中华人民共和国电子商务法》实施后，国家市场监督管理总局允许网络经营场所作为电子商务经营者申请为其住所，就是一个非常有创意的监管方式。2018 年 12 月，国家市场监督管理总局下发了《市场监管总局关于做好电子商务经营者登记工作的意见》（以下简称《意见》），提到要“积极支持、鼓励、促进电子商务发展，结合电子商务虚拟性、跨区域性、开放性的特点，充分运用互联网思维，采取互联网办法，按照线上线下一致的原则，为依法应当登记的电子商务经营者办理市场主体登记提供便利，促进电子商务健康有序发展，为经济发展注入新活力新动力”。对于困扰很多中小商家无法在线下登记注册的问题，《意见》明确指出：“电子商务经营者申请登记为个体工商户的，允许其将网络经营场所作为经营场所进行登记。”换句话说，如果商家只是在网上经营，那么就不需要租一个实体门店，只需要将网络经营场所登记，而网络经营场所就是电子商务经营者在电子商务平台上的网址。

第二，用户、服务者和平台的合作，创造更好的服务环境。在平台模式下，平台并不直接为用户提供产品或者服务，而是通过提供数字基础设施，为用户和经营者之间的交易提供更好的经营环境，包括但并不限于制定规则、用户反馈、交易执行和纠纷解决等。所有的这些服务都需要用户和用户、用户和平台、经营者和平台的合作的。也正是因为如此，现在各大平台都有平台治理部门，用来协调用户、经营者和平台之间的关系。这种关系已经超越了传统用户和经营者之间的关系，更像是一个社区，一个依托于数字技术的自治社区。

第三，推动市场监管改革中法治监管与科技监管的融合。客观而言，简单粗暴的市场监管方式已完全无法满足数字经济的多元化和多样化发展态势，必须采取一种包容审慎的监管态度逐步渗入科技监管领域，在法治框架下尽快建立科学监管、精准监管及长效监管机制，警惕监管者在风险面前不作为的同时，杜绝其乱作为而阻碍数字经济作为一种新经济业态发展的良好局面。数字经济下科技与法治的融合是解决此类市场监管问题的两个维度，在高度重视法治监管的同时，亦需要鼓励科技创新和科技监管，以科技之手防止科技之滥用，使监管体系逐步走向层次化、系统化及智能化。同时转变市场监管的整体思路和方式，提升监管队伍的科技含量和法治水平，更好地助力数字经济的健康发展。

第四，市场监管改革要以消费者保护为着力点。首先，对消费者公平交易权和自由选择权的内涵进行符合数字经济时代的诠释。为了克服数字经济发展中不可避免的上述问题，必须尽快重新定义数字经济下消费者权的基本内涵和外延，及时回应数字经济市场竞争对市场监管带来的挑战。其次，在数字经济纵深发展的过程中应对消费者安全权的内容做出扩张解释。但是至少表明，消费者隐私数据随着数字经济的发展，其权利属性的凸显和强化将会是时代发展的趋势。换言之，无论从以上哪种权利维度去构建数字经济下的消费者新型权益内涵，对消费者隐私安全的保护都应做出符合数字时代特征的扩张解释。以此为着力点，探索市场监管体制和方法的改革，以强化对数字时代消费者权的保护为牵引，规范数字经济市场竞争行为，平衡创新激励与自由公平竞争之间的关系。

如何拥抱并促进数字经济的发展？从传统自上而下的管制到现今市场主体和监管机构的合作，可能是在今后相当长一段时间内我们必须认真应对的挑战。

7.2.2 数字经济与中国市场的数字化转型

中国数字经济的发展大致经历了三个阶段：第一个阶段为 ICT（即信息通信技术）驱动的信息化转型；第二个阶段为互联网驱动的网络化转型；第三个阶段为大数据人工智能驱动的数字化转型。

中国数字经济发展的显著特点是什么？一个重要特点是从需求端或者消费端向供给端或者生产端转移。中国发展数字经济有一个巨大的优势和特点是拥有世界上最多的数字用户。虽然我国作为世界上最大的数据资源大国，拥有庞大的数据资源，但是这些资源并没有被充分地挖掘和利用。

我国数字化的转型或数字经济发展已经开始向深水区或传统产业渗透。数字经济分为两大类：一类是 ICT 基础型的数字经济，如软件业、互联网行业、通信业、信息电子产业；另一类是融合型的数字经济，即数字经济和传统产业融合。下一阶段中国数字经济的驱动力是什么？是人才。因为现在数字经济已与传统产业相融合，所以不仅要重视 ICT 的专业技能人才，更要强调与 ICT 专业技能互补的相关领域的人才，共同促进数字经济与传统经济的深度融合。

通过价值链的数字化转型，我们可以把数字人才分成四大类。最上游的是数字战略管理者，包括数字化转型的领导者、数字战略顾问、咨询师、数字化商业模型的倡议倡导者、解决方案规划师等。往前端是做产品研发，软件、硬件系统分析师。再往前端是运营和运营维护。最前端是数字营销、社会化媒体经营、精准营销、电子商务。

数字化转型，从 ICT 驱动、互联网驱动到大数据人工智能驱动都经历社会认知、应用需求、技术供给这三个阶段。应用需求有两种，一种是技术应用需求，另一种是行业应用需求。技术应用需求从人工智能的核心技术如计算机视觉、语音语义识别、深度学习出发，为这些技术寻求应用场景；行业应用需求聚焦在智能驾驶、安防、金融、商务零售、医疗、制造业等人工智能当前最相关的行业。

总的来说，在全国层面，无论从社会认知还是应用需求角度，中国都开始进入人工智能驱动的经济数字化转型阶段。人工智能的社会认知从基本认知程度发展到深层次专业和技术认知程度；技术应用需求整体上一直呈上升趋势，行业应用需求在 2017 年 3 月进入跃升期。在区域层面，无论是人工智能社会认知还是应用需求方面，南方城市在排名上都比北方城市具有优势，长三角地区尤为突出。同时，排名靠前的城市集中在北上广深和各省会城市。从技术应用需求角度看，不同城市可分为全技术需求驱动、双技术需求驱动和单技术需求驱动三类。从行业应用需求角度，不同城市可分为全行业需求驱动和部分行业需求驱动两类。

8 亿网民时代，“人”是数字经济治理最大问题

思考题

1. 结合所学知识，试说明如何从社会治理层面来推动数字经济的发展？

2. 在推动数字经济发展的过程中，政府和市场的侧重点各是什么？

3. 除政府和市场外，数字经济和社会治理还应关注哪些方面？

4. 数字经济规模的壮大对传统社会治理体系提出了哪些挑战？如何构建基于数字经济的社会治理新体系？

参考文献

[1] 谢伏瞻．论新工业革命加速拓展与全球治理变革方向 [J]．经济研究，2019 (7)：4 - 13.

[2] 高广平．知识经济学教程 [M]．北京：中国传媒大学出版社，2005：199.

[3] 丁波涛．政府数据治理面临的挑战与对策——以上海为例的研究 [J]．情报理论与实践，2019 (5)：41 - 45.

[4] 刘娟，苟鹏飞．美国数字经济发展路径展望——解读《让美国成为数字经济第一

大国：参与欧洲》[J]．杭州科技，2018（5）：61－64.

[5] 智慧城市决策参考．数字经济与企业、政府、消费者的关系 [EB/OL]．[2017－04－30]．http：//www. sohu. com/a/142872452 _ 472878.

[6] 中国信息通信研究院．多措并举提升数字经济治理水平 [EB/OL]．[2018－11－30]．http：//www. sohu. com/a/278924450 _ 120025397.

[7] 数邦客．数字经济框架下的政府数据治理逻辑、路径与实践 [EB/OL]．[2018－06－08]．http：//www. echinagov. com/viewpiont/2017935. htm.

[8] 朱卫国．数字经济时代 呼唤协同共治 [N]．人民日报，2017－11－24.

[9] 刘渊．数字经济良性发展的政府作用 [N]．光明日报，2018－07－09.

[10] 电子政务智库．刍论政府数据治理模式的构建 [EB/OL]．[2018－08－18]．http：//www. sohu. com/a/248701863 _ 224692.

[11] 中国信息通信研究院．多措并举提升数字经济治理水平 [EB/OL]．[2018－11－30]．http：//www. sohu. com/a/278924450 _ 120025397.

[12] 华夏时报网．迎接数字经济的未来，市场主体和监管机构的合作均面临挑战 [EB/OL]．[2019－06－18]．http：//finance. sina. com. cn/roll/2019－06－18/doc－ihytcitk6058434. html.

第 8 章　数字经济与全球化治理

本章主要介绍数字经济下的全球化治理，经济全球化使人类逐步摆脱资源经济对社会发展的束缚，深刻地改变着社会的组织联系方式和发展形态，为数字经济的发展奠定了基础，加快了它的发展步伐，有力地推动着生产要素在全球范围内的优化配置，大大扩展了市场分工的范围，使得人类赢得了更为广阔的发展空间。

8.1　以数字为基础的全球化

今天，全球数据的流动正在迅速增长，数字平台让更多的国家和更小的企业参与其中。飙升的跨境数据流动已经比传统的商品贸易创造更多的经济价值。

数字经济时代正在改写和加速全球化进程，仅从科学技术层面来说，以互联网、移动互联网、智能化、大数据、云计算等数字新经济来看，经济全球化正在以新经济、新技术为推动力迅速发展。特别是互联网把世界变成了地球村，而移动互联网把世界变成了手掌心。值得注意的是，推动全球化的一股实实在在的数字新经济力量正在涌动。数字经济的全球化大门开启后，将势不可当，一发不可收。全球化进入了被诸如信息、创意和创新等数据流动所定义的新时代。数字平台创造了更加高效和透明的全球市场，这让买卖双方只需点击链接即可建立联系。数字通信和交易近乎免费的边际成本为大规模跨国业务的开辟提供了新的可能性。

数字化还能实现虚拟商品的即时交换。电子书、手机应用程序、在线游戏、MP3 音乐文件、流媒体服务、软件和云计算服务都可以通过互联网传输给身处世界各地的客户。许多主要的媒体网站正从服务本国用户转向服务全球，例如卫报、时尚集团、BBC 和 BuzzFeed 的线上流量中有一半多来自国外。Netix 将商业模式从邮寄 DVD 转向出售在线流媒体订阅服务，Netix 现在服务于 190 多个国家。虽然在数字贸易的第一波浪潮中只有媒体、音乐、书籍和游戏，但 3D 打印最终可能把数字商业扩展到更多的品类。

在过去的全球化进程中，领导世界的国家未必是那些在全球化新时代蓬勃发展的国家。以爱沙尼亚为例，它的人口只有 130 万，却是数字时代的巨人。其开创性的电子政务计划使其公民仅凭一张数字身份证就可以在网上投票、缴纳税款和出庭。曾经的爱沙尼亚经济严重依赖于伐木业，而现在的爱沙尼亚是 Skype 的诞生地和许多其他科技创业者的故乡，而且是欧盟中发展最快的经济体之一。

数据流也给企业界带来了颠覆式影响。数字平台增加了小企业的准入机会，所谓的微型跨国公司可以使用在线市场来接触更多客户。亚马逊拥有 200 万第三方商家，而阿里巴巴则拥有超过 1000 万第三方商家。约有 5000 万中小企业使用 Facebook 进行市场营销，其近 40%的粉丝不是美国人。这些数字平台和市场正在为小企业创造广阔的新机遇，这些企业构成了大多数国家就业的基石。

随着全球化走向数字化，它的重心已经转移。虽然在 2000 年位列《财富》世界 500

强的企业中仅有5%的企业总部位于发展中国家，但据麦肯锡全球研究院预计，到2025年这一数字将达到45%。与美国、欧洲相比，中国将拥有更多年收入10亿美元以上的公司。虽然世界大部分地区所消费的数据内容将继续产自美国，但随着阿里巴巴、百度和腾讯等中国互联网巨头迎头赶上，这一局面将会改变。按价值计算，现在中国已占全球电子商务交易量的42%。虽然中国在人工智能上的投资落后于美国，但是欧洲的两倍多。2017年，中国宣布了一项投资计划，力图在2030年之前将中国打造为世界领先的人工智能研究中心。

数字化以多种方式改变了全球化的经济。全球通用的数字平台降低了跨境通信和跨境交易的成本以及参与全球化的规模门槛，这使得世界各地的小企业和私营业主也能参与其中。

全球化并未衰退。在数字技术的驱动之下，全球化的新时代已经来临。前一轮全球化已成为两派对立势力的战场：一派是受益最多的政治和商业精英；另一派是受打击最多的工人和社区。虽然这两派就全球化的影响进行了辩论，但全球化依然在持续推进。虽然数字形式的全球化发展势头迅猛，但关于全球化对就业和不平等影响的辩论仍在继续。然而，现在是接受全球化新时代这一现实最大化收益的时候，而不是继续执着于争执。

2018国际数字经济博览会助力数字经济全球化

8.2 数字经济与经济全球化

8.2.1 数字经济对经济全球化的影响

数字经济是信息和通信技术创新的产物，从20世纪90年代互联网带来的技术和商业模式创新开始发展到今天，数字经济已经从边缘走向中心，数字产品和数字经济不仅带来了商业模式的重要变化，对基于传统经济构建的经济全球化及其体系也造成了巨大的冲击。

伴随着世界经济进入加速向以数字经济为重要内容的经济活动转变的过程中，数字经济正在日益成为推动经济实现快速增长、包容性增长和可持续增长的强大驱动力量，成为世界公认的新的经济、新的业态、新的动能，受到全球主要国家和地区的高度关注，未来，数字经济对经济全球化的影响主要体现在以下几点：

1. 以大数据为核心的数字经济成为全球经济增长的新动能

信息和通信技术产业在国际生产中的重要性不断提升，数字化跨国企业有助于快速提高东道国的竞争力。事实表明，数字经济已改变全球投资模式，并正在改变全球价值链取向。与此同时，数字经济快速发展也给各国投资政策提出了新要求；对外资的监管必须适应数字经济需要，避免监管阻碍数字技术应用。数字经济是经济增长的重要驱动力，为商业及创业活动提供新机遇、新渠道，为解决各种发展难题提供新工具。

2. 信息和通信技术产业在国际生产中的重要性不断提高

观察数字经济对国际生产影响的一个重要指标是，信息和通信技术跨国公司在全球百强跨国公司中所占的比重。据联合国贸易和发展会议统计，2010年至2015年期间，这类跨国公司的数量增加超过一倍，企业资产增长了65%，营业收入和雇员人数增长了约30%，远高于其他行业跨国公司的成长速度。在最新的数字化跨国企业100强中，有30家企业都是近10年内成立的“年轻”企业。互联网平台、电子商务和数字内容公司等数字化跨国企业的扩张速度显著高于其他行业企业，在国际生产中的重要性日益显著。

3. 数字化跨国企业多为“轻资产”类型，有助快速提高东道国的竞争力

统计显示，在全球100强数字化跨国企业中，公司海外资产占其全部资产的比重仅为41%，传统跨国企业的比重为65%，两者存在较大差距。在销售方面，数字化跨国企业73%的销售额在海外，传统跨国企业的比重则为64%。这表明，数字化跨国企业在海外市场以较少的资产配置实现了大比重的销售。“轻资产”“重销售”的数字化跨国公司，以相对较少的投资在东道国实现更多产出，促进了东道国的就业增长、税收增加，在提升劳动生产率的同时，还带动了当地数字经济发展，在发展中国家投资互联网等数字经济基础设施，也可以较快增强其对国际投资者的吸引力。

4. 数字技术重塑全球价值链

数字技术既可导致基于大数据的集中生产，也可带来3D打印等灵活、分散的生产活动；既有助于海外生产回流，也可推动更多产业外包服务；既能促进东道国供应链关系重组，也能增加新的合作机会。全球各行业价值链若采用数字技术，将对国际化生产活动产生深远影响。

数字经济快速发展，也给各国投资政策提出了新要求。促进各行业信息和通信技术投资，并助其融入全球价值链，应当成为数字发展政策的重要组成部分。同时，对外资的监管必须适应数字经济需要，避免监管阻碍数字技术应用，数字行业发展应兼顾支持本地企业发展与促进数字化跨国企业投资。各国的投资政策应为数字公司建立监管框架，并采取积极的支持措施，包括建立技术创新孵化器、建设或改进电子政务、支持创投及其他创新型筹资等。在促进数字发展投资的同时，各国政策制定者还需妥善处理合理的公共关切，特别是数据安全、隐私权、知识产权保护、消费者保护和文化价值观维护等问题，在兼顾公共关切和私人投资者利益之间寻找适当的平衡点。

5. 数字化使得全球化的流动更具包容性

全球化曾经几乎由政府、大型跨国公司和大型金融机构所驱动。但在今天，工匠、企业家、应用开发人员、自由职业者、小商贩甚至普通个人都能直接参与具有全球影响力的数字平台。中小企业可以是微型跨国公司，数字化的创业公司生而就是全球化的。对于发展中国家的小企业而言，数字平台是克服当地市场局限性的一种方式。中小企业触达全球用户的能力促进了各地经济的增长。

小企业的国际化已经在一些国家的统计数据中有所体现，其中最明显的就是美国。大型跨国企业的出口份额从1977年的84%下滑到2013年的50%。在中小企业中，小微企业（员工数少于50人）的出口份额增幅是最快的。本书通过对16个经济合作与发展组织国家（OECD）的出口数据分析，发现中小企业的出口份额在10个国家都出现了增长。

据相关调查发现，创业公司可以在初创时就建立联系全球客户的市场。虽然这些创业公司比一般企业更专注于技术，但即使是最稚嫩幼小的企业，如果它们的业务模式建立在数字技术的基础上，也同样能开展全球性业务。86%的受访公司表示至少有一项跨国业务，它们中近三分之二的客户或用户来自其他国家，几乎一半的公司会招纳其他国家的人才。

8.2.2 数字经济与全球经济体系的重构

纵观人类社会发展史，没有任何一种经济模式能够像数字经济一样，在短时间内爆发式增长，并深刻影响和重构世界经济。数字经济的诞生与崛起，改变了世界经济体系，重构了全球产业发展格局。它所面临的问题如何得以解决，也影响着人类社会的未来发展方向。

阿里研究院发布的报告《数字经济体：普惠 2.0 时代的新引擎》认为，数字经济体拥有平台化、数据化和普惠化三大特点。互联网平台创造了全新的商业环境，各种类型、各种行业、各种体量的企业通过接入平台获得了直接服务消费者的机会；数据的流动与共享，则推动着商业流程跨越企业边界，编织出全新的资源网络、生态网络和价值网络，例如人工智能技术的快速崛起正是缘于数据、计算和算法的同步发展；普惠化则意味着数字经济是一种可以人人参与、共享共建的经济模式，如今普惠科技、普惠金融和普惠贸易都已经大面积展开。这些特点，意味着数字经济的崛起带来的不仅是经济体量的爆发式增长，更将对人类社会进行深度重构。

2013 年，全球市值最高的 10 家公司里面，有 9 家在北美，1 家在欧洲。其中有 7 家来自传统产业，3 家来自数字经济产业。今天全球市值最高的 10 家公司，8 家来自美国，2 家来自中国，没有了欧洲公司的身影。来自传统产业的公司只有 3 家，而且都排在前十名的靠后位置。

2017 年，全球市值前十的互联网上市公司中，中国公司一度占据五席；全球 262 家独角兽中，中国公司占据了三分之一，公司估值占总估值的 43%。北京、杭州、深圳与西雅图和硅谷一起，成为这个星球上的数字经济高地。

数字经济对全球经济版图的重构远不止体现于此，有专家认为，数字经济正主导着经济全球化新的演进路径。新的经济全球化有四个值得关注的特点：第一是数据的流动，过去十年，数据的流动大概增长了 45 倍；第二是人的流动，光看中国，每年就有超过 1 亿人次的游客出国旅游；第三是微型跨国企业的崛起，上一代经济全球化是大企业主导的，新的经济全球化则是中小企业主导的；第四是新兴市场正在兴起，贸易权重不断上升。这些特点无处不体现着数字经济的影响，数字经济必将引导全球经济体系的重构。

8.2.3 数字经济全球化面临的机遇和挑战

基于数字经济的三个要素以及数字经济在全球发展的实践，本书认为数字经济发展已经具有了一些重要的特点，并为整个世界经济的发展带来了新的机遇：

第一，数字经济是人口经济。由于数据成为像石油、电力一样的关键性因素，这就使得那些人口众多、数据应用规模效应大的国家将发展为数字经济的优势国家，这些年来我国的数字经济发展很快，在很多领域都处于全球领先地位，一个重要的因素就是因为中国的人口数量世界第一。人口多，再加上数据收集的环境比较宽松，这就使得中国有成为全球数据大国的基本要素。人口多，市场主体发展也快，跨境电商是数字经济的重要组成部分，很大程度上取决于人口多。2016—2018 年，杭州的跨境电子商务的活跃网点就从 9900 多家一下子增加到 14000 多家，2018 年销售额超过千万元人民币的大卖家就超过了 100 家。中国的经验证明，人口大国是能够成为数字经济大国的。同样的新兴国家像印度、巴西、印尼、土耳其、越南、墨西哥、菲律宾等国家，他们的人口都超过一亿人，都可能成为将来数字经济的大国，这就为新兴国家实现对发达国家的弯道超车、缩短并超越发达国家奠定了可能性，为改变世界经济格局奠定了现实的基础。

第二，数字经济是“转型经济”。大家知道互联网、大数据、云计算、人工智能等新技术都在深刻地改变着各个国家的经济结构，加快传统产业的发展。传统产业的发展对数字经济特别敏感，可以看到浙江的一些传统制造业利用大数据，成功实现了个性化“量体裁衣”，更好地满足了不同消费者的不同需求，实现了产品升级，实现了新品牌的创立，成为跨境电商和数字经济当中的大赢家。传统产业的转型加快了服务业和制造业的融合，推动了整个现代服务业的发展。发达国家在过去几十年当中把传统产业转移到国外，这就使得数字经济在推动传统经济的转型方面，发达国家机会少，而新兴国家大有可为。当今世界，一个国家传统经济转型的成功，实现实体经济的高质量发展，这是决定一个国家经济发展可以长期可持续的基础。所以，本书认为数字经济将使一大批新兴发展中国家更好地强化自己的实体经济，从而为自身可持续发展打下更好的基础。

第三，数字经济是“普惠经济”。数字经济的发展可以创造大量的就业岗位，特别是在年轻人比较多的国家，创造就业岗位的机会就更多。中国（杭州）跨境电子商务综合试验区有 38 所学校开设了跨境电商课程，每年培训高校毕业生 4000 多人，而且社会跨境电商人才已培训了 3 万多人，还在留学生中培训跨境电商人才，这就促进了留学生所在国就业岗位的增加，同时促进跨境电商的发展。以上这些做法，使 2018 年杭州跨境电商的进出口总额超过了 130 亿美元，同比增长 14%。所以，数字经济包括数字贸易在目前传统的国际贸易形势日益严峻的情况下，它不仅为国内的普惠发展创造了条件，也为跨境电商开拓新的市场、打开了新的通道，特别是开拓了“一带一路”沿线国家的新通道。大家知道“一带一路”沿线国家人口达 44 亿，占世界人口 63%。需要大力发展数字经济，特别是大力发展跨境电商，将使得“一带一路”沿线的很多国家能够和我国建立更紧密的贸易关系。这些年来，和“一带一路”沿线国家的贸易总额已经超过了 27%，为全世界 63% 的人口创造了数字经济的红利。应该说，跨境电商和移动支付进入“一带一路”沿线的国家，使得中国市场日益成为很多“一带一路”沿线国家的新经济增长和贸易增长点，其中韩国、意大利、新加坡、奥地利、马来西亚、智利、泰国、印度尼西亚更是成为中国市场大的进口国，充分享受了中国市场的红利，这才使以数字贸易为代表的数字经济成为真正的普惠经济。

第四，普惠经济是开放经济。数字经济的核心是相互连接，这就意味着要相互开放，只有实行开放政策的国家越来越多，数字经济才会有更快的发展。令人遗憾的是，最近全球贸易保护主义和单边主义的盛行，对数字经济的发展造成了困难和障碍。在中美贸易摩擦当中，美国开始以高关税阻止贸易增长的流动，事实证明美国征收高关税损伤的是自己的贸易商和消费者。之后美国在“强制性技术转让”和“侵犯知识产权”方面大做文章，打击以华为为代表的高技术产业，企图搞乱全球的产业链和供应链，使中国和美国的国际交流和国际合作脱钩。

数字经济的核心推动力是科学技术的发展，同时科学技术是没有国界的。科学技术是全球经济的主要推动力量，几十年来的全球化已经形成了密不可分的产业链网络、供应链网络，而这些网络并不会由一个国家会利用自己的力量，在一夜之间打破的。本书认为全球化并没有逆转，而是进入了一个新的调整期，在调整期会有痛苦，也会有困难。但是以科学技术为动力的全球化进程一定会克服贸易保护主义带来的各种障碍，以连接为主体的数字经济将会在开放的政策推动下继续发展。

数字经济的出现使经济全球化出现一系列新特征，在数字经济全球化背景下，全球数字贸易规则谈判也面临一些非常特殊的挑战。主要表现为数字全球化的新时代也面临挑战。公司可以进入新市场，但它们得面对价格压力、激进的全球竞争对手和具有破坏性的数字商业模式。数据必须得到保护，防止被用于网络犯罪。社交媒体创造了全球性的社区，但极端分子得以彼此联系，解决这些问题需要更多的国际协作。当今的全球化复杂多变且节奏迅速，但连通性是促进增长的路径之一。

在数字经济全球化条件下，商业模式的创新也带来许多挑战。第一，对于在线购买数字服务产品这种商业模式创新，贸易是基于国家还是基于企业？第二，采用数字媒介购买货物和服务，存在的一个问题就是数字赋能贸易。这些大型企业利用数据来提供广告收入，提供给企业的市场、存货，提供给物流等，这些服务贸易所产生的价值归谁？消费者的隐私怎么保护？第三，家庭参与贸易应当如何监管？第四，零工经济，即采用数字媒介的家庭对企业交易。越来越多的人在家里面就业，这种零工经济也在向国际范围延伸，包括教育、医疗、健康咨询、会计、实企等领域都有，给政府监管带来巨大挑战。最后一个也是最难解决的问题——数据流的资本化。数据流的资本化会使得以传统的会计制度来观测企业的盈利还是亏损，评估企业的价值，都变得完全不一样。

当前创新全球化的基本动力包括产业数字化、数字贸易和数据资本化在内的经济全球化。如果用管理传统经济的办法去管理数字经济，那政府一定是疲于奔命，“头痛医头、脚痛医脚”。即便创造出了创新成果，最终投向市场时也一定会面临非常差的营商环境。此外，数字经济全球化的发展出现碎片化的趋势，数字经济碎片化的形势将不可避免，所以必须思考在这一背景下，政策体制如何创新。最后是要转换思路，探索如何在数字经济推动下发展创新全球化。如果思路还是停留在过去搞开发区和制造业那一套，支持力度再大，效果可能也不会太好。

监管体系建设面临挑战。数字经济正在蓬勃发展，然而其前行之路也并非畅通无阻。与相对保守的法律、规范和制度之间的摩擦，便是影响数字经济发展前景的重要问题。一个拉动发展速度，一个稳定前行方向，两者之间的关系该如何平衡，才能推动数字经济又快又好地发展？

国务院法制办公室原副主任张穹认为，数字经济的发展面临两大法律问题：一是数字经济冲破了原有的规章制度和法律框架；二是数字经济中出现的一些新现象缺乏适用的法律规范。“数字经济治理最重要的原则应该是鼓励和促进创新，发展是解决问题的关键，推进数字经济法治建设，要坚持把保护创新、促进发展作为头等大事，要创造相对宽松的法治环境。”张穹表示，对待数字经济的监管应该避免过度使用固有思维和框架，那样会扼杀创新。数字经济的法治化建设，应做好治理框架体系的宏观设计，因为数字经济已深刻影响到社会的方方面面，开展数字经济治理，就要按照系统性理论全面深入地考虑涉及的重大问题，平衡企业、用户和政府等各方的利益关系。

数字经济全新的模式特点，不但可以服务于经济增长，而且可以服务于经济治理。中国政法大学法治政府研究院副院长赵鹏表示，在数字经济治理体系的架构过程中，应该强调以平台为中心的治理，因为平台掌握了大量的数据，妥善科学地运用这些数据可以实现高精度、低成本的经济治理。

同时，平台一定要意识到权力的扩展会带来责任的提升，应珍惜手中的数据资源和应用权限，提高责任意识。平台应该提高治理的透明度，政府则可以考虑施行问责和激励相结合的办法，对那些治理比较好的平台，给予一些创新试验的空间，并且定期评估原有的监管政策，多方入手，为平台治理提供外部保障。

数字经济引导着新的经济全球化，也必然面临着全球治理的需求。不同的国家对于数字经济的不同监管要求，提高了数字经济企业的运营成本和潜在风险。同时，相比于单个国家内统一的法律监管体系，在全球范围内推进统一标准的数字经济治理体系的难度更大。

数字经济加大了跨国交易的征税难度。具体表现为以下三点：一是给常设机构以及常设机构利润的判定带来了困难。基于传统经济模式，在存在双边税收协定的情况下，对企业利润的征税权在居民国，而来源国层面，只有当该企业在当地构成常设机构时才有权对其归属于常设机构的营业利润进行征税。然而，构成常设机构需要满足一定程度的税收管辖权联结，即符合“物理存在”的要求。数字经济最大的特点之一就是虚拟存在。由于很多交易通过互联网即可完成，导致很难对交易的所属地进行确认。此外，由于数据的利用可以以不同方式为企业创造价值，所以对数字信息及相关无形资产的定价也存在诸多困难。二是给税收管辖权的划分带来了难题。传统经济下的商业活动通常会留下明晰的交易痕迹，如财产所在地、居住地、行为发生地等，因此可以较为容易地确定收入的性质以及来源，进而基于收入的来源判定相应的税收管辖权，并通过合理的方式划分利润归属，同时再结合现有税收协定避免国际税收争议和国际双重征税情况的发生。但在数字经济下，交易通常具有数字化、虚拟化、隐匿化和支付电子化等特点，使得交易场所、提供商品和服务消费比较难以判断。相应的，在数字经济下的经济活动收入的性质以及来源地也难以确定，由此成为税收管辖权判定和利润归属划分的难题。三是跨境交易的转让定价问题。随着经济全球化和数字经济的深入发展，越来越多的跨国公司可以通过数字化的经营模式和复杂的税收筹划来规避其纳税义务，它们一方面会敦促各国双边或者多边合作解决因税收原则差异造成的双重征税问题，另一方面再利用这些差异寻找双重不征税的机会，造成了对各主权国家税基的侵蚀。在数字经济时代，依托数字经济的跨国高科技公司快速崛起，它们的主要利润或许已经不再来自于实体产品，甚至公司本身就没有实体产品，依托于数字产品和数字化手段的新型运营模式层出不穷，更多依赖无形资产，进而使得跨国公司的利润向低税率地区转移变得更加容易。然而，现阶段基于传统经济模式构建的国际税收规则主要依赖于主权国家之间的双边税收协定，由于各国税制的差异，加之缺乏在税收领域的多边协调机制，为纳税人利用双边协定的漏洞进行逃税避税提供了可能。

在新时代，数字技术将成为国家经济的助推器。因此，首要的应对措施即建设稳健的高速宽带网，但政府还应鼓励企业投资新的数字技术和人力资本。由于数字知识与能力在未来十分重要，学校需要重新考虑课程设置，以突出数字技能。在谈判贸易协议时，决策者应把数据隐私和网络安全等问题放在重要位置。目前，各国之间的数据管理规则差异很大，政府应尽力在个人权利保护与对数字流动的开放之间保持平衡。谈判者还应该设法消除妨碍计算机硬件、软件和其他知识密集型产品贸易的关税和其他壁垒。为了保持对数字全球化的政治和社会支持，政府应确保从全球化中获得的收益惠及众人。政府应该改进工人培训计划，以传授在数字时代取得成功所需的技能。

8.3 数字经济全球化与中国面临的挑战

8.3.1 中国融入经济全球化的进程

1978 年至今，是中国通过全面改革开放走向世界的时期，改革开放与经济转型，一方面是为了摆脱经济困顿的落后局面，另一方面也可以看作是对全球化浪潮的回应。前者注定了中国的改革开放是以发展作为主题，“以经济建设为中心”的基本路线表述，是对中国发展主题的基本框定。服务于经济增长和发展的主题，中国进行了从体制改革、体制突破到体制转型三个阶段的改革探索。从经济体制改革的自主创新转向社会主义市场经济的全面转型，经济的快速增长成为中国经济发展的突出特征；从采取各种优惠政策、引进外资，到形成出口导向型经济发展模式，中国制造成为中国参与经济全球化的重要特征，中国经济更为紧密地依赖于国际市场和国际经济环境，全球化成为中国模式崛起的重要国际背景。正是因为中国经济持续增长的特征和中国制造在全球形成的世界工厂影响，中国模式成为国内外对经济全球化时期中国发展模式的崭新概括。这个时期也成为理论创新和实践创新的重要阶段，发展和转型的主题贯穿了这个阶段的始终，是成就中国道路的核心内容和主要特征。

这是中国第一次真正意义上与世界经济全球化浪潮同步发展的时期，也是中国真正面对全球化挑战的发展时期。随着改革开放的全方位推进，金融全球化浪潮成为中国道路所面临的最大全球化挑战。2001 年，中国加入 WTO 可以看作是中国参与全球化纵深化发展的开始。2013 年，“一带一路”倡议是全球化的“中国方案”。2017 年，中国人均 GDP 超过 8800 美元，已经达到中等收入国家水平，中国的发展日益成为全球的机遇。目前，中国经济已经成为全球经济开放代表的发展模式，在全球化的物质层面中国已经取得了长足的进步，成为世界制造业生产和出口的大国，成为仅次于美国的世界经济增长推动性力量；在经济全球化的技术层面，中国的技术装备和创新能力伴随物质产品贸易的大规模发展，也取得了显著的突破，在电子产品、空间技术、IT 产业等领域获得了较大的国际市场，伴随中国物质产品贸易所面对的国际市场挑战，技术的自我创新将成为主要的发展趋势；在经济全球化的制度层面，中国特色社会主义市场经济体制的创新虽然确立了独具特色的体制模式，但金融市场的开放和成熟才刚刚开始。当前，金融全球化的发展趋势是经济全球化的典型特征，中国如果不能尽快地参与国际金融市场和国际金融秩序的构建，就很难在金融全球化时代取得决定性的进展。

中国道路要推动构建人类命运共同体。允许文化多样性和差异性的自我发展，采取更为普遍认同的发展观念、发展道路是应对全球化发展的趋势，采取文明、开放、合作、共享的文化姿态将成为各国全球化模式的共同特征。文明的冲突和全球秩序的重建命题，既说明全球化进程中文化因素的重要性和相对独立性；同时又说明全球化的主导国家必须认识到其政治因素和文化因素的局限性，特别是尊重其他文化的重要性。文化的认同形成全球化最为坚实的推动力量，各国发展模式所谋求的现代化发展进程，需要文化的包容性才能获得持续的全球发展动力，增强全球化发展的软实力也为中国未来发展提供了文化机遇。

文化动力为中国参与全球化进程提供了最为有利的因素。中国文化具有天下为公、崇尚礼义、以和为贵、兼容和谐的品质，自古以来就海纳百川、包容并蓄，形成多民族共同发展的历史格局。经过现代化的冲击和改革开放的洗礼，中国现代文化具有更为超前的世界眼光和制度基础，这就为全球化和中国模式的相互促进提供了积极的条件。在强大的经济动力推动下，发挥文化软实力作用，成为参与全球化发展的坚实基础。这种文化价值的全球化指向就是习近平总书记所主张的构建人类命运共同体，这也是全球化发展的必然指向。

中国是一个大国，历史文化绵延不绝。无论在经济、政治、文化等各个方面，都是名副其实的大国特征。中国经过 40 年的平稳转型已经步入良性上升的发展轨道，这是全球的福音。中国是一个礼仪之邦，有和谐邻邦、共享文明的文化精神，中国道路的全球化发展，形成了独立于强国之外的均衡力量。因此，中国需要同转型国家间加强合作；保持与非洲国家的传统友谊，并加大经济合作的力度；加强与金砖国家的经济协作，寻求共同发展之路；与发展中国家共享发展理念，形成互助协作的发展框架；等等。“一带一路”倡议致力于打造更加开放的国际合作平台。随着“一带一路”倡议的推进，中国不但将给全球人民带来更多的物质福利，而且会带来中国人的全球化思想与观念，而这些思想和观念将改变世界。

中国崛起推动全球化转型。肇始于 2008 年的全球金融危机开启了一段特殊的全球化进程，这一历史阶段的背景是中国崛起与西方衰落。全球金融危机后，旧有的全球化暴露出一系列深层次问题，“逆全球化”的迹象日益明显。过去两年里，全球贸易的增速低于全球国内生产总值（GDP）的增速。这是二战以来第一次出现这种情况，标志着全球经济的一个转折点。英国《金融时报》刊登署名菲利普·斯蒂芬斯的文章表示，全球化需要各国共同努力维护，如果没有共同努力定位国家利益的政治架构，经济框架注定会支离破碎。全球经济一体化需要一个合作的政治架构。但 2008 年金融危机导致了美国态度的重大转变，特别是当前特朗普政府的逆全球化动向，似乎显示出美国在逐步“去全球化”。而当今的中国已经成为世界经济的重要引擎，成为主要的全球化推手。新一轮推动全球化的核心动力是中国崛起，通过释放巨大能量重塑与升级当前的全球秩序。

一方面，中国在经济、金融、旅游与网络发展模式各方面，显示出强大实力，已经进入净输出阶段。2016 年中国超过美国成为世界上最大的商务旅游市场，2015 年中国公民出境旅游人数达到 1.2 亿人次，旅游花费 1045 亿美元，同比分别增长 12%和 16.7%。在世界经济普遍不景气的背景下，"中国游客"在全球具有越来越大的影响力。此外，近年来中国对外直接投资并购活跃，领域不断拓展。自 2001 年中国加入 WTO 之后，中国商品贸易出口额由 2001 年的 2660.98 亿美元增加到 2015 年的 22765.7 亿美元，增长了约 7.6 倍；进口额由 2435.53 亿美元增加到 16820.7 亿美元，增长了近 7 倍。如今中国已经成为全球第一大贸易国、第一大外汇储备国、第二大经济体与众多初级产品的最大买家，中国对亚洲经济增长的贡献率已经超过 50%，对非洲发展的贡献率超过 30%，对世界经济增长的贡献率超过 25%。这种显著的经济成就对世界产生了广泛的吸引力。"一带一路"、亚投行等公共产品开始被视为中国的新名片和"软实力"标识。

另一方面，中国高举全球化大旗，用行动抵御逆全球化。从数据上看，2016 年中国经济增长对世界经济的贡献率达到 33%，是全球经济第一引擎。近年来，中国积极扩大进口，维护全球开放的自由贸易。与此同时，中国积极参与国际经济结构改革，在全球经济治理中贡献中国方案。其中，"一带一路"倡议与亚洲基础设施投资银行是中国支持经济全球化的具体行动。"一带一路"倡议的精神是强调开放合作、设施联通、贸易畅通、资金融通与民心相通。事实证明，"一带一路"倡议助推全球化既有利于中国自身，又惠及参与建设的沿线经济体。2016 年，在国际市场需求不景气的情况下，中国与"一带一路"沿线国家经贸合作成绩显著，进出口总额达到 6.3 万亿元，增长 0.6%，累计投资超过 185 亿美元，为沿线国家创造近 11 亿美元的税收和 18 万个就业岗位。

8.3.2 数字经济全球化下中国政府面临的新挑战

应该看到，中国数字经济企业全球化战略实施时间不长，规模也不大，在全球化过程中还存在不少问题和挑战，必须清醒地认识到数字经济全球化背景下自身所面临的新挑战。

1. 产品出海，知识产权保护仍需加强

数字经济企业出海一般要有大量的知识产权作为后盾，但是我国数字经济企业在知识产权方面仍存在不少短板。在发展模式方面，我国数字经济的消费级和应用级技术较为发达，在电子商务、金融科技、基于位置的服务等应用领域已积累一定的技术基础，并有个别领域（如移动支付）在全球领跑，但从整体看，我国在高端芯片、系统软件、核心元器件、工业控制软件、集成服务能力等方面与发达国家相比仍存在较大差距。在进行国际化过程中，很容易受到知识产权方面的困扰。从整体知识产权布局来看，科睿唯安发布的《2017 年全球百强创新机构》报告显示，中国仅华为一家企业上榜。一项关于中国数字经济企业专业分布的研究成果也显示，就全球的专利数量而言，中国企业普遍处于劣势。

2. 服务出海，语言文化本地化有待深化

中国企业比较擅长的工具、游戏等方面的 App，在出海时不会遭遇太多的文化方面挑战。而电商、社交、金融、娱乐、多媒体等 App 进行海外拓展时，本土化将是企业面临的一个基本问题。在文化理念方面，西方用户偏爱简约，秉承极简主义的原则——App 界面没有多余元素，色彩搭配极为清新，操作流程简单方便。在中国，设计起步很晚，缺少发展环节。

3. 并购出海，盲目追逐热点及跟随国内竞争者

从出海战略目标来看，很多企业并不是根据自身的业务发展需要或者自身建立的优势，而是喜欢追逐热点。例如，2017 年中国数字经济企业对电子商务、人工智能等领域进行了大量海外投资，而在 2016 年，很多数字经济企业远离主业，在海外进行体育、酒店等方面的投资或并购。本书作者在调研中发现，很多企业在进行海外市场拓展或并购时喜欢跟随国内的竞争者，例如华为、中兴、联想等企业借助原有渠道加速海外布局，一般都是从东南亚和南亚市场开始，小米的海外扩张同样延续这样的路径，导致这些企业在海外拓展市场时将国内市场的竞争格局带到了国外。

4. 缺乏核心竞争力，过于注重商业模式创新

从整体来看，我国数字经济企业的技术、产品和服务仍缺乏全球影响力。以中国具有竞争优势的手机硬件制造与移动应用开发来看，这些软件或硬件都是基于开发平台并在这个平台上进行优化。这种模式和思路使我国数字经济的核心技术、核心竞争力等仍存在较大的不足。另外，我国数字经济领域的大型企业几乎都处在消费级应用领域，如电子商务、即时通信等。在企业级应用方面，我国仍缺乏在全球具有引领能力的企业，这使得中国数字经济企业无法实现国际化。

数字经济的普惠全球化

总之，随着新的数字技术不断涌现并进入爆发式增长阶段，数字经济的发展也已经进入了一个新时期，对社会和经济都产生了巨大的影响，给各国带来了各自的发展机遇，同时也形成了不同的挑战。在这种新形势下，中国企业应该借“一带一路”倡议的东风，积极把握市场机遇，并勇于迎接挑战，在国际数字经济市场上，发挥出自己的实力，再创新的辉煌。

思考题

1. 结合所学知识，说明数字经济时代如何更好地融入经济全球化？

2. 经济全球化背景下，数字经济发生了哪些变化？这些变化对中国的改革开放带来哪些政策启示？

3. 结合数字经济全球化的趋势，说明中国应如何借助这一趋势推进服务产业贸易化？

4. 试分析数字经济全球化是否有利于解决中等收入陷阱问题？

参考文献

[1] 易东明．数字全球化：全球流动的新纪元（编译）[J]．汕头大学学报（人文社会科学版），2017（5）：25－31.

[2] 杨晓雯，韩霖．数字经济背景下对税收管辖权划分的思考——基于价值创造视角

[J]．税务研究，2017（12）：53－56.

[3] 张建君．中国道路的全球化进程[J]．前线，2018（6）：52－55.

[4] 孙蔚，曹德军．中国正在引领新一轮全球化进程[J]．中国发展观察，2017（Z2）：68－70.

[5] 徐惠喜．数字经济改变全球投资模式[N]．经济日报，2017－06－12.

[6] 中国经济网．数字经济：重构全球经济发展格局[EB/OL]．[2018－01－22]．http：//finance. jrj. com. cn/2018101/22153923985713. shtml.

[7] 王新奎．数字经济全球化发展将出现碎片化趋势[N]．南方都市报，2018－10－05.

[8] 李仪，李勇坚．中国数字经济企业全球化战略探析（下）[N]．上海金融报，2018－06－05.

图书在版编目(CIP)数据

数字经济理论/李静等编著.—合肥:合肥工业大学出版社,2020.10
ISBN 978-7-5650-4798-5

Ⅰ.①数… Ⅱ.①李… Ⅲ.①信息经济—理论研究 Ⅳ.①F49

中国版本图书馆 CIP 数据核字(2020)第 174666 号

数字经济理论

李静　等 编著　　　　责任编辑　刘　露

出　版	合肥工业大学出版社	版　次	2020 年 10 月第 1 版
地　址	合肥市屯溪路 193 号	印　次	2020 年 10 月第 1 次印刷
邮　编	230009	开　本	787 毫米×1092 毫米　1/16
电　话	综合编辑部:0551-62903028	印　张	13
	市场营销部:0551-62903198	字　数	304 千字
网　址	www.hfutpress.com.cn	印　刷	安徽联众印刷有限公司
E-mail	hfutpress@163.com	发　行	全国新华书店

ISBN 978-7-5650-4798-5　　　　定价:42.00 元